U0744852

本书出版得到华南师范大学附属中学经费资助

华南师范大学附属中学校本选修教材

第二版

数学
探究与欣赏

罗碎海 ★ 著

暨南大学出版社
JINAN UNIVERSITY PRESS

中国·广州

图书在版编目（CIP）数据

数学探究与欣赏/罗碎海著.—2版.—广州：暨南大学出版社，2017.7
（华南师范大学附属中学校本选修教材）
ISBN 978 - 7 - 5668 - 1316 - 9

Ⅰ.①数…　Ⅱ.①罗…　Ⅲ.①中学数学课—课外读物　Ⅳ.①G634.603

中国版本图书馆 CIP 数据核字（2017）第 120688 号

数学探究与欣赏（第二版）
SHUXUE TANJIU YU XINSHANG（DIERBAN）
著者：罗碎海

出 版 人：徐义雄
责任编辑：暨　南　周玉宏
责任校对：刘舜怡
责任印制：汤慧君　周一丹

出版发行：暨南大学出版社（510630）
电　　话：总编室（8620）85221601
　　　　　营销部（8620）85225284　85228291　85228292（邮购）
传　　真：（8620）85221583（办公室）　85223774（营销部）
网　　址：http：//www.jnupress.com　http：//press.jnu.edu.cn
排　　版：广州市天河星辰文化发展部照排中心
印　　刷：佛山市浩文彩色印刷有限公司
开　　本：787mm×1092mm　1/16
印　　张：14.25
字　　数：290 千
版　　次：2010 年 5 月第 1 版　2017 年 7 月第 2 版
印　　次：2017 年 7 月第 3 次
定　　价：42.00 元

（暨大版图书如有印装质量问题，请与出版社总编室联系调换）

序　言

　　《数学探究与欣赏》出版后得到了许多读者的青睐，网名叫"幸运的阿毛"的老师在当当网上对本书的评价如下：

　　值得高中教师阅读的好书！

　　离开校园已有十五年，不阅读与高中数学相关的书籍将近十八年，但是当我在当当网上看到罗老师所著的这本《数学探究与欣赏》时，仍然禁不住眼前一亮，倍感亲切！于是毫不犹豫地买了一本。呵呵，果然不负我望，真是值得推荐的好书！

　　罗老师学识渊博，数学功底深厚，著书立说自然高屋建瓴，深入浅出，全书从更高的层次、更高的角度探究了初中和高中数学知识的美。罗老师在繁忙的工作之余奋笔疾书，为我等提供了一道十分丰富的精神大餐，实在可喜可贺，可感可佩！

　　全书内容丰富，资料翔实，分析与解题过程独到、新颖、巧妙，采用专题讲座的形式探究数学问题，十分适合基础较好、学有余力、对数学有浓厚兴趣的发烧学生和高中教师阅读，不适合基础不好的学生阅读（里面有少数专题涉及大学数学知识）。

　　美中不足的是，有些问题分析和解答过程过于简略，跳跃性大，学生不易理解。如第64页，在证明 $\sin x < x < \tan x$ 时，要用到扇形（曲边三角形）的面积公式，解答过程没有说明，而是直接给出了公式。再如第180页，在讲述超越数 e 时，没有谈到超越数的概念及 e 是超越数的证明，实在遗憾！关于 e 的历史，超越数及其证明，可参看高等教育出版社的《初等数论》和人民邮电出版社的《e 的故事——一个常数的传奇》两本书。

　　最后一点建议：希望再版时能补充有关斐波那契数列和黄金分割比例的相关知识，以让本书更完善！

　　首先感谢阿毛老师的指导与建议，也感谢欣赏与评价该书的其他老师及网友。原书中之所以没有"黄金分割"和"斐波那契数列"这两部分有趣内容，是因为自己未有新发现。这两年，自己在这方面稍有发展，所以在本书重印时首先修正了原书中的个别错漏，其次采纳阿毛老师的建议，在书中添加了"黄金分割"和"斐波那契数列"，另外又加了自己的新成果"杨辉三角形从二项式向多项式推广"。

请各位朋友、各位同道者多多指导，多提意见。

罗碎海

2012 年 7 月

第二版前言

　　《数学探究与欣赏》不是为应试而编写的一次性的教辅资料，是作者出于对数学至真至美的追求而从心灵发出的反映数学自然美的"声音"。在目前手机信息覆盖领域逐年扩大的环境下，仍然有人能闹中取静、潜心读书，与作者和鸣，倍感欣慰。

　　在此摘录亚马逊网上书店读者的读后感：这本书是华南师范大学附属中学经典的校本选修教材，里面既有对思维能力的提升引导，也有对课本中知识点的扩展衍生，还有对生活中趣味数学问题的欣赏，我觉得它不为应试而生，但是绝对对现在高中生学习数学、提升思维能力很有帮助……

　　该书在第一版第二次印刷时应读者要求，添加了"有趣的黄金分割""斐波那契数列"与"杨辉三角形从二项式向多项式推广"三节。读者又建议：天文学家开普勒指出勾股定理和黄金分割"是几何中的双宝，前者好比黄金，后者堪称珠玉"，若增加勾股定理内容将更加完美。所以这次作者在第二版中增加"勾股定理的证明及衍生的问题"一节，使该书由最初的 24 节变为 28 节。另外修正了原书十多处错漏。

　　很感谢欣赏本书和对本书提出修改意见的广大读者，也很感谢辛勤组织本书出版的暨南大学出版社的各位编辑。

罗碎海

2017 年 6 月

前　言

　　阿波罗尼斯（Apollonius of Perga，前262—前190）是古希腊亚历山大时代的数学家。他是第一个依据一个平面与一个圆锥相截所得的截面来研究圆锥曲线的人，他的巨著《圆锥曲线论》共八卷487个命题，是古希腊几何登峰造极之作，其中椭圆就是其主要问题之一。1609年，开普勒在《火星运行记》一书中公布了他的发现，行星沿椭圆轨迹绕日运行，太阳位于椭圆的一个焦点上。

　　18世纪法国学者马拉尔狄实测了蜂房底部菱形，得出令人惊奇而有趣的结论：拼成蜂房底部的每个菱形蜡板，钝角是109°28′，锐角是70°32′。数学家经过精心计算，得出的结果更令人吃惊：建造同样体积且用料最省的蜂房，菱形两邻角正是109°28′与70°32′。

　　为什么数学家在纸上研究的圆锥曲线竟是空间星球运行的曲线？为什么小小的蜜蜂竟知道用有限的材料造最大容积的蜂房？因为**"世界是按照数学规律形成和发展的"**，这种数学形式的发展与现实内容的统一，正是数学的魅力，数学的价值。正是它才使一代又一代数学家为之折腰、孜孜不倦地追求。

　　数学的发展主要通过两种方式：一是数学形式的演变；二是现实中的问题。这两种方式是紧密联系在一起的，有时形式先于内容（实际问题），有时内容先于形式。正如电磁感应一样，电变磁、磁变电互相补充促其发展。既然数学是这样发展的，世界是这样形成的，那么我们很自然地应该顺着它发展的道路去认识世界，认识数学，去教数学，去学数学。

　　本书内容是自己在教学过程中所思考的问题和学生提出的问题的探索过程与结果选编，主要是以中学数学课本中的例题、知识为主进行引申、探索。这种探索既是科学思维方法的形成发展，也是数学内在美的发现和欣赏。书中的有些问题已解决了，有些问题才提出来，其目的是让人们学会思考，学会发现，学会创造。

　　本书可供中学生课外阅读，作为其数学学习能力提高的辅导书，从中学习发现问题、探究问题的方法与思想，提高分析问题和解决问题的能力，也可作为数学教师教学的参考书和开展研究性学习探讨的专题。对从事数学教育、思维科学的研究人员也有一定的参考价值。更可作为人们提高科学素养，追求至纯、至美，陶冶情操的读物。

　　在此感谢华南师范大学附属中学给我提供选修课"数学探究与欣赏"这一平台，这片肥沃的土壤使得我的耕耘取得了丰硕的成果。也感谢我的学生邓健、伍拓奇、李一凡、罗杨等，他们的一些研究方法、结果也被收录在本书中。由于作者水平有限，错误及纰漏之处在所难免，敬请读者指正。

罗碎海

2010 年 3 月

目　录

为了帮助学习者更好地理解和掌握数学发现的逻辑（证明与反驳的方法），戴维斯与赫尔胥就曾设计了这样的教学实例：

1. 如何研究问题

行动 I

原始猜想 1："如果一个数的最后一位数字是 2，它可以被 2 整除。"

例子：42 与 172 显然都是这样的例子.

证明：一个数是偶数，当且仅当它的最后一位数字是 0，2，4，6，8，所有的偶数都可以被 2 整除，特殊地，最后一位数字是 2 的数可以被 2 整除.

证明（更为精致地）：如果一个数在十进位中是 $\overline{ab\cdots c2}$，那么，它就有形式 $(\overline{ab\cdots c0})+2$，进而 $10Q+2=2(5Q+1)$.

猜想 2："如果一个数的最后一位是 N，它可以被 N 整除。"

评论：这一步十分大胆并做出了明显的一般化，即使它被证明是假的，天也不会因此而塌下来.

例子：如果一个数的最后一位数字是 5，它可以被 5 整除，这是无可置疑的，如 15，25，128 095 等等.

反例：如果一个数的最后一位数字是 4，它能被 4 整除吗？14 被 4 整除吗？糟了！

反驳：但有些以 4 结尾的数可以被 4 整除，如 24. 某些以数字 9 结尾的数可以被 9 整除，如 99.

经验的概括：看来数字 1，2，…，9 分成了两大类：第一类是指这样的数字 N，以 N 结尾的数可以被 N 整除；第二类是指这样的数字 N，以 N 结尾的数并不总能被 N 整除.

第一类：1，2，5；

第二类：3，4，6，7，8，9.

问题：应当怎样看待以 0 结尾的数？它们能被 0 整除吗？不能，但是它们能被 10 整除，看来我们应当注意这一情况，这一情形不能被表述成原始的猜想的形式.

定义：让我们把第一类数称为"魔数". 它们具有令人高兴的性质.

暂时性的定理：1，2 和 5 是魔数，它们并不是仅有的魔数.

反例：我们应当怎样去看待 25 呢？它是魔数吗？如果一个数是以 25 结尾的，它可以被 25 整除.

例如，225，625.

反驳：我想我们讨论的是一位数.

回答：就算是这样，但 25 的情形很有趣，让我们把原来的研究拓宽一些.

重新表述：现在 N 未必表示一位数，而也可以是像 23，41，505 这样的数字的组合. 称 N 为魔数，如果以数字组 N 结尾的数可以被 N 整除，这样的推广合适吗？

回答：可以.

例子：25 是魔数，10 是魔数，20 是，30 也是.

反例：30 不是，130 不能被 30 整除. 想一想：你是怎样知道 25 是一个魔数的？

定理 1   25 是一个魔数.

证明：如果一个数是以 25 结尾的，它有形式 $\overline{abc\cdots e25} = \overline{abc\cdots e00} + 25$，进而有 $100Q + 25 = 25\,(4Q+1)$.

目标的重新表述：找出所有的魔数.

经验的积累：1，2，5，10，25，50，100，250，500，1 000 等都是魔数.

观察：我们重新找到的魔数看来都是 2 和 5 的乘积，上面所列举的数显然都是这样的情况.

猜测：所有具有以下形式的数 N 都是魔数：$N = 2^p \cdot 5^q$，其中 $p \geq 0$，$q \geq 0$ 且 p，q 是整数.

评论：这一猜测看来是合理的，还有没有什么问题？

反例：取 $p = 3$，$q = 1$，就有 $N = 2^3 \times 5 = 40$. 以 40 结尾的数总能被 40 整除吗？不！例如，140.

重新表述：那么反面的论题怎么样？所有我们发现的魔数都具有形式 $2^p \cdot 5^q$，也许所有的魔数都具有这样的形式？

反驳：这是您刚才所提出的论题吗？

回答：不！刚才提出的反面的论题：具有形如 $2^p \cdot 5^q$ 的数是魔数. 你看到两者的不同了吗？

定理 2   如果 N 是一个魔数，则有 $N = 2^p \cdot 5^q$ 且 p，q 是整数.

证明：假设任一以 N 结尾的数，它具有形式 $\overline{abc\cdots eN}$. 我们希望能像先前那样把这一个数分割开来. 为此, 设 N 有 $d(N)$ 数位, 从而数 $\overline{abc\cdots eN}$ 事实上就等于 $\overline{ab\cdots e00\cdots0} + N$, 其中在结尾处共有 $d(N)$ 个 0, 亦即有形式 $Q \cdot 10^{d(N)} + N$[就 $d(N) = 2, 3$ 等的情况试一下]. 所有以 N 结尾的数都具有这样的形式. 反过来, 不管 Q 是什么数, 数 $Q \cdot 10^{d(N)} + N$ 总是以 N 结尾的. 现在, 如果 N 是魔数, 它就能整除 $Q \cdot 10^{d(N)} + N$. 由于 N 能整除 N, 因此对任意的 Q 来说, N 总能整除 $Q \cdot 10^{d(N)}$, 例如, Q 可以是最简单的数 1, 因此 N 必须能整除 $10^{d(N)}$. 由于 $10^{d(N)} = 2^{d(N)} \cdot 5^{d(N)}$ 是一个质因数分解式, 因此, N 本身就必定可以分解成若干个 2 和 5 的乘积.

新的立场: 我们现在已经知道任一魔数必有形式 $N = 2^p \cdot 5^q$, 其中 $p \geq 0$, $q \geq 0$, 我们希望能将它反过来, 这样我们就将获得关于魔数的一个充分必要条件.

经验的重新审视: 由于我们已经知道任一魔数都具有形式 $N = 2^p \cdot 5^q$, 现在问题就是: p, q 应满足什么条件才能使 N 成为魔数?

猜测: $p < q$?

反例: $p = 0$, $q = 4$, $N = 2^0 \times 5^4 = 625$, 625 是否是魔数? 不, 例如 1 625 不能被 625 所整除.

猜测: $p = q$?

反驳: 这时 $N = 2^p \cdot 5^p = 10^p$, 即 1, 10, 100, $\cdots$, 这些数确实是魔数, 但还有其他魔数.

猜测: $p > q$?

反例: $p = 3$, $q = 1$, $N = 2^3 \times 5^1 = 40$, 这不是魔数.

观察: 在此需要更深入地研究, 行动 I 到此结束. 对于那些具有足够兴趣和毅力的人, 这一过程将继续下去.

行动 II

(在这一行动中, 启发性的成分将写得十分简练)

策略的讨论: 让我们回到关于形式 $N = 2^p \cdot 5^q$ 的必要性的证明, 我们发现如果 N 是魔数, 则它能整除 $10^{d(N)}$. 我们在此是用 $d(N)$ 代表 N 的数位. 也许这就是一个充分条件? 哈哈, 一个突破?

定理 3 N 是魔数当且仅当它能整除 $10^{d(N)}$.

证明: 必要性已经得到了证明. 如果一个数以 N 结尾, 那么, 正如我们所知道的, 它具有形式 $Q \cdot 10^{d(N)} + N$. 由于 N 整除 N, 而由假设 N 又能整除 $10^{d(N)}$, 从而它确实可以整除 $Q \cdot 10^{d(N)} + N$.

美学的反驳: 我们的确获得了关于魔数的一个充分必要条件, 但这一条件是关于 $d(N)$ 的, 应当是关于 N 的或关于 N 的质因数分解式 $2^p \cdot 5^q$ 的(更具体).

讨论：什么时候 $N = 2^p \cdot 5^q$ 能够整除 $10^{d(N)}$？由于 $10^{d(N)} = 2^{d(N)} \cdot 5^{d(N)}$，从而其充分必要条件就是 $p \le d(N)$，$q \le d(N)$，后者就相当于 $\max(p, q) \le d(N)$，我们仍然未能摆脱那个讨厌的 $d(N)$，我们希望能得到一个关于 N 本身或关于 p 和 q 的条件. 我们怎样才能将 $\max(p, q) \le d(N) = d(2^p \cdot 5^q)$ 转变成一个较为简便的形式？即如所知，在 $p = q$ 的情形下是没有问题的，写出来就是：$p = \max(p, q) \le d(2^p \cdot 5^q) = d(10^p)$，$10^p$ 有 $p+1$ 位数字，从而就有 $p \le p+1$. 在一般情况下，如果我们把 2 的指数与 5 的指数逐个"抵消"了会怎么样？写出 $q = p + h$，其中 $h > 0$.

反驳：如果 $p > q$ 就不可能有 $q = p + h$ 且 $h > 0$？

回答：这留待以后再说.

讨论：$\max(p, p+h) \le d(2^p \cdot 5^{p+h}) = d(2^p \cdot 5^p \cdot 5^h) = d(10^p \cdot 5^h)$，由于 $h > 0$，$\max(p, p+h) = p + h$，另外，对任意的数 Q 来说，$10^p \cdot Q$ 中的数字个数 = $p + (Q$ 中数字的个数$)$. 从而 $p + h \le p + d(5^h)$，即 $h \le d(5^h)$.

问题：什么时候才有 $h > 0$ 且 $h \le d(5^h)$？

实验：$h = 1$ 时：$1 \le d(5^1)$，没有问题. $h = 2$ 时：$2 \le d(5^2)$，没有问题，$h = 3$ 时：$3 \le d(5^3)$，没有问题. $h = 4$ 时：$4 \le d(5^4) = d(625) = 3$，不对.

猜测：$h \le d(5^h)$ 当且仅当 $h = 1, 2, 3$.

证明：（略）

重新开始：$p > q$ 怎么样呢？

讨论：设 $p = q + h$，其中 $h > 0$，$q + h = \max(q + h, h) \le d(2^{q+h} \cdot 5^q) = d(10^q \cdot 2^h) = q + d(2^h)$，即 $h \le d(2^h)$. 何时有 $h \le d(2^h)$？

实验：$h = 1$ 时：$1 \le d(2^1)$，没有问题. $h = 2$ 时：$2 \le d(2^2) = d(4) = 1$，不对.

猜测：$h \le d(2^h)$ 当且仅当 $h = 1$.

证明：（略）

定理 4 N 为魔数当且仅当它等于 10 的幂乘上 1，2，5，25，125.

证明：（略）

2. 对整除性与循环小数的探究

先来看两个归纳的例子:

德国大数学家莱布尼茨曾研究过自然数 n 的分拆方法:

$$\left.\begin{array}{l} 2 = 2 \\ 2 = 1 + 1 \end{array}\right\} 即 \ p(2) = 2;$$

$$\left.\begin{array}{l} 3 = 3 \\ 3 = 2 + 1 \\ 3 = 1 + 1 + 1 \end{array}\right\} 即 \ p(3) = 3;$$

$$\left.\begin{array}{l} 4 = 4 \\ 4 = 3 + 1 \\ 4 = 2 + 2 \\ 4 = 2 + 1 + 1 \\ 4 = 1 + 1 + 1 + 1 \end{array}\right\} 即 \ p(4) = 5;$$

同理, $5 = 5 = 4 + 1 = 3 + 2 = 3 + 1 + 1 = 2 + 2 + 1 = 2 + 1 + 1 + 1 = 1 + 1 + 1 + 1 + 1$, 即 $p(5) = 7$.

$6 = 6 = 5 + 1 = 4 + 2 = 4 + 1 + 1 = 3 + 3 = 3 + 2 + 1 = 3 + 1 + 1 + 1 = 2 + 2 + 2 = 2 + 2 + 1 + 1 = 2 + 1 + 1 + 1 + 1 = 1 + 1 + 1 + 1 + 1 + 1$, 即 $p(6) = 11$.

由此猜想: $p(n)$ 等于第 $n - 1$ 个质数. $p(7)$ 应等于 13.

而实际上,

$7 = 7 = 6 + 1 = 5 + 2 = 5 + 1 + 1 = 4 + 3 = 4 + 2 + 1 = 4 + 1 + 1 + 1 = 3 + 3 + 1 = 3 + 2 + 2 = 3 + 2 + 1 + 1 = 3 + 1 + 1 + 1 + 1 = 2 + 2 + 2 + 1 = 2 + 2 + 1 + 1 + 1 = 2 + 1 + 1 + 1 + 1 + 1 = 1 + 1 + 1 + 1 + 1 + 1 + 1$, 即 $p(7) = 15 \neq 13$, 15 更不是质数.

所以, 莱布尼茨称"这是归纳法骗人的极好例子", 我们也不能由此就否定归纳法的价值. 其实科学上 (特别是在数论中) 有许多重要的结论最初都是用归纳法得到的.

在中学数学课本中有一个有趣的习题:"立方和 = 和平方"问题. 它也源于归纳法.

对于正整数 n，总成立：

$$1^3 = 1^2$$
$$1^3 + 2^3 = (1 + 2)^2$$
$$1^3 + 2^3 + 3^3 = (1 + 2 + 3)^2$$
$$1^3 + 2^3 + 3^3 + 4^3 = (1 + 2 + 3 + 4)^2$$

由此可以归纳出统一结论：

$$1^3 + 2^3 + 3^3 + 4^3 + \cdots + n^3 = (1 + 2 + 3 + 4 + \cdots + n)^2$$

即前 n 个自然数的立方和等于它们的和的平方. 我们可以证明（数学归纳法可证）此结论是正确的.

我们一般人往往满足于所得到的结论，但科学家不会就此罢手，法国数学家柳维尔就想："这么奇妙的问题背后有什么本质东西，别的自然数组有无此性质？"他最终探讨出本质内容，按如下步骤所得的自然数组也有此性质：

对于任一自然数 N，比如6，先确定 N 的正因子，这些因子是1，2，3，6. 再确定这些因子的正因子个数为1，2，2，4. 我们得到的数组（1，2，2，4）就具有上述性质，即

$$1^3 + 2^3 + 2^3 + 4^3 = 81 = 9^2 = (1 + 2 + 2 + 4)^2$$

到此可知，（1，2，3，$\cdots$，n）是 2^{n-1} 的因子的因子数，当然有性质

$$1^3 + 2^3 + 3^3 + 4^3 + \cdots + n^3 = (1 + 2 + 3 + 4 + \cdots + n)^2$$

这就验证了数学大师波利亚的名言："吃到树上的禁果之后，还应该好好地寻找一下，地下有没有足以使你大开胃口的野蘑菇？"这句话也说明了事物的特殊性与普遍性的辩证关系和相对关系（一个普遍性也可能是另一个普遍性中的特殊性）.

现在我们就学习科学家的方法：争取在任一个问题上都能向前走一步. 用特殊性与普遍性的辩证关系和相对关系作指导，从平凡的树上找到禁果，在树的周围寻找蘑菇，再在其地下寻找宝藏，使我们的思维世界更加丰富多彩.

1. 关于"9的乘法"的新发现

有文章报道，有人曾经给南极冰层中的冻鱼加温，冰融化后反而鱼开始游动. 又经常有报道说某地的一棵死去几年的树又开始发芽了. 这些枯木发芽、死灰复燃的事并非天方夜谭，数学上是没有死火山的，说不准突然间会爆发出令人惊异的光亮."9的乘法"是很古老的知识，也是大家都很熟悉的数学知识，天天在使用，我们是否对它有新感觉？能否向前走一步，进而从中发现数字之间更有趣、更本质的规律？能否看到它耀眼的新光芒？

$$1 \times 9 = 09$$
$$2 \times 9 = 18$$
$$3 \times 9 = 27$$
$$4 \times 9 = 36$$
$$\underline{5 \times 9 = 45}$$
$$6 \times 9 = 54$$
$$7 \times 9 = 63$$
$$8 \times 9 = 72$$
$$9 \times 9 = 81$$
$$10 \times 9 = 90$$

从表中可发现以下规律：

①上下与横线等距离的两个结果是个位数与十位数对调位置；

②结果中个位数字从 9 依次递减 1 到 0，十位数字从 0 依次递增 1 到 9；

③结果中的数的数字和是 9（如 $2 + 7 = 9$，$3 + 6 = 9$ 等）.

2. 用代数形式表示所发现的规律

代数就是将数、式、问题用字母代替，许多数学问题的证明主要依赖于代数形式.

对于规律③，我们可归纳出以下定理：

定理 1　如果一个自然数的各位数字之和能被 9 整除，则原数能被 9 整除；反之亦真.

证明：设原数为 $\overline{abc \cdots de}$ 是 n 位数，

则 $\overline{abc \cdots de} = a \times 10^{n-1} + b \times 10^{n-2} + c \times 10^{n-3} + \cdots + d \times 10 + e$（科学记数法）$= a \times (10^{n-1} - 1) + b \times (10^{n-2} - 1) + c \times (10^{n-3} - 1) + \cdots + d \times (10 - 1) + (a + b + c + \cdots + d + e)$.

由于 $a \times (10^{n-1} - 1) + b \times (10^{n-2} - 1) + c \times (10^{n-3} - 1) + \cdots + d \times (10 - 1)$ 能被 9 整除，所以只要 $(a + b + c + \cdots + d + e)$ 能被 9 整除，则 $\overline{abc \cdots de}$ 能被 9 整除.

反之，只要 $\overline{abc \cdots de}$ 能被 9 整除，$(a + b + c + \cdots + d + e)$ 就能被 9 整除.

3. 代数形式的不变性

在三角函数的诱导公式 [如 $\sin(\pi + \alpha) = -\sin \alpha$]，不管 α 是锐角还是别的角，只要我们将它看成锐角，公式是不变的. 这就体现了代数形式的不变性. 在复合函数的求导中，代数形式的不变性就体现得更充分了.

定理 1 的证明过程中，我们由数 $\overline{abc \cdots de}$ 得到数字和 $(a + b + c + \cdots + d + e)$，可以继续计算该数的数字和（如：95 436——$9 + 5 + 4 + 3 + 6 = 27$——$2 + 7 = 9$），直到得到一个一位数. 我们把最后这个一位数叫原数的根.

显然，若一个数的根是 9，则这个数是 9 的倍数. 可是如果一个数的根不是 9

（如是2），能得到什么？

定理2 如果一个数 $\overline{abc\cdots de}$ 的根是 r（$r \in \mathbf{N}^*$ 且 $0 < r < 9$），则数 $\overline{abc\cdots de}$ 被9除的余数是 r.〔如48：$4 + 8 = 12$，$1 + 2 = 3$，而 $48 \div 9 = 5\cdots\cdots3$（余3）.〕

证明：由定理1的证明，得

$$\overline{abc\cdots de} - (a + b + c + \cdots + d + e) = a \times (10^{n-1} - 1) + b \times (10^{n-2} - 1) + c \times (10^{n-3} - 1) + \cdots + d \times (10 - 1).$$

∵ 右端是9的倍数，则左端也应是9的倍数，

∴ 数 $\overline{abc\cdots de}$ 与数 $(a + b + c + \cdots + d + e)$ 被9除应有相同的余数.

对于两个正整数的和、差、积被9除的余数与它们单个被9除的余数，我们可得到如下关系：

定理3 如果正整数 n，m 被9除的余数依次为 r_1 与 r_2，那么 $(n \pm m)$ 被9除的余数与 $(r_1 \pm r_2)$ 被9除的余数相同；nm 被9除的余数与 $r_1 r_2$ 被9除的余数相同.

证明略.

4. 非9的数作除数的余数探讨

上帝是公平的，他对每个数应该是一视同仁的. 数9有这样的性质，别的数有以上性质吗？数7有以上性质吗？对于536，其数字和为14，其数字的根为5，而 $536 \div 7$ 的余数是4，$14 \div 7 = 2$，整除，但536既不被7整除，余数也不是数字的根. 没有这种性质，应该有别的什么性质吧？这才能体现上帝的公平性. 或者我们仅仅看到了冰山一角，数字都具有的普遍性还有待我们去发现.

一般的数没有以上类似于数9的性质，但数3有如下性质：

定理4 如果一个数的数字和是3的倍数，则这个数是3的倍数.

证明同定理1.

5. 数字和的过程分解

目标固然重要，但真正的享受还在过程中. 我们往往太急于赶路而错过欣赏路边的风景. 放慢脚步，注意原来每步的分解.

数字95 436的数字和可以看成按以下步骤得到：

95 436——9 543 + 6——954 + 3 + 6——95 + 4 + 3 + 6——9 + 5 + 4 + 3 + 6

以上数字都是9的倍数. 由此定理1与定理2可有下面的叙述：

定理5 一个数，截去末位，并加上此末位数得一新数，当新数能被9整除时，原数能被9整除；当新数不能被9整除时，原数便不能被9整除；当新数被9除的余数是 r 时，原数被9除的余数也是 r.

证明略.

6. 寻求判断整除性的统一方法

设正整数 $A = 10x + y$（x 为大于零的整数，$y \in \{0, 1, 2, \cdots, 9\}$）

∵ $A = 10x + 10y - 9y = 10(x+y) - 9y = 9(x+y) - 9y + (x+y)$，

显然，只要 $x+y$ 能被 9 整除，A 就能被 9 整除，定理 5 由此得证.

∵ $A = 10x + y = 9x + (x+y)$

∴ $A = 10x + y$ 与 $x+y$ 除以 9 的余数相同，这是定理 2 的另一证明.

∵ $A = 10x + y = 10x - 10y + 11y = 10(x-y) + 11y$

显然，只要 $x-y$ 能被 11 整除，A 就能被 11 整除. 由此得到结论：

定理 6 一个数，截去末位，并减去此末位数得一新数，当新数能被 11 整除时，原数就能被 11 整除；当新数不能被 11 整除时，原数便不能被 11 整除.

连续应用定理 6，可得到与定理 1 类似的结论：

定理 7 如果一个数的奇数位数字之和减去偶数位数字之和的差能被 11 整除，则原数就能被 11 整除.

7. 其他数（非 9）的整除规律

将以上的代数式变形，就可以帮我们发现所有自然数类似数字 9 的规律.

设 $A = 10x + y$（x，y 同上），

$$
\begin{aligned}
A &= 10x + y \\
&= 10(x+y) - 9y \\
&= 10(x-y) + 11y \\
&= 10(x-2y) + 3 \times 7y \\
&= 10(x+2y) - 19y \\
&= 10(x-3y) + 31y \\
&= 10(x+3y) - 29y \\
&= 10(x+4y) - 3 \times 13y \\
&= 10(x-5y) + 3 \times 17y \\
&= 10(x+5y) - 7 \times 7y \\
&= \cdots
\end{aligned}
$$

可以得到统一结论如下：

①一个数，截去末位，并加上此末位数得一新数，当新数能被 9 整除时，原数就能被 9 整除；当新数不能被 9 整除时，原数便不能被 9 整除；当新数被 9 除的余数是 r 时，原数被 9 除的余数也是 r.

②一个数，截去末位，并减去此末位数得一新数，当新数能被 11 整除时，原数就能被 11 整除，当新数不能被 11 整除时，原数便不能被 11 整除.

③一个数，截去末位，并减去此末位数的 2 倍得一新数，当新数能被 7 整除时，原数可被 7 整除.

④一个数，截去末位，并加上此末位数的 2 倍得一新数，当新数能被 19 整除时，原数可被 19 整除.

⑤一个数，截去末位，并加上此末位数的 3 倍得一新数，当新数能被 29 整除时，原数能被 29 整除.

⑥一个数，截去末位，并加上此末位数的 4 倍得一新数，当新数能被 13 整除时，原数能被 13 整除.

⑦一个数，截去末位，并减去此末位数的 5 倍得一新数，当新数能被 17 整除时，原数能被 17 整除.

⑧一个数，截去末位，并加上此末位数的 5 倍得一新数，当新数能被 7 整除时，原数可被 7 整除.

……

这些结论有很多，在操作过程中，可连续使用.

例如：6 992 能被 19 整除吗？

应用上面的结论可知：6 992 这个数中，$x = 699$，$y = 2$，$x + 2y = 699 + 2 \times 2 = 703$. 703 比较大，所以用 703 作为新数，此时 $x + 2y = 70 + 6 = 76$. 76 能被 19 整除（$76 = 19 \times 4$），所以 6 992 能被 19 整除.

如果看不到 $76 = 19 \times 4$，还可将 76 看成新数，这时 $x + 2y = 7 + 12 = 19$，显然是 19 的倍数，所以 6 992 能被 19 整除.

至此，联想到定理 2 中的数字根问题，很自然想到 9 以外的数字的数字根如何？通过验证，发现不具有如定理 2 的性质，如 41 被 19 除的余数为 3，但 $4 + 1 \times 2 = 6$，被 19 除的余数为 6，不是 3. 不过我们可以发现，每做一次"截去末位，并加上此末位数的 n 倍"的变换，余数也相应地变为原来的 n 倍（如上例 41 的余数 3 变为 6，下一次变为 12，再下一次变为 24）.

我们可以把以上具体判断整除性的法则用公式表示：

$A = 10x + y = 10(x + ny) - (10n - 1)y = 10(x - ny) + (10n + 1)y$

这样，上面的整除性问题可以统一用两句话表达：

⑨一个数，截去末位，并加上此末位数的 $n(n \in \mathbf{N}^*)$ 倍得一新数，当新数能被 $10n - 1$（或 $10n - 1$ 的因子）整除时，原数可被 $10n - 1$（或 $10n - 1$ 的因子）整除.

⑩一个数，截去末位，并减去此末位数的 $n(n \in \mathbf{N}^*)$ 倍得一新数，当新数能被 $10n + 1$（或 $10n + 1$ 的因子）整除时，原数可被 $10n + 1$（或 $10n + 1$ 的因子）整除.

很自然有人会问：$10n - 1$ 或 $10n + 1$ 及它们的因子能包含任意的自然数吗？可以，我们用一个例子（寻找判断能被 37 整除的数的规律）来说明：

首先 37 不具有 $10n + 1$，$10n - 1$ 的特点，但 $37 \times 3 = 111$，$37 \times 7 = 259$，所以

$$A = 10x + y = 10(x - 11y) + 111y = 10(x - 11y) + 3 \times 37y$$

由此我们可以得到判断方法：一个数截去末位，并减去此末位数的 11 倍得一

新数，当新数能被 111（或 37）整除时，原数可被 111（或 37）整除.

也可以构造 $A = 10x + y = 10(x + 26y) - 259y = 10(x + 26y) - 7 \times 37y$ 来得到整除性的判断方法. 从理论上来说，这种统一的方法我们找到了，在实际操作上可能并不是每步都能变简单，也可能是变复杂了. 但不能由此就否定它的价值，它毕竟是一个统一规律.

8. 数字变换

隐藏于树上几千年的禁果我们吃到了，我们低头再寻找蘑菇吧！在树下找，不是孤立地找，应该通过树和禁果去寻找，顺藤摸瓜，注意蛛丝马迹，即用联系的思想去分析，去探讨.

我们用统一结论④，若一个数是 19 的倍数，只要"截去末位，并加上此末位数的 2 倍"，连续进行，最后总得 19. 我们将它视为一种变换，进行到底，看它的变化. 如果任意给一个数（如果原来只有一位，就用它的 2 倍来替换），用此方法操作如何？

我们从 1 开始，反复进行，结果如下：

1→2→4→8→16→13→7→14→9→18→17→15→11→3→6→12→5→10→1

经过 19 步又回来了，从 1 开始比 19 小的 18 个数都出现了，而 19→19.

若用统一结论⑥，13 的倍数（其实是 39 的倍数）的判断方法："截去末位，并加上此末位数的 4 倍"作为变换，又怎样（如果原来只有一位，就用它的 4 倍来替换）？从 1 开始如下：

$$1→4→16→25→22→10→1$$

经过 6 步后回来了. 其实从圈子里任何一个数出发，经过 6 步都是可以回到原数的. 但这个圈子里 2，3，5，6 等未出现. 从未出现的数开始如何呢？

$$2→8→32→11→5→20→2$$
$$3→12→9→36→27→30→3$$
$$6→24→18→33→15→21→6$$
$$7→28→34→19→37→31→7$$
$$13→13$$
$$14→17→29→38→35→23→14$$
$$26→26$$
$$39→39$$

可以看到：13 自己循环，26 自己循环，39 自己循环；其他的循环长度都是 6；共出现从 1 到 39 的所有自然数.

对于 19 的倍数的判断方法的变换："截去末位，并加上此末位数的 2 倍"，出现从 1 到 18 的所有自然数，而对 13 的倍数的判断方法的变换："截去末位，并加上此末位数的 4 倍"，出现的不是 1 到 12 的所有自然数，为什么出现从 1 到 38 的所有自然数呢?

我们看以前的代数式子:

$$A = 10x + y = 10(x + 2y) - 19y$$
$$= 10(x + 4y) - 39y$$
$$= 10(x + 4y) - 3 \times 13y$$

可以明白一些, 13 产生于 $3 \times 13 = 39$, 出现 $1 \sim 38$ 的所有数. $13 \times 1 = 13$, $13 \times 2 = 26$, $13 \times 3 = 39$, 这 3 个数自己循环. 但其中的本质还需继续探讨.

新问题 1: "截去末位, 并加上此末位数的 n 倍"的变换一定循环吗? 循环的长度如何决定? 有几圈循环又由什么决定?

9. 用乘法做除法

在小学二年级学除法时, 有些同学好久都学不会, 笔者当时就想发明一个算除法的简单方法. 这个问题困扰了笔者几十年, 现在终于找到了几种简单方法, 而在探讨这个问题的过程中, 还发现了一些求开方、求三角、求对数、计算圆周率 π 的方法. 我们现在用乘法做除法.

从上面"截去末位, 并加上此末位数的 2 倍"等的变换, 我们看到了数的循环, 由此联想到循环小数. 先观察分母为 7 的分数

$$\frac{1}{7} = 0.\dot{1}4285\dot{7}, \quad \frac{2}{7} = 0.\dot{2}8571\dot{4}, \quad \frac{3}{7} = 0.\dot{4}2857\dot{1}, \quad \frac{4}{7} = 0.\dot{5}7142\dot{8}, \quad \cdots$$

可以看到, 商数 1, 4, 2, 8, 5, 7 从小到大转圈且分母 $\times$ 循环节末位 + 分子 = $10k (k \in \mathbf{N}^*)$.

再看

$$\frac{1}{13} = 0.\dot{0}7692\dot{3}, \quad \frac{2}{13} = 0.\dot{1}5384\dot{6}, \quad \cdots$$

可以看到, 商数不是转圈, 但分母 $\times$ 循环节末位 + 分子 = $10k (k \in \mathbf{N}^*)$ 仍成立.

再观察下列分母为质数、分子为 1 的分数与它的循环小数:

$$\frac{1}{17} = 0.\dot{0}5882352941176\dot{7}$$

$$\frac{1}{19} = 0.\dot{0}5263157894736842\dot{1}$$

$$\frac{1}{23} = 0.\dot{0}434782608695652173913\dot{3}$$

可发现以下规律:

①循环节末位数与分母之积的末位数是 9 (这时的余数才是 1, 开始循环).

②循环节中自后往前的各个数字依次呈现某种倍数关系 (有时进位).

③循环节的长度有些是分母减 1 (如 7, 19); 有些不是 (如 13).

例如 $\frac{1}{7}$ 的循环节末位是7,按5倍变化;$\frac{1}{19}$ 的循环节末位是1,按2倍变化;$\frac{1}{13}$ 循环节末位是3,按4倍变化;$\frac{1}{23}$ 的循环节末位是3,按7倍变化……又一次发现7与5倍有关,13与4倍有关,19与2倍有关;对 $\frac{1}{3}=0.\dot{3}$,此规律同样正确($3\times3=9$,按1倍变化).

至此与以前的关系式

$$A = 10x + y$$
$$= 10(x+y) - 3\times3y$$
$$= 10(x+2y) - 19y$$
$$= 10(x+4y) - 3\times13y$$
$$= 10(x+5y) - 7\times7y$$
$$= 10(x+7y) - 3\times23y$$

再次有联系.

具体计算 $\frac{1}{13}=0.\dot{0}7692\dot{3}$,可以用以下方法列式进行:

方法一:(整体乘4)

①先确定循环节的末位是3(从1开始逐个找,先找到3,$13\times3=39$);

②由 $A=10x+y=10(x+4y)-3\times13y$ 式确定倍数为4;

③$3\times4=12$ 向左移一位写12,再 $12\times4=48$,在12的下方与12的1对齐写8,依次继续 $48\times4=192$ 进行,每次向左错一位;

④将这些数字相加(如图1)可得076 923这组循环数.

方法二:(个位乘4)

①先确定循环节的末位是3(从1开始逐个找,先找到3,$13\times3=39$);

②由 $A=10x+y=10(x+4y)-3\times13y$ 式确定倍数为4;

③$3\times4=12$ 向左移一位写12,再 $2\times4=8$,在12的下方与12的1对齐写8,接下来应是 $(8+1)\times4=36$ 进行,再 $6\times4=24$,再 $(3+4)\times4=28$,下一步是 $(2+8)\times4=40$,…,依次继续;

```
                3
               12
              48
             192
            768
           3072
          12288
         49152
       +
        923076923
```

图1

```
                3
               12
                8
               36
               24
               28
               40
                8
               48
             +
              923076923
```

图2

④将这些数字相加（如图2）可得 076 923 这组循环数.

我们将此方法称之为"错位—加倍"法吧. 显然方法二方便得多.

10. 用乘法得到循环小数的另一个分析

我们看到的任何东西也许是另一事物的特殊一面，要乘胜追击，扩大战果，永无止步.

先来分析几组结果：

$7 \times 7 = 49$，比 10 的 5 倍少 1；

$13 \times 3 = 39$，比 10 的 4 倍少 1；

$17 \times 7 = 119$，比 10 的 12 倍少 1；

$19 \times 1 = 19$，比 10 的 2 倍少 1；

……

由此可见，倍数是循环节末位数与分母之积加上 1 的和的 $\frac{1}{10}$. 我们可验证此规律对分母是质数（除 2，5）的分数都正确.

以上都是分母是质数的情况，若分母是不以 2 或 5 为因数的合数如何呢？

$\frac{1}{9} = 0.\dot{1}$（$9 \times 1 = 9$）

$\frac{1}{21} = 0.\dot{0}4761\dot{9}$（$21 \times 9 = 189$，19 倍）

$\frac{1}{63} = 0.\dot{0}1587\dot{3}$（$63 \times 3 = 189$，19 倍）

$\frac{1}{231} = 0.\dot{0}0432\dot{9}$（$231 \times 9 = 1\,879$，188 倍）

用"错位—加倍"法，$\frac{1}{21}$ 的计算如图3：

①先确定循环节的末位是 9（$21 \times 9 = 189$）；

②$21 \times 9 = 189$，$\frac{189+1}{10} = 19$，确定 19 倍；

③$9 \times 19 = 171$，末位 1 在 9 的下方向左移一位写；再 $1 \times 19 = 19$，在 171 的下方与 17 对齐写 19；再 $1 \times 19 = 19$，$6 \times 19 = 114$，依次继续进行；

```
              9
            171
             19
            114
            133
             76
              0
            171
        +    19
        19047619
```

图3

④将这些数字相加（如图3）可得 047 619 这组循环数.

其他分数化循环小数如法炮制也完全正确，由此得出结论：

结论：把单位分数 $\frac{1}{q}$（q 为不以 2，5 为其因数的数）表示成小数，必是一个纯循环小数，循环节的末位数字 p 是与分母 q 的个位之积为 9 的数字，其他各位

（自后往前）依次是后一位数字的个位与 $\frac{1}{10}$（$pq+1$）的乘积（有进位时应把进位数字加进去），直到重新循环（不超过 q 位）为止.

新问题 2： 以上规律如何证明？

11. 化循环小数的又一发现

会学习的人都有这种感觉：越学问题越多，好像捅了马蜂窝，遇到麻烦，其实有麻烦就意味着有进步.

在上面的 $\frac{1}{7}=0.\dot{1}4285\dot{7}$ 中，我们发现从前向后的 14，28 之间有 2 倍关系，用"错位—加倍"法（这时每下一步向右移 2 位），可得图 4 的结果 142 857 循环，答案完全吻合. 能证明它吗？别的数能这样计算吗？

```
    14
     28
      56
       112
        224
         448
          896
+
142857142857
```

图 4

12. "互补"数及其性质

古希腊哲学家芝诺提出过一个著名的悖论：兔子追不上乌龟. 乌龟与兔子赛跑，假设兔子的速度是乌龟的 10 倍，乌龟在兔子前 100 米处，同时起跑. 当兔子跑到乌龟的起跑点时，乌龟在兔子前 10 米处；当兔子跑完这 10 米时，乌龟又在兔子前 1 米处……如此下去，兔子永远追不上乌龟.

这是将有限时间内的问题用无限去分析，从而产生悖论. 但这种有限用无限表示的方法确实很有用.

定义： 若两正整数 a 与 b 之和 $a+b=10^k$（$k\in\mathbf{N}$），我们称 a 与 b 为互补的两个数，如 2 的补数为 8 或 98 或 998 等. 可看到一个数的补数不唯一.

定理 8 一般地，对于正整数 a，b，若 $a+b=10^k$（$k\in\mathbf{N}$），则

$$\frac{1}{a}=\frac{1}{10^k}\left[1+\left(\frac{b}{10^k}\right)^1+\left(\frac{b}{10^k}\right)^2+\left(\frac{b}{10^k}\right)^3+\cdots\right]=\frac{1}{10^k}\left[1+\sum_{n=1}^{\infty}\left(\frac{b}{10^k}\right)^n\right]$$

证明： $\because a+b=10^k$（$k\in\mathbf{N}$），$a>0$，$b>0$，

$$\therefore \frac{1}{10^k}\left[1+\sum_{n=1}^{\infty}\left(\frac{b}{10^k}\right)^n\right]=\frac{1}{10^k}\cdot\frac{1}{1-\frac{b}{10^k}}=\frac{1}{10^k}\cdot\frac{10^k}{10^k-b}=\frac{1}{10^k-b}=\frac{1}{a}$$

命题得证.

由以上定理，可知

$$\frac{1}{98}=\frac{1}{100}\left[1+\frac{2}{100}+\left(\frac{2}{100}\right)^2+\left(\frac{2}{100}\right)^3+\cdots\right]$$

$$=0.01+0.000\,2+0.000\,004+\cdots$$

$$=0.010\,204\,081\,6\cdots$$

列式计算如图 5.

依无穷级数分析，小数点后两位是 01，下来两位是 01 乘以 2 即 02，再下来是给 02 乘以 2 得 04，以此类推，需进位时按普通方法进行.

$$\frac{1}{7} = \frac{7}{49} = \frac{14}{98} = 14 \times \frac{1}{98}$$

$$= 14 \times 0.010\ 204\ 081\ 632\ 632\ 6\cdots$$

$$= 0.142\ 857\ 142\ 857\cdots$$

以上我们将 $\frac{1}{7}$ 与 $\frac{1}{98}$ 联系起来看到了这种计算的本质规律，但从互补数的角度我们首先想到 7 的补数是 3，能做出答案吗?

$$\frac{1}{7} = \frac{1}{10}\left[1 + \frac{3}{10} + \left(\frac{3}{10}\right)^2 + \left(\frac{3}{10}\right)^3 + \left(\frac{3}{10}\right)^4 + \cdots\right]$$

如图 6 列式计算，同样得到 142 857. 不过这时的计算数字变化较大，计算更繁. 这个方法可以用于任何数，如 $\frac{1}{19}$ 可这样计算:

$$\frac{1}{95} = \frac{1}{100}\left[1 + \frac{5}{100} + \left(\frac{5}{100}\right)^2 + \left(\frac{5}{100}\right)^3 + \cdots\right]$$

$$= 0.01 + 0.000\ 5 + 0.000\ 025 + \cdots$$

这个过程是乘以 5.

$$\frac{1}{19} = \frac{5}{95} = 0.\dot{0}52\ 631\ 578\ 947\ 368\ 42\dot{1}$$

至此，我们已对分数化小数得到好几种不同的方法，它们有优有劣，真正使我们感兴趣的是它们之间的联系与规律. 同时也使我们发现新的问题.

13. 重新分析"截去末位，并加上此末位数的 n 倍"

前面我们有"截去末位，并加上此末位数的 4 倍"的变换，从 1 开始的变换如下:

$1 \to 4 \to 16 \to 25 \to 22 \to 10 \to 1$（六位循环数为 1, 4, 16, 25, 22, 10）.

它是由 $A = 10x + y = 10(x + 4y) - 39y = 10(x + 4y) - 3 \times 13y$ 的式子引出来的.

我们再看 $\frac{1}{39}$ 的循环小数与各步除法的余数 $\frac{1}{39} = 0.\dot{0}\ 2\ 5\ \ \ 6\ 4\ \dot{1}$（商数下面的数是余数）

$$\begin{matrix} & 1 & 10 & 22 & 25 & & 16 & 4 & 1 \end{matrix}$$

图 5 列式:

```
 01
  02
   04
    08
     16
      32
       64
        128
         256
+
010204081632653
```

图 5

图 6 列式:

```
 1
  3
   9
    27
     81
      243
       729
        2187
         6561
          19683
           59049
            177147
             531441
+
142857
```

图 6

可发现以下规律：

①在变换中的 6 个数的个位从后往前（10 作为第一个）就是循环节 $\left(\text{商数}\dfrac{1}{39}\to 025\ 641\right)$ 或在变换中的 6 个数的个位从前往后取（146 520），然后调头就是循环节.

②变换中的 6 个数倒着看正是除法每步的余数.

下面我们来验证、分析以上规律.

①对于乘以 4 的变换从 2 开始为

$$2\to 8\to 32\to 11\to 5\to 20\to 2$$

与 $\dfrac{2}{39}$ 的循环小数和余数对照，

$$\dfrac{2}{39}=0.\overset{.}{0}\underset{2}{} \underset{20}{5}\underset{5}{1}\underset{11}{}\underset{32}{2}\underset{8}{8}\overset{.}{\underset{2}{2}}$$

以上规律完全正确.

②但 3 开头乘 4 的变换为

$$3\to 12\to 9\to 36\to 27\to 30\to 3$$

而

$$\dfrac{3}{39}=\dfrac{1}{13}=0.\overset{.}{0}\underset{1}{}\underset{10}{7}\underset{9}{6}\underset{12}{9}\underset{3}{2}\overset{.}{\underset{1}{3}}$$

商数符合以上规律，余数却不符合，为什么？

$\dfrac{1}{13}$ 化小数过程中的余数分别为 $1\to 10\to 9\to 12\to 3\to 4\to 1$.

若乘以 3，得 $3\to 30\to 27\to 36\to 9\to 12\to 3$，倒着看是 3 开头乘以 4 的变换，正是 $\dfrac{3}{39}$ 化小数过程中的余数.

③我们再分析 $\dfrac{1}{7}=0.\overset{.}{1}\underset{1}{}\underset{3}{4}\underset{2}{2}\underset{6}{8}\underset{4}{5}\overset{.}{\underset{1}{7}}=\dfrac{7}{49}$.

$$A=10x+y=10(x+5y)-7\times 7y=10(x-2y)+3\times 7y$$

从 7 开始，乘以 5 的变换：$7\to 35\to 28\to 42\to 14\to 21\to 7$.

变换的个位为 7，5，8，2，4，1，从后往前就是 $\dfrac{1}{7}$ 的循环节数字. 变换的数字除以 7，从后往前看就是 $\dfrac{1}{7}$ 化小数的各位余数.

以上规律仍然成立.

④从 1 开始，如果用乘以 (-2) 的变换，得 $1\to -2\to 4\to -8\to 16\to -11\to 1$.

由于乘以 (-2) 是对应 21 的整除性，而 $\dfrac{1}{21}=0.\overset{.}{0}\underset{1}{}\underset{10}{4}\underset{16}{7}\underset{13}{}\underset{4}{6}\underset{19}{1}\overset{.}{\underset{1}{9}}$，无论是商数还是余数都与变换对不上. 如果在上面的变换中将其负数加上 21，得变换 $1\to 19\to 4$

→13→16→10→1，这时的变换数字倒着排就是余数，但仍看不到与商数的联系.

⑤对于 $\frac{3}{21} = 0.\overset{.}{1}\underset{3}{4}\underset{9}{2}\underset{6}{8}\underset{18}{5}\underset{12}{\overset{.}{7}}\underset{15}{}\underset{3}{} = \frac{1}{7}$

从 3 开始乘以（−2）的变换：3→ −6→12→ −3→6→ − 12→3.

变换中的负数加上 21 为 3→15→12→18→6→9→3，对应于 $\frac{3}{21}$ 的余数. 再将各

数除以 3，得 1→5→4→6→2→3→1，倒着看就是 $\frac{1}{7} = 0.\overset{.}{1}\underset{1}{4}\underset{3}{2}\underset{2}{8}\underset{6}{5}\underset{4}{\overset{.}{7}}\underset{5}{}\underset{1}{}$ 的余数，但仍

看不到与商数的关系.

新问题 3：从理论上如何证明以上结论？

这些可以算作我们采到的蘑菇吧. 新问题不断出现，要搞清本质还需继续研究. 数字之间的奥妙无穷，我们发现的只是一些表面的特点. 地下的宝藏在下篇中我们再继续挖掘吧.

参考文献

［1］谈祥柏. 数：上帝的宠物［M］. 上海：上海教育出版社，1996

［2］傅钟鹏. 数学英雄欧拉［M］. 天津：新蕾出版社，2001

思考与研究

对于菲波拉契数列：1，1，2，3，5，8，13，…，它的规律是从第 3 项起每项是前两项之和. 我们按它的规律但每次只取数的个位就可构造出如下数列：

1，1，2，3，5，8，3，1，4，5，9，…

有以下性质：

①此数列为循环数列且循环节长度为 60；

②前 30 个数与后 30 个数每位对应相加为 10；

③偶数出现 4 次，奇数出现 8 次.

试研究分析此数列的其他性质.

3. 对循环小数问题再探

    我们知道：三角形可用海伦公式计算其面积，即已知 $\triangle ABC$ 的三边长分别为 a，b，c，设 $p = \dfrac{1}{2}(a+b+c)$，则 $S = \sqrt{p(p-a)(p-b)(p-c)}$. 怎样想到寻求三角形的面积公式呢？因为已知三角形的三边，则三角形固定，当然三角形面积也固定，自然想到面积必能用其三边表示. 由此可想到三角形全等的条件可固定三角形. 沿着这条路我们可得到三角形新的面积公式.

$$S = \frac{1}{2}ab\sin C \text{（两边及夹角）}；\quad S = \frac{a^2 \sin B \sin C}{2\sin(B+C)} \text{（两角及夹边）}.$$

    如果再应用三角函数和三角形边角关系，可得到十几种面积公式.

    当三角形确定时，它的面积必然确定，此三角形的其他量也就确定，诸如中线、角平分线、内切圆等. 我们就将此思想称为确定性原理吧. 许多数学问题的发现与解决都源于此原理.

    在上一篇中我们主要应用归纳思想发现了整除性与循环小数的关系，在本篇中我们主要以确定性原理与演绎推理研究分数与循环小数问题.

    1. 循环小数与有限小数的本质原因

    分数化小数是我们熟悉的过程，但真正深刻理解它的人并不多. 因为我们从小跟着老师，照着课本学习，自然而然认为知识就是书上写的那些. 其实书上的和老师教的知识只是九牛之一毛，沧海之一粟，大学问在于自己思考、探究. 我们现在回到小学的除法看看：

    当分数化小数这个过程完成的时候，小数会有各种不同的形式，由于分数可化为既约分数，我们只研究既约分数 $\dfrac{a}{b}$（a 与 b 互质的真分数），如：

（Ⅰ）$\dfrac{1}{5} = 0.2$ $\dfrac{3}{40} = 0.075$

（Ⅱ）$\dfrac{4}{9} = 0.444\cdots$ $\dfrac{1}{7} = 0.142\,857\,142\,857\cdots$

（Ⅲ）$\dfrac{1}{6} = 0.166\cdots$ $\dfrac{7}{30} = 0.233\cdots$

我们首先有结论：

结论：分数化为小数时，或为有限小数，或为循环小数，分母起决定作用.

为什么分数 $\dfrac{a}{b}$ 化为小数时不是有限小数就必然是循环小数呢？因为，若不是有限小数，每次必有余数 $r(0 < r < b)$，余数只有有限个，会重复出现，导致商重复出现. 由于"倍数变换"与循环小数对应，分数化小数循环就是倍数变换循环，至此前面的问题 1 完全解决.

最简单的是第（Ⅰ）类，这类分数化成的是有限小数，它有通式 $\dfrac{a}{2^\alpha \cdot 5^\beta}$，即分母只有质因子 2 和 5. 这类分数可以"扩大"，使得它们的分母成为 10 的幂的形式.

如果已知的分数含有不能被 2 或 5 整除的因子 k，显然这种分数不能"扩大"成 10 的幂的分数.

假设 $\dfrac{1}{2^\alpha \cdot 5^\beta \cdot k} = \dfrac{\alpha}{10^\gamma} = \dfrac{\alpha}{2^\gamma \cdot 5^\gamma}$，即 $2^{\gamma-\alpha} \cdot 5^{\gamma-\beta} = a \cdot k$.

假设 k 大于 1，它应能被 2 或 5 整除，由 $a \cdot k$ 的质因子的唯一性，2 或 5 是能整除 $a \cdot k$ 和 k 仅有的质因子，k 只有 2 和 5 作为因子.

定理 1 只有形如 $\dfrac{a}{2^\alpha \cdot 5^\beta}(a, \alpha, \beta \in \mathbf{N}^*)$ 形式的分数才能化成有限小数.

实际上当分母的质因子只含 2 或 5 时，分数 $\dfrac{a}{2^\alpha \cdot 5^\beta}$ 化成的小数数位由 α 和 β 中较大者决定.

设 $\alpha \geqslant \beta$，则 $\dfrac{a}{2^\alpha \cdot 5^\beta} = \dfrac{a \cdot 5^{\alpha-\beta}}{10^\alpha}$，即 $a \cdot 5^{\alpha-\beta}$ 小数点向左移动 α 位.

在第（Ⅱ）类中，分数能化成无限循环小数，并从小数点后第一位就开始循环，例如 $\dfrac{1}{7}$ 开头就是 142 857 的重复.

而在第（Ⅲ）类中，都是化成无限循环小数，不过其循环节并不是一开始就出现的，而是从小数点后若干位才出现的，例如 $\dfrac{1}{6} = 0.166\cdots$，循环节 6 是小数点后第二位才出现的.

在第（Ⅱ）类中，分母与 10 没有公共因子，因此，我们有结论：

定理 2 若 b 与 10 互质，则 $\dfrac{a}{b}$ 的小数展开式必从小数点后立即循环.

为此我们就得证明，开始重复的第一个余数是整个序列中的第一个，即分子自身. 如果第 m 个余数与第 n 个余数相等，即 $r_m = r_n$，那么之前的余数 r_{m-1} 和 r_{n-1} 也相等，实际上可以是任意靠前的余数. 由 $10 \cdot r_{m-1}$ 和 $10 \cdot r_{n-1}$ 除以 b 得 r_m 和

r_n，即

$$10 \cdot r_{m-1} = q_{m-1} \cdot b + r_m$$

$$10 \cdot r_{n-1} = q_{n-1} \cdot b + r_n$$

因为　　　　　　　　　　　$r_m = r_n$

则　　　　　　$10 \cdot (r_{m-1} - r_{n-1}) = (q_{m-1} - q_{n-1}) \cdot b.$

由此可见 $10 \cdot (r_{m-1} - r_{n-1})$ 能被 b 整除，由于 10 和 b 互质，则 b 必能整除 $r_{m-1} - r_{n-1}$，那么这个差 $r_{m-1} - r_{n-1}$ 是下列数中的一个：

$$0, \quad \pm b, \quad \pm 2b, \cdots$$

另一方面，r_{m-1} 和 r_{n-1} 都是余数，每一个都小于 b，因此 $r_{m-1} - r_{n-1}$ 仅有可能是

$$r_{m-1} - r_{n-1} = 0, \quad \text{即} \quad r_{m-1} = r_{n-1}$$

因此，循环应尽可能提前开始，实际上应从小数点后立即开始.

第（Ⅲ）类中的分数化成的小数，在小数点后若干位才出现循环. 我们称这种小数为混循环小数，而小数点后不是循环节的那一部分数，我们称之为混数位，而混数位是可以较容易确定下来的.

2. 循环小数化分数

对于任意一个分数，我们总可以化成小数（有限小数或无限循环小数），由以上知识可知，对于有限小数总可以将分母"扩大"为 10 的幂化成分数，如：$2.37 = \dfrac{237}{100}.$ 对于循环小数（如：$2.\dot{3}\dot{7}$），如何将它化为分数呢？我们可以用以下方法进行（举例说明）：

（1）对于纯循环小数 $0.323232\cdots$

令　　　　　　　　　　$x = 0.323232\cdots$

则　　　　　　　$100x = 32.323232\cdots = 32 + x$

则　　　　　　　　　　　$x = \dfrac{32}{99}$

规律：化纯循环小数为分数，分数的分子为循环节的所有数，分母全是 9，9 的个数等于循环节的长度.

（2）对于混循环小数，我们可以将其分解为有限小数与纯循环小数相加，从而化为分数.

$$2.3\dot{7} = 2.3777777\cdots$$

$$= 2.3 + 0.0777777\cdots$$

$$= \frac{1}{10}(23 + 0.777777\cdots)$$

$$= \frac{1}{10}\left(23 + \frac{7}{9}\right)$$

$$= \frac{23 \times 9 + 7}{90}$$

$$= \frac{23 \times (10 - 1) + 7}{90}$$

$$= \frac{(230 + 7) - 23}{90}$$

$$= \frac{237 - 23}{90}$$

规律：化混循环小数为分数，分数的分子为第二个循环节前的所有数（去掉小数点）减去不循环的数（去掉小数点）；分母由 9 和 0 组成，9 全在前，0 全在后；9 的个数等于循环节的长度，0 的个数等于原来的小数的小数点后不循环的数的个数.

应用以上规律 $3.142\dot{3}\dot{5}$ 直接可写成分数 $\frac{314\,235 - 314}{99\,900}$.

3. 分母与 10 互质的分数（即分母不含质因子 2 与 5 的分数）

结论：分数 $\frac{a}{b}$ 是既约分数，相除得到的余数都是与 b 互质的数.

由于分子 a 被当作第一个余数且与 b 互质，由 a 产生的余数（$10a = qb + r$）r 是与 b 互质的余数 [若 $(b, r) = d \neq 1$，则与 $(a, b) = 1$，$(b, 10) = 1$ 矛盾].

同理，除法下一步是由 b 除 $10r$ 得到商 q_1 和余数 r_1，即 $10r = q_1 b + r_1$ 或 $r_1 = 10r - q_1 b$. 因为 b 与 10 互质，也与 r 互质，于是 b 既与 $10r$ 互质也与 $10r - qb$ 互质. 因为 b 与 r_1 互质，所以以后产生的所有余数都与 b 互质.

结论：小数 $\frac{a}{b}$ 的循环节长度为不大于与 b 互质的余数的个数.

4. 欧拉函数

与 b 互质的余数的个数，在数论中常用 $\varphi(b)$ 表示. 其实 $\varphi(b)$ 通常叫欧拉函数. $\varphi(2) = 1$，$\varphi(3) = 2$，$\varphi(4) = 2$，$\varphi(5) = 4$，$\varphi(6) = 2$，特别对质数 p，$\varphi(p) = p - 1$.

欧拉函数有如下性质[注1]：

定理 3 欧拉函数是积性函数，即若 $(m, n) = 1$，

则 $$\varphi(m, n) = \varphi(m)\varphi(n)$$

此处不作详细证明.

定理 4 若 p 是质数，$k > 0$，则 $\varphi(p^k) = p^k - p^{k-1} = p^k\left(1 - \frac{1}{p}\right)$

证明：因 p 是质数，若 $(n, p^k) = 1$，则 p 与 n 互质. 反之，若 p 与 n 互质，则 $(n, p^k) = 1$，这样在 1 和 p^k 之间恰有 p^{k-1} 个数能被 p 整除，

即 $\qquad p,\ 2p,\ \cdots,\ p^{k-1}.$

而其他 $p^k - p^{k-1}$ 个数与之互质,

所以 $\qquad \varphi(p^k) = p^k - p^{k-1} = p^k\left(1 - \dfrac{1}{p}\right).$

对于欧拉函数 $\varphi(n)$,知道 n,如何计算 $\varphi(n)$ 的值呢?欧拉对其给出了 $\varphi(n)$ 的计算公式.[注2]

欧拉公式:如果 $N = p_1^{l_1} p_2^{l_2} \cdots p_n^{l_n}$,

那么 $\varphi(N) = \varphi(p_1^{l_1} p_2^{l_2} \cdots p_n^{l_n})$

$$\begin{aligned}
&= \varphi(p_1^{l_1})\varphi(p_2^{l_2})\cdots\varphi(p_n^{l_n})\\
&= (p_1^{l_1} - p_1^{l_1 - 1})(p_2^{l_2} - p_2^{l_2 - 1})\cdots(p_n^{l_n} - p_n^{l_n - 1})\\
&= p_1^{l_1} \cdot [(p_1 - 1)/p_1] \cdot p_2^{l_2}[(p_2 - 1)/p_2] \cdot \cdots \cdot p_n^{l_n}[(p_n - 1)/p_n]\\
&= N \cdot \left(1 - \frac{1}{p_1}\right)\left(1 - \frac{1}{p_2}\right)\left(1 - \frac{1}{p_3}\right)\cdots\left(1 - \frac{1}{p_n}\right)
\end{aligned}$$

我们现在可以说:当 b 与 10 互质时,分数 $\dfrac{a}{b}$ 的循环长度最多有 $\varphi(b)$ 位.

5. 重新分析循环小数化分数

在上面的讨论当中,我们知道,当分数 $\dfrac{a}{b}$ 是既约分数,其小数的循环节由 b 确定.

又知道纯循环小数化分数的方法,如

$$0.\dot{1}4285\dot{7} = \frac{142\ 857}{999\ 999} = \frac{142\ 857}{10^6 - 1} = \frac{1}{7}$$

类似地,每一个纯循环小数都可以表达为 $\dfrac{p}{10^\lambda - 1} = \dfrac{a}{b}$(其中 p 为循环节,λ 表示循环长度),即 $bp = a(10^\lambda - 1)$,因为 a 与 b 互质,那么 λ 是使 $10^\lambda - 1$ 能被 b 整除的最小的数.

至此,我们已经证明:

定理 5 分数 $\dfrac{a}{b}$ 的循环节长度 λ 是使 $10^\lambda - 1$ 能被 b 整除的最小的数.

此时,我们可以得知,数 λ 由 b 确定且与 a 无关.有相同分母 b 的一切既约分数 $\dfrac{a}{b}$,都有相同长度的循环节.我们将用 $\lambda = \lambda(b)$ 表示(记号强调 λ 对 b 的依赖性).

既然如此,我们就主要对分数 $\dfrac{1}{b}$ 进行研究.

此时,我们再看看混循环小数.由上面可知,混循环小数有通式

$$\frac{a}{2^{\alpha} \cdot 5^{\beta} \cdot k}$$ （其中 a 与 2，5 及 k 互质）.

假设 $$\alpha \geqslant \beta,$$

则 $$\frac{a}{2^{\alpha} \cdot 5^{\beta} \cdot k} = \frac{a \cdot 5^{\alpha-\beta}}{10^{\alpha} \cdot k} = \frac{1}{10^{\alpha}} \cdot \frac{a \cdot 5^{\alpha-\beta}}{k}.$$

于是我们可以从上式看出 $\frac{a \cdot 5^{\alpha-\beta}}{k}$ 的小数点向左移动 α 位，即混数位有 α 位，并且之后有循环数位 $\lambda(k)$.

综合上述，可得：

结论：当分数约分后通式为 $\frac{a}{2^{\alpha} \cdot 5^{\beta} \cdot k}$ 时，如 r 为 α 和 β 的较大者，则混数位为 r 位且之后循环节长度为 $\lambda(k)$.

6. $\lambda(b)$ 和 $\varphi(b)$ 之间的关系

我们以 $\frac{1}{21}$ 作为讨论出发点. 通过试验，小于 21 的 20 个数中很易求出 $\varphi(21) = 12$，但通过除法我们得到

$$\frac{1}{21} = 0.\dot{0}4761\dot{9}$$
$$\phantom{\frac{1}{21} = 0.}{}_{1}\,{}_{10}\,{}_{16}\,{}_{13}\,{}_{4}\,{}_{19}\,{}_{1}$$

下面的小数字是余数，循环节长度 $\lambda(21) = 6 < 12 = \varphi(21)$.

在做除法的过程中，12 个可能的余数中，只有 6 个余数出现，我们把它们排列在表（A）中.

余数	1	10	16	13	4	19
商数	0	4	7	6	1	9

由此表我们可以写出：

$$\frac{10}{21} = 0.\dot{4}7619\dot{0}\cdots \qquad \frac{4}{21} = 0.\dot{1}9047\dot{6}\cdots$$

但是，我们不能求得另一个分数 $\frac{2}{21}$ 的展式. 这个分数需要重新做除法

$$\frac{2}{21} = 0.\dot{0}9523\dot{8}$$
$$\phantom{\frac{2}{21} = 0.}{}_{2}\,{}_{20}\,{}_{11}\,{}_{5}\,{}_{8}\,{}_{17}\,{}_{2}$$

由此我们得到表（B）.

余数	2	20	11	5	8	17
商数	0	9	5	2	3	8

在此表中，不只出现一个新余数 2，所有其他余数也都是新的. 可以证明以前

的旧余数在此表中不会出现.

那么, 表 (A) 和表 (B) 合在一起含有 $2\lambda(b)$ 个不同的余数, 它们都与 b 互质. 或者这些数表示所有可能的余数, 这时 $2\lambda(b) = \varphi(b)$; 或者还剩下其他余数, 如 s 不在表 (A) 和表 (B) 中, 我们展开 $\dfrac{s}{b}$, 得另一表 (C), 如此一直造出 k 个表后, 包含了所有余数, 并且 $\varphi(b) = k \cdot \lambda(b)$. 于是得到:

定理 6 循环节的长度 $\lambda(b)$ 是 $\varphi(b)$ 的因子, 即 $\varphi(b) = k\lambda(b)$.

由此我们马上知道只有质数 b 的循环节长度是 $b-1$ 的因子.

7. 费马定理与欧拉定理

(这部分定理在有关数论的书上都有, 在此不作详细证明)

我们知道下列多项式定理: 如果 x, k 是正整数, 那么 $x^k - 1$ 可以被 $x-1$ 整除, 即

$$(1 + x + x^2 + x^3 + \cdots + x^{k-1})(x-1) = x^k - 1$$

此式也可用等比数列求和证明.

如果取 $x = 10^{\lambda(b)}$, 那么可以断定 $10^{\lambda(b)} - 1$ 可以整除 $10^{\varphi(b)} - 1$, 即

$$10^{k \cdot \lambda(b)} - 1 = 10^{\varphi(b)} - 1$$

由前面已知, b 可以整除 $10^{\lambda(b)} - 1$, 因而 b 可以整除 $10^{\varphi(b)} - 1$. 由此得到一个重要定理:

定理 7 如果 b 与 10 互质, 那么 $10^{\varphi(b)} - 1$ 可被 b 整除.

这个定理已经与循环小数没多大关系了, 因为 $\varphi(b)$ 有完全独立的意义. 又可得定理:

定理 8 如果 p 是质数, 那么 $10^{p-1} - 1$ 可以被 p 整除.

10 是非本质的, 如果设想数系建立在数 g 的基础上, 可得到更一般的结论:

定理 9 如果 b 与 g 互质, 那么 $g^{\varphi(b)} - 1$ 可被 b 整除 (欧拉定理).

定理 10 如果 p 是质数且与 g 互质, 那么 $g^{p-1} - 1$ 可被 p 整除 (费马定理).

这里得到的定理, 已经超出小数这个特殊题目的范围. 它们是数论中的基本定理. 下面用几个例子来解释这些定理:

$p = 7$:

$$2^{7-1} - 1 = 63 = 9 \times 7$$
$$3^{7-1} - 1 = 728 = 104 \times 7$$
$$10^{7-1} - 1 = 999\,999 = 142\,857 \times 7$$

$p = 6$, $\varphi(6) = 2$:

$$5^2 - 1 = 24 = 4 \times 6$$
$$7^2 - 1 = 48 = 8 \times 6$$

$$p = 10, \varphi(10) = 4:$$

$$3^4 - 1 = 80 = 8 \times 10$$

$$7^4 - 1 = 2\,400 = 240 \times 10$$

$$9^4 - 1 = 6\,560 = 656 \times 10$$

8. 循环小数与 99…9 的又一联系

在以上的分析讨论中，我们看到无论是循环小数化分数，还是循环节的长度等问题都与 99…9 有密切关系. 下面我们再研究循环小数与 99…9 的另一个特征. 这个特征与其说它重要，不如说它有趣.

$\frac{1}{7}$ 的循环节由 6 个数字 142 857 组成. 我们把它对半分开，然后相加，得到

$$142 + 857 = 999$$

$\frac{1}{17}$ 的循环节是 0 588 235 294 117 647. 把它对半分开，然后加起来，得到

$$05\,882\,352 + 94\,117\,647 = 99\,999\,999$$

$\frac{1}{11}$ 的循环节是 09，我们有 $0 + 9 = 9$.

我们将证明，如果循环节产生于分母是质数的分数，并且由偶数个数码组成，那么这个循环节的两半之和总是一个完全由数字 9 组成的数.

如果循环节的长度 λ 是偶数，我们可以记为 $\lambda = 2l$. 还有，如果循环节 P 的两半是 A 和 B，P 是有 λ 个数字的数，而 A 和 B 都是有 l 个数字的数. 留意到一个数中的数字的位置的意义，我们有

$$P = A \cdot 10^l + B$$

我们知道，分数 $\frac{a}{p}$ 可以由循环节 P 并借助 $\frac{a}{p} = \frac{p}{10^\lambda - 1}$ 求得，所以

$$\frac{a}{p} = \frac{p}{10^\lambda - 1} = \frac{A \cdot 10^l + B}{10^\lambda - 1}$$

说明分母可以扩大为 $10^\lambda - 1$，即 p 可以整除 $10^\lambda - 1$.

由于 $\lambda = 2l$，我们又有 $10^\lambda - 1 = 10^{2l} - 1 = (10^l - 1)(10^l + 1)$.

如果 p 可以整除 $10^\lambda - 1 = (10^l - 1)(10^l + 1)$，由于 p 是质数，它必定至少可整除两个因子中的一个. 由于 l 小于 λ，而 λ 是使 $10^\lambda - 1$ 可被 p 整除的最小的数，所以 p 不能整除 $10^l - 1$. 最后必须能整除 $10^l + 1$. 所以我们有

$$\frac{a}{p} = \frac{A \cdot 10^l + B}{(10^l - 1)(10^l + 1)}$$

这可改写为

$$\frac{a(10^l + 1)}{p} = \frac{A \cdot 10^l + B}{10^l - 1}$$

由于 p 可以整除 10^l+1，左端就是一个整数. 因而右端也是一个整数. 现在还可以写为

$$\frac{A \cdot 10^l + B}{10^l - 1} = \frac{A(10^l - 1) + A + B}{10^l - 1} = A + \frac{A + B}{10^l - 1}$$

而且由于 A 是一个整数，因此

$$\frac{A + B}{10^l - 1} = h$$

现在 A 是由 l 个数字组成的，并且当所有这些数字都是 9 时是最大的. l 个 9 组成的数是 $10^l - 1$，因此 $A \leq 10^l - 1$. 同样的方法也有 $B \leq 10^l - 1$. 因此

$$A + B \leq 2(10^l - 1)$$

这个不等式的等号是不能成立的，因为 $A + B = 2(10^l - 1)$，这就可推导出 A 和 B 同时有值 $(10^l - 1)$. 那么 A 和 B 只应当含有 9，并且 p 就是 21 个相同的数字 9 组成的数. 这是荒谬的，因为这时循环节只由一个数字 9 组成，而我们假定的是有偶数个数字. 因此我们有

$$A + B < 2(10^l - 1)$$

现在把 $\frac{A+B}{10^l-1} = h$ 改写为 $A + B = h(10^l - 1)$，其中 h 是正整数.

结合以上两式，所以 h 小于 2，那么它必然是 1. 从而

$$A + B = 10^l - 1$$

即 $A + B$ 是由 l 个 9 所组成的数 99⋯9.

9. 合数的倒数与其单个质因数倒数所化成的小数关系

在这一部分，我们将主要运用 $\frac{1}{b} = \frac{p}{10^\lambda - 1}$ 这一个公式.

若 $b = n \cdot m$，则有

$$\frac{1}{n \cdot m} = \frac{p}{10^\lambda - 1}$$

∴

$$\frac{1}{m} = \frac{n \cdot p}{10^\lambda - 1}$$

但此时 λ 并不一定是最小值，如 $\frac{1}{3 \times 7} = \frac{047\,619}{10^6 - 1}$，但 $\frac{1}{3} = \frac{47\,619 \times 7}{10^6 - 1} = \frac{333\,333}{10^6 - 1}$.

此时我们只能知道 $\lambda(m \cdot n) = k_1 \lambda(m)$ 和 $\lambda(m \cdot n) = k_2 \lambda(n)$.

也就是说，若 q 是 b 的因子，那么 q 的循环节长度也是 b 循环节长度的因子.

在此处，我们假设 q 不含因子 3，

∴

$$\frac{1}{q} = \frac{p}{10^\lambda - 1}$$

∴

$$q \cdot p = 10^\lambda - 1$$

∴

$$10^\lambda - 1 = 99\cdots9$$

$$\therefore \qquad\qquad 10^{\lambda}-1 \text{ 必然含有因子9.}$$

$$\because \qquad\qquad q \text{ 不含因子3,}$$

$$\therefore \qquad\qquad p \text{ 必能被3或9整除.}$$

$$\therefore \qquad \frac{1}{q}=\frac{Q_1 \cdot 3}{10^{\lambda}-1} \text{ 或} \frac{1}{q}=\frac{Q_2 \cdot 9}{10^{\lambda}-1}$$

$$\therefore \qquad \frac{1}{3 \cdot q}=\frac{Q_1}{10^{\lambda}-1} \text{ 或} \frac{1}{9 \cdot q}=\frac{Q_2}{10^{\lambda}-1}$$

此时我们只能说

$$\lambda(q)=k_1\lambda(3q) \text{ 或} \lambda(q)=k_2\lambda(9q)$$

但我们只能从中可知

$$\lambda(3q)=k_3\lambda(q) \text{ 和} \lambda(9q)=k_4\lambda(q)$$

此时 k_1, k_2, k_3, k_4 只能取1.

$$\therefore \qquad\qquad \lambda(q)=\lambda(3q)=\lambda(9q)$$

于是,我们得到定理:

定理 11 一个其质因子不含3的数的循环节长度与此数的3倍和9倍的数的循环节长度相同.

但在这里 $\frac{1}{1}=1$, 而 $\frac{1}{3}=0.\dot{3}$, $\frac{1}{9}=0.\dot{1}$, 这不就与上面的定理相矛盾吗? 其实并不是这样的. 因为 $1=0.\dot{9}$, 也就是说有1个循环节, 也就是说完全符合上面的定理.

从而,我们还有以下结论:

结论: 在绝大多数情况下,一个质数 p 的幂 p^a 的倒数的小数展开式,其循环节的位数是 $r \cdot p^{a-1}$, 这里的 r 是 $\frac{1}{p}$ 的循环节位数. 例如 $\frac{1}{11}$ 的循环节是09, 共两位, 从而 $\frac{1}{11^2}$ 的循环节有22位.

$$\frac{1}{11^2}=0.\dot{0}08\ 264\ 462\ 809\ 917\ 355\ 371\ \dot{9}$$

$$\frac{1}{7^2}=0.\dot{0}20\ 408\ 163\ 265\ 306\ 122\ 448\ 979\ 591\ 836\ 734\ 693\ 877\ 55\dot{1}$$

两个特别的例外是 $\frac{1}{9}=\frac{1}{3^2}$, 它只有1位循环, 与 $\frac{1}{3}$ 的循环节数相同; $\frac{1}{487^2}$ 的循环节有486位, 与 $\frac{1}{487}$ 的情况一样.

10. 循环小数中的数字出现的统计规律

进一步研究,我们又可以发现循环小数的一种统计规律:

先看以下分数：

$$\frac{1}{7} = 0.\dot{1}4285\dot{7}$$

$\frac{1}{17} = 0.\dot{0}5882352941176\dot{4}7$，数字 1，4，2，8，5，7 各出现 2 次；0，3，6，9 各 1 次.

$\frac{1}{19} = 0.\dot{0}5263157894736842\dot{1}$，数字 1，4，2，8，5，7 各出现 2 次；0，3 各 2 次；6，9 各 1 次.

$\frac{1}{23} = 0.\dot{0}434782608695652173913$，数字 1，4，2，8，5，7 各出现 2 次；3，6 各 3 次；0，9 各 2 次.

$\frac{1}{87} = 0.\dot{0}114942528735632183908045977$，数字 1，4，2，8，5，7 各出现 3 次；0，3，9 各 3 次；6 出现 1 次.

在 $\frac{1}{7}$ 的循环节中出现 1，4，2，8，5，7，而在别的分数的循环节中，若多于 6 位，那么出现 1，4，2，8，5，7 的频数是一样多的，而出现 0，3，6，9 的频数却不一定相同.

但

$$\frac{1}{73} = 0.\dot{0}1369\dot{8}6\dot{3}$$

$$\frac{1}{81} = \frac{1}{9^2} = 0.\dot{0}1234567\dot{9}$$

$\frac{1}{243} = \frac{1}{3^5} = 0.\dot{0}04115226337448559670781893$，数字 0，1，3，4，5，7，8 各出现 3 次；2，6，9 各 2 次.

在以上两例中，1，4，2，8，5，7 出现的频数不等，都是例外.

由此似乎有以下结论：如果 $\frac{1}{n}$（n 为质数）的循环节有（$n-1$）位，循环节长度大于 6，那么出现 1，4，2，8，5，7 的频数是一样多的，而出现 0，3，6，9 的频数却不一定相同.

$\frac{1}{499}$ 化为循环小数有 498 位，其中 1，4，2，8，5，7 各出现 50 次.

新问题：这些规律的本质又是什么？如何证明？

数学博大精深，整数与循环小数中的问题俯拾皆是. 通过仔细探究，发现了如此复杂的内在联系. 以上虽涉及的只是数学中的沧海一粟，学习的一孔之得，但更重要的是，学到的是一种正确的科学方法，一把打开科学之门的钥匙，它将激励我们在数学的海洋里搏击，在科学的天空中翱翔！

参考文献

［1］［注 1，2］何国樑，肖振纲．初等数论［M］．海口：海南出版社，1992

［2］［德］汉斯·拉德梅彻著．数学欣赏［M］．左平译．北京：北京出版社，1981

思考与研究

（1）给定三角形的三边可得到求其面积的公式，那么给出四面体的六条棱长，能否得到其体积公式？为什么？你由此可得到什么结论？

（2）分数化小数必呈现出循环规律，但无理数（如 $\sqrt{2}$，π）等用小数表示就无规律，能否找到新的表示形式使其呈现出某种规律？（参考"连分数及其应用"）

4. 有趣的黄金分割

　　提起五角星，大家一定会想起我们庄严的国旗上五颗金光闪闪的五角星，也一定会想到人民解放军帽徽上的红五角星．五角星美观、大方、和谐、庄重，原来它和"黄金分割"有密切关系．

　　把一条线段（如 AB）分成两条线段，使其中较长的线段（AP）是全线段和较短线段（PB）的比例中项（即 $AB:AP = AP:PB$），叫做

图1

把这条线段"黄金分割"（见图1），分点 P 称为黄金分割点，$AP:AB$ 叫做黄金分割比（黄金分割比又称为中外比，分点 P 可以是线段 AB 的内分点，也可以是外分点；也有的书上称 $AB:AP$ 为黄金分割比）．

　　为了算出黄金分割比，我们不妨设 $AB=1$，$AP=x$，代入式子 $AB:AP = AP:PB$ 中，得 $1:x = x:(1-x)$，即 $x^2 + x - 1 = 0$，$x = \dfrac{-1 \pm \sqrt{5}}{2}$．舍去负值，$x = \dfrac{\sqrt{5}-1}{2} \approx 0.618$，这就是黄金分割比．这个数据是 2 500 年前希腊艺术家发现的．在欧洲文艺复兴时期，它被著名艺术家、科学家达·芬奇称为"黄金分割"．这一名称一直沿用至今．

　　黄金分割的作图方法如图2、图3所示：

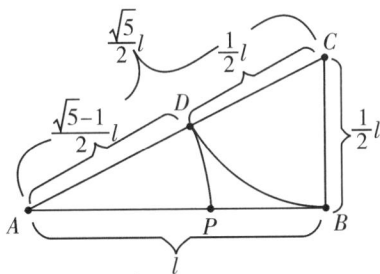

图2

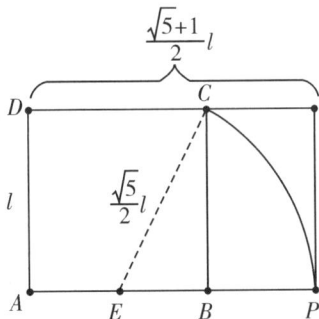

图3

　　据说 2 500 年前，古希腊著名数学家毕达哥拉斯创立的"毕达哥拉斯学派"

就掌握了黄金分割作图法，并用它画出了正五边形，从而绘制出了美丽的正五角星. 设 $ABCDE$ 为一正五边形（见图4），对角线 AD、CE 交于点 P，那么点 P 将对角线 AD 作了黄金分割，即 $\dfrac{AD}{AP} = \dfrac{AP}{PD}$. 若设正五边形边长为 l，则 $AP = l$，设 AD 长为 x，便有 $\dfrac{x}{l} = \dfrac{l}{x-l}$，即 $x^2 - lx - l^2 = 0$，$x = \dfrac{\sqrt{5}+1}{2}l \approx 1.618l$. 这就是所求的正五边形对角线的长度. 具体作图方法如图5所示.

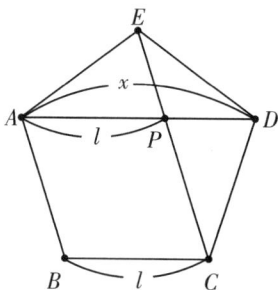

图4

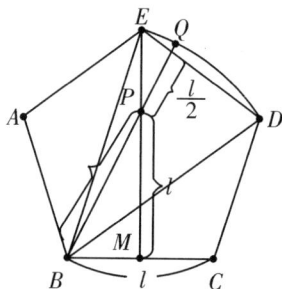

图5

现在我们知道作五角星的方法是很多的.

教科书上介绍把圆的半径黄金分割得到圆内接正十边形的一边长（在图2中 AP 就是以 AB 为半径的圆的内接正十边形一边长）从而十（五）等分圆，进而作出五角星的方法就是其中的一种. 在1 500年前，毕达哥拉斯学派最早发现了正五角星的作图法确实是一个了不起的发现. 他们非常自豪，于是把五角星形制成徽章，佩戴在胸前，作为该学派的标记.

我们已经知道，通过黄金分割能作出正五角星. 不仅如此，正五角星的各边也是按黄金分割而互分的（见图6）. 例如 B_1 是 AD 的黄金分割点，也是 CE 的黄金分割点，还是 C_1D 和 A_1E 的黄金分割点. A_1、B_1、C_1、D_1、E_1 都是黄金分割点. 正五角星中奇妙的黄金分割点比比皆是，因此人们感到它美观、大方、和谐、庄重. 从美学的观点来看，正五角星是最美的图形之一.

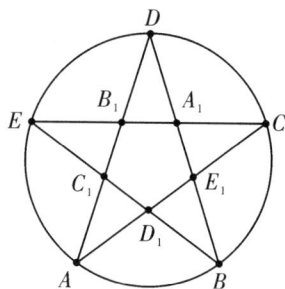

图6

如果等腰三角形的底与腰之比等于 $\dfrac{\sqrt{5}-1}{2}$，则称这个三角形为"黄金分割三角形"，简称"黄金三角形"（这时等腰三角形顶角为36°，底角为72°）（见图7）. 若作 $\angle C$ 的平分线交 AB 于 D，则 $\triangle CDB$ 也是黄金三角形；作 $\angle B$ 的平分线交 CD 于 E，则 $\triangle BED$ 也是黄金三角形……此过程可无限地继续下去．连接图 6 中的正五角形相邻两顶点而成的正五边形中就有 20 个黄金三角形．

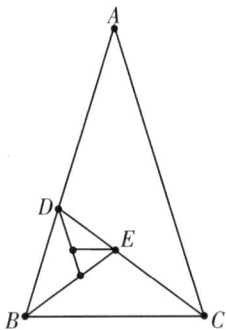

图 7

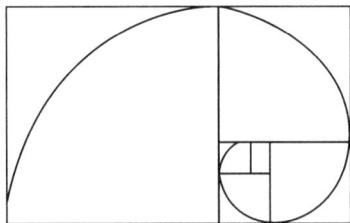

图 8

若矩形的宽与长之比等于 $\dfrac{\sqrt{5}-1}{2}$，这个矩形叫做"黄金分割矩形"，简称"黄金矩形"．在黄金矩形内可逐次进行黄金分割，图 8 中画出了五次分割以及一些有关的线条．

在古代，"黄金分割"被认为是最理想的比．许多古典式建筑都受这种观念的影响．巴特农神庙是约 2 500 年前建于雅典的，它就是这种古典式建筑之一．直到今天，许多长方形一般都应用"黄金分割"构成．在窗框、门框的设计，照片、图画的剪裁以及广告美术方面，黄金分割都很有应用价值．黄金分割这一数学定理与生命、生长发育、健康、疾病、衰老和死亡等有着千丝万缕的联系，有时甚至是生命内在形式的基本规律．遵循黄金分割也就是获得了健康的法宝，同样也是生命美的体现．图 9 是一位 20 世纪的法国建筑师设计的人体各部位的标准相对尺寸．

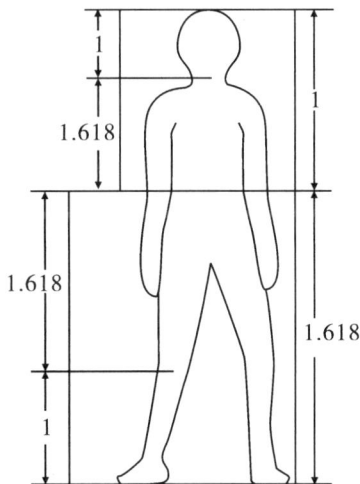

图 9

人体符合 0.618 的分割，人们会获得协调与美的感观．而感觉是一种心理过程和行为，必然要以生理功能作为基础．因此黄金分割的平衡自然与健康有联系，或者说生命形式必须遵循黄金分割律．

向日葵的外形就包含了这样一种黄金分割的原理．向日葵的花盘上有一左一右的螺旋线，每一套螺旋线都符合黄金分割的比例．如果有 21 条左旋，则有 13 条右旋，总数为 34 条．13 与 21 的比值恰好是黄金分割的比值 0.618．此外向日葵的花盘外缘有两种不同形状的小花，即管状花和舌状花，它们的数目分别是 55 和 89，它们的比值也恰好是 0.618.

为什么向日葵有这种外形的黄金分割呢？这是为它们吸收阳光的机能所设计的. 只有在这种黄金分割的分布下，向日葵才能让每一片叶子、枝条和花瓣互不重叠，从而最大限度地吸收阳光和营养，进行光合作用. 不仅向日葵如此，许多植物和花木也都如此. 其实这种最优化的功能也是最美的表现形式.

我们所居住的地球环境同样可以说明数学之美. 地球表面的纬度范围在 0° ~ 90°，如果对其黄金分割，则 34.38° ~ 55.62° 是地球的黄金地带. 在这一黄金地带，全年的平均气温、日照时间、降水量、相对湿度等都是适于人类生活和植物生长的. 而从这一地区分布的国家来看，世界上许多发达国家都在这一地区. 排除社会、历史和制度等各种人为因素，自然的黄金分割是不能否认的原因之一.

在生命中体现美，由于人是温血动物，因此必须处于一定温度下生理功能才能维持和发挥得最好. 尽管人们可以通过增减衣服来保持人体的基本温度，但是根据黄金分割的原理，人总是在某种特定数值的温度下感觉最好、最舒服，因而生理功能也能发挥得最好. 人体的正常温度是 37℃，如果乘以 0.618，则为 22.87℃，因此人在 23℃ 左右的环境下感觉最舒服，精神饱满.

实验表明，人处在这种温度下，机体内的新陈代谢和各种生理功能处于最佳状态. 比如各种酶的代谢、人的消化功能、人体抗御疫病的免疫功能等都最好. 这也是为什么人们总是感到平均温度在 23℃ 左右的秋季是最好季节的原因之一，也是为什么绝大多数运动会选择在秋季召开的原因之一，因为运动员在这样的温度下最容易出成绩. 这样的温度符合人生存所需要温度的黄金分割. 按美学家对美的解释，实用和舒适（快感）即是美，人在 23℃ 环境下感到最舒适，因而同样也是最美的.

近代发展起来的优选法中有一种最基本的方法，叫做 0.618 法，就是由黄金分割得出的. 优选法的理论和实践已证明，这样能较快地找到试验的最优方案. 我国著名数学家华罗庚在各地推广优选法，为国家创造了很多财富. 正因为黄金分割在建筑、文艺、工农业和科学实验中有着广泛而重要的应用，因而人们才尊重地称它为"黄金"分割.

附1：用尺规五等分圆周

作法：

（1）作半径 OA 的黄金分割点 P.

（2）在 $\odot O$ 上以 A 为起点、OP 为半径连续截取 $AB = BC = CD = DE = EF = FG = GH = HI = IJ = OP$；则点 A、B、C、D、E、F、G、H、I、J 十等分圆周；而点 A、C、E、G、I 五等分圆周.

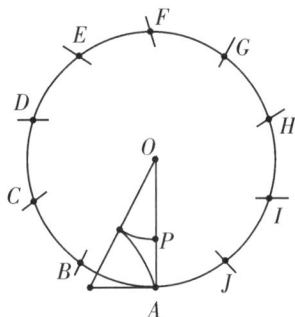

附2：用尺规五等分圆周的一个近似方法

一个步骤简捷、操作极易掌握的五等分圆周的近似作图法，在制图和生活实践中可方便应用.

作法：

（1）在已知 $\odot O$ 上任作两条互相垂直的直径 AB 和 CD.

（2）分别以 A、C 为圆心，以 $\odot O$ 的直径为半径画弧，两弧交于 E（应使 O、E 在 AC 的同旁）.

（3）在 $\odot O$ 上连续截取 $DF = FG = GH = HK = OE$，则 D、F、G、H、K 即近似地五等分圆周.

证明及误差估计如下：

连接 OE、CE，设 $\odot O$ 的半径等于1.

在 $\triangle OCE$ 中，$OC = 1$，$CE = 2$，$\angle COE = 135°$.

由余弦定理知

$CE^2 = OE^2 + OC^2 - 2 \cdot OE \cdot OC \cdot \cos 135°$，

即 $2^2 = OE^2 + 1^2 + 2 \cdot OE \cdot 1 \cdot \dfrac{\sqrt{2}}{2}$.

$\therefore OE^2 + \sqrt{2} \cdot OE - 3 = 0$

解此方程，得 $OE = \dfrac{1}{2}\left(\sqrt{14} - \sqrt{2}\right)$（另一负根舍去）.

这与圆内接正五边形边长 $\dfrac{1}{2}\sqrt{10 - 2\sqrt{5}}$ 相比，相对误差为：

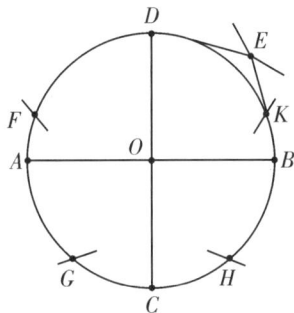

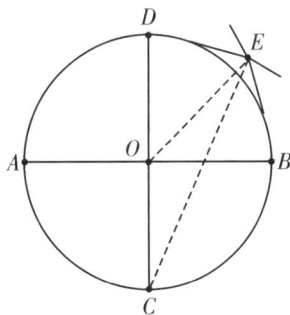

$$\xi = \left| \frac{\frac{1}{2}(\sqrt{14}-\sqrt{2}) - \frac{1}{2}\sqrt{10-2\sqrt{5}}}{\frac{1}{2}\sqrt{10-2\sqrt{5}}} \right| \approx 0.0101.$$

下面介绍一些黄金分割的表现形式：

1. $2\sin 18° = \dfrac{\sqrt{5}-1}{2}$

证明：如右图所示，AB 为圆内接正十边形的边长，O 为圆心，则 $\angle AOB = 36°$，作 $\angle OAB$ 的平分线 AC，则 $\triangle ABC \backsim \triangle OAB$，

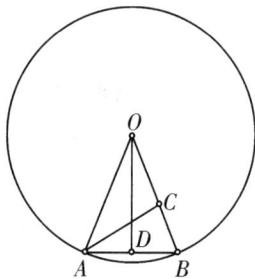

$\therefore \dfrac{AB}{OB} = \dfrac{BC}{AB}$，而 $AB = AC = OC$，且 $BC = OB - OC$，

$\therefore AB^2 + R \cdot AB - R^2 = 0$，解得 $AB = a_{10} = \dfrac{\sqrt{5}-1}{2}R$.

作 $OD \perp AB$ 于 D，则 $\angle BOD = 18°$，在 Rt$\triangle BOD$ 中，$\sin 18° = \sin \angle BOD = \dfrac{\frac{a_{10}}{2}}{OB} = \dfrac{\sqrt{5}-1}{4}$.

$\therefore 2\sin 18° = \dfrac{\sqrt{5}-1}{2}$.

2. 由"兔子问题"得出的斐波那契数列

数列 1，1，2，3，5，8，13，21，34，55，…

其递推公式为 $\begin{cases} a_1 = a_2 = 1 \\ a_n = a_{n-1} + a_{n-2} \ (n \geq 3) \end{cases}$.

若构造一个新的数列 $\{b_n\}$，使 $b_n = \dfrac{a_n}{a_{n+1}}$，则 $\lim\limits_{n \to \infty} b_n = \dfrac{\sqrt{5}-1}{2}$.

证明：$\because a_n > 0$，$b_n > 0$.

设 $x = \lim\limits_{n \to \infty} b_n$，则 $x = \lim\limits_{n \to \infty} b_n = \lim\limits_{n \to \infty} \dfrac{a_n}{a_{n+1}} = \lim\limits_{n \to \infty} \dfrac{a_n}{a_n + a_{n-1}} = \lim\limits_{n \to \infty} \dfrac{1}{1 + \dfrac{a_{n-1}}{a_n}} = \dfrac{1}{1+x}$

$\therefore x^2 + x - 1 = 0$，$x = \dfrac{\sqrt{5}-1}{2}$.

3. 如果 $a \in (0, 1)$，且 $\log_{a+1} a = \log_a (a+1)$，则 $a = \dfrac{\sqrt{5}-1}{2}$

证明：$\because \log_{a+1} a = \log_a (a+1)$，$\therefore \log_{a+1} a = \dfrac{1}{\log_{a+1} a}$，$(\log_{a+1} a)^2 = 1$.

$\because a+1 > 1$, $0 < a < 1$, $\therefore \log_{a+1}a < 0$, $\therefore \log_{a+1}a = -1$.

$a = (a+1)^{-1}$, $a^2 + a - 1 = 0$. $\therefore a = \dfrac{\sqrt{5}-1}{2}$.

思考与研究

（1）一条线段的两个黄金分割点之间存在怎样的关系？

如右图所示，A_1 是线段 AB 靠右端点 B
的一个黄金分割点，以点 A_1 为轴心在线段
AB 上把 A_1B 向内翻折，点 B 落在线段 AA_1 上

```
A ●————————————●——●—●—●————————● B
              A₂ A₄ A₃ A₁
```

的点 A_2，则 A_2 是 AA_1 靠近点 A 的黄金分割点．再以 A_2 为轴心在线段 AA_1 上把 AA_2 向内翻折，A 落在线段 A_1A_2 上的点 A_3，则 A_3 是 A_2A_1 靠近点 A_1 的黄金分割点……如此继续下去，作出相应线段的黄金分割点列 A_1，A_2，A_3，…，线段 AA_1，A_1A_2，A_2A_3，…的长度逐渐缩短，但最终能否收敛到一个定点上？

结论：收敛于点 N，点 N 距点 B 是 $\dfrac{\sqrt{5}-1}{2} \cdot AB$，这恰是 AB 靠近左端点 A 的黄金分割点．

试证明之．

（2）收集与黄金分割有关的数学例子、科学例子以及生活例子．

（3）书作为长方形，它的宽长之比是否为黄金比，试分析其中的道理．

5. 正整数之谜

我们接触最早的数是正整数，正整数中有许多有趣的性质，有些是至今未解决的世界难题. 这些问题有些可推广到实数、复数或更广的范围. 例如，由 $2+2=2\times 2$，想到 $a+b=a\times b$，这样的 a，b 有何规律？

对于 $a+b=a\times b$，显然 $\begin{cases} a=t \\ b=\dfrac{t}{t-1} \end{cases} t\in\mathbf{R}$，这就是它的通解（当 $a=2$ 时，$b=2$）.

由以上的问题马上可联想到三元问题 $a+b+c=a\times b\times c$ 的解如何？我们知道 $1+2+3=1\times 2\times 3$，即（1，2，3）就是一组解，要找到通解就不容易了. 在斜 $\triangle ABC$ 中，有 $\tan A+\tan B+\tan C=\tan A\times\tan B\times\tan C$，就是构造通解的公式. 如取 $A=120°$，$B=C=30°$，可得一组解 $\left(-\sqrt{3},\dfrac{\sqrt{3}}{3},\dfrac{\sqrt{3}}{3}\right)$.

此问题还可继续推广到多元.

以下我们介绍正整数的一些性质.

（1）6 等于 2 乘 3，但 7 不能同样写成两个因子之积，所以 7 叫做质数（或称素数）. 一个质数是一个正整数，它除了 1 和它本身以外，不能写成两个较小的因子之积. 5 和 3 也是质数，但 4 和 12 不是，因为 $4=2\times 2$，而 $12=3\times 4$. 像 4 和 12 这种可以分解因子的数叫做合数. 数 1 不是合数，但它又和其他数是如此的不同，因而也不把它看成质数；2 是第一个质数，开头一些质数是：2，3，5，7，11，13，17，19，23，29，31，37，…一眼可以看出，这个序列不符合任何一种简单规律. 实际上，质数数列的构造是非常复杂的.

一个数可以逐步分解，直到它化为若干个质数之积. 像 $6=2\times 3$ 即表为两个质数之积，而 $30=5\times 6$，又 $6=2\times 3$，得出 $30=2\times 3\times 5$，为三个质数之积. 同样，24 有四个质因子（$24=3\times 8=3\times 2\times 4=3\times 2\times 2\times 2$），其中恰好有三个因子是相同的质数 2. 对于一个质数 5 来说，只能写成 $5=5$，即一个单独质数. 用逐步分解的方法，除 1 以外的任何正整数都可以写作质数之积. 因此，质数可以看成是全部正整数数列的基础.

（2）在欧几里德的《几何原本》第九章中，提出并解答了质数数列最后是否有终结的问题，已经证明这个数列没有终结，也就是每一个质数之后，总能找到另一个更大的质数. 欧氏的证明非常巧妙而又十分简单.

欧氏写出了以下各数：

$$2 \times 3 + 1 = 7$$
$$2 \times 3 \times 5 + 1 = 31$$
$$2 \times 3 \times 5 \times 7 + 1 = 211$$
$$2 \times 3 \times 5 \times 7 \times 11 + 1 = 2\ 311$$
$$2 \times 3 \times 5 \times 7 \times 11 \times 13 + 1 = 30\ 031$$

······

头两个质数、头三个质数以及更多的前 n 个质数乘在一起，然后再加 1. 这些数不能被任一个组成它的质数整除. 因为 31 是 2 的倍数加 1，它不能被 2 整除；它又是 3 的倍数加 1，所以不能被 3 整除；它又是 5 的倍数加 1，所以也不能被 5 整除. 31 恰好是质数，而且一定大于 5；211 和 2 311 是新的质数，但 30 031 = 59 × 509，而这些质因子都大于 13.

这样的论证，我们可以照样推演下去. 令 p 为任一质数，作出由 2 到 p 的全部质数的乘积再加 1，写成 $2 \times 3 \times 5 \times 7 \times 11 \times \cdots \times p + 1 = N$. 质数 2，3，5，…，$p$ 中没有一个可以整除 N，这样 N 或者是质数（自然是大于 p 的），或者 N 的全部质因子都和 2，3，5，…，p 不同且大于 p. 不论何种情形，一个大于 p 的质数已经找到. 因此，不管 p 有多大，总有更大的质数存在.

我们必须赞扬欧氏证明这一定理所用的是巧妙而简单的方法. 试图证明这一定理的较自然的方法不是欧氏的方法. 较自然的方法是试求任一已知质数后面紧跟的那个质数. 但是由于质数组成的极端无规则性，所做的这种尝试，最后都失败了.

欧氏的证明，克服了质数数列的组成没有规律的障碍，就是用一个大得多的质数去代替 p 后面的下一个质数.

（3）作为质数数列复杂性的一个证据，我们要指出在序列中有着很大的间隙. 例如，我们将证明，可以找到 1 000 个相邻的数，它们都是合数，这个方法是和欧氏法密切相关的.

将正整数中前 1 001 个数相乘，记为 Q，$Q = 1 \times 2 \times 3 \times \cdots \times 1\ 000 \times 1\ 001$，即 $Q = 1\ 001!$

作出下列 1 000 个数：$Q + 2$，$Q + 3$，$Q + 4$，…，$Q + 1\ 001$.

显然这 1 000 个相邻数都是合数.

（4）英国数学家威尔逊提出了一条关于质数的重要定理："整数 p 是质数的充分必要条件是 $(p - 1)! + 1 \equiv 0 (\bmod\ p)$，即数 $(p - 1)! + 1$ 能被 p 整除." 1773 年由拉格朗日给出了它的证明.

（5）数论的近代理论是费尔马（Fermat，1601—1665）开创的. 费尔马是 17

世纪最有影响的数学家之一. 他发现了许多令人惊异的问题. 举几例供大家欣赏：

①每一个正整数最多可以表示为四个平方数之和.

②若 n 是合数，则 $2^n - 1$ 是合数.

③全部奇质数可分为 $4n + 1$ 和 $4n + 3$ 两种形式.

④费尔马小定理：若 p 是一个质数且 a 与 10 互质，则 $a^p - a$ 能被 p 整除.

⑤费尔马大定理：对于 $n > 2$ 的整数，$x^n + y^n = z^n$ 没有整数解.

······

（6）完全数概念最早出自于毕达哥拉斯学派，他们发现，像 6 与 28 这样的整数，它们的所有因数之和（不包括自身）等于其自身. 例如 $6 = 1 + 2 + 3$，$28 = 1 + 2 + 4 + 7 + 14$. 欧几里德给出了关于完全数的一个著名定理："若几何级数（从 1 起）一些项之和 $1 + 2 + 2^2 + \cdots + 2^{n-1}$ 是质数. 那么这个和同最末一项的乘积是完全数，即（$1 + 2 + 2^2 + \cdots + 2^{n-1}$）$\times 2^{n-1} = $（$2^n - 1$）$\times 2^{n-1}$，在 $2^n - 1$ 为质数时是完全数.

前 3 个完全数：6，28，496.

对于完全数，欧拉（L. Euler，1707—1783）给出了欧几里德定理的一个逆定理：每一偶完全数是形如 2^{p-1}（$2^p - 1$）的数，其中第二个因子是质数. 这使 2^{p-1}（$2^p - 1$）与偶完全数之间，建立起唯一的等价关系.

（7）数论中有一种数叫"亲和数". 对于自然数 p 和 q，若除 p 本身以外，p 的所有真因数之和等于 q，而 q 除本身以外，q 的所有真因数之和恰好等于 p，则 p 和 q 是一对亲和数.

如 220 的所有真因数之和 $1 + 2 + 4 + 5 + 10 + 11 + 20 + 22 + 44 + 55 + 110 = 284$；

而 284 的所有真因数之和 $1 + 2 + 4 + 71 + 142 = 220$.

世界上第一对亲和数 220 和 284 是古希腊著名的毕达哥拉斯学派于公元前 5 世纪发现的. 直到 2 100 多年之后的 1613 年，法国"业余数学家之王"费尔马找到了第二对亲和数 17 296 和 18 416；25 年后，法国"解析几何之父"笛卡儿（R. Descartes，1591—1650）于 1638 年 3 月 31 日宣布找到了第三对亲和数 9 437 506 和 9 363 584.

在数学家陷入数学迷宫不能自拔的 100 余年之后的 1747 年，年仅 39 岁的瑞士数学家欧拉竟向全世界宣布：他一口气找到了 30 对亲和数，后来又扩展到 60 对，不仅列出了亲和数的数表，而且还公布了全部运算过程. 120 年后的 1867 年，意大利有一个爱动脑筋、勤于计算的 16 岁中学生白格黑尼（Pagahini）把大师眼皮下溜走的一对较小的亲和数 1 184 和 1 210 捉到了.

（8）德国数学家哥德巴赫（Christian Gold bach，1690—1764）于 1742 年提出"每一个大于 2 的偶数是两个质数的和. "这就是哥德巴赫猜想. 现在"哥德巴赫猜想"的通常提法是：每个大于或等于 6 的偶数都可以表示成两个奇质数的和.

18、19 世纪，所有的数论专家都没有对哥德巴赫猜想作出过实质性推进．1938 年，中国数学家华罗庚证明了命题："几乎所有的偶数都可表示为两个奇质数之和"．从 20 世纪 20 年代起，对哥德巴赫猜想的证明途径出现了不少岔道，其中之一是把偶数表示为两数之和，而每一个数又是若干个质数积的办法，即通常所说的，如果每一个偶数都能表为一个不超过 a 个质因子的数和一个不超过 b 个质因子的数的和．那么我们就说 $(a+b)$ 成立．哥德巴赫猜想就是要证明 $(1+1)$ 成立．这方面最早的结果是 1920 年布朗得出的 $(9+9)$．之后，几乎每年都有新的成果，其中不少成果是我国数学家取得的．比如，1957 年王元证明了 $(2+3)$，1962 年潘承洞证明了 $(1+5)$．目前最好的结果 $(1+2)$ 是 1966 年由陈景润证明的．

（9）证明自然数有关命题的三种重要方法．

第一个：欧几里德关于质数是无限的证明方法［见上面（2）］．

第二个：无穷递降法（由费尔马发现）．

其主要依据是自然数集的最小数原理．设 $p(n)$ 是一个与自然数有关的命题，我们从相反的结论出发，设法构造出一个无穷的严格递减的正整数数列，而这显然与最小数原理矛盾，从而 $p(n)$ 得证．

【例 1】证明 $\sqrt{2}$ 不是有理数．

证明：假设 $\sqrt{2}$ 是有理数，则必可表示为既约分数，即 $\sqrt{2}=\dfrac{p}{q}$，$(p,q)=1$.

平方后，得 $2=\dfrac{p^2}{q^2}$，即 $p^2=2q^2$，则 p^2 是偶数，p 是偶数．

设 $p=2n$，则 $4n^2=2q^2 \Rightarrow 2n^2=q^2 \Rightarrow q$ 是偶数．

p 与 q 都是偶数与 $(p,q)=1$ 矛盾．

$\therefore \sqrt{2}$ 不是有理数．

第三个：数学归纳法（明确而清晰地阐述并使用了数学归纳法的是法国数学家、物理学家帕斯卡）．

【例 2】求证：$1^3+2^3+3^3+\cdots+n^3=\dfrac{1}{4}n^2(n+1)^2$.

证明：①当 $n=1$ 时，左 $=1^3=1$，右 $=\dfrac{1}{4}\times 1^2\times(1+1)^2=1$，左 $=$ 右，公式成立．

②假设 $n=k$ 时公式成立，即 $1^3+2^3+3^3+\cdots+k^3=\dfrac{1}{4}k^2(k+1)^2$，

当 $n=k+1$ 时，$1^3+2^3+3^3+\cdots+k^3+(k+1)^3=\dfrac{1}{4}k^2(k+1)^2+(k+1)^3$

$=\dfrac{1}{4}(k+1)^2(k^2+4k+4)=\dfrac{1}{4}(k+1)^2(k+2)^2$

即当 $n = k + 1$ 时公式也成立.

综上可知，对 $n \in \mathbf{N}^*$，公式成立.

思考与研究

（1）连续的 15 个自然数中，质数最多几个？最少几个？

（2）满足 $a^2 + b^2 = c^2$ 的正整数 (a, b, c) 有何规律？如果知道 $c = 20$，这时 a，b 的正整数解有几组？有何规律？

分析 1：连续 15 个自然数中质数最多 6 个.

因为质数分布前密后疏，列举 0 ~ 14 中 6 个；1 ~ 15 中 6 个……5 ~ 19 中 6 个；6 ~ 20 中 5 个……

连续 15 个自然数中有可能全部是合数，一个质数也没有.

2 ~ 16 的数用欧几里德方法找到"阀值"，$2^4 \times 3^2 \times 5 \times 7 \times 11 \times 13 = 720\ 720$.

然后从 720 722 开始，到 720 736 为止，就满足问题的答案了.

另外，由质数表扫描可知，质数 523 后的下一个质数为 541，两数相差为 18，从而一举找到 524 ~ 540 这区间的 17 个自然数都是合数.

6. 数学归纳法的变形及应用

给出一个数列的前三项，如 1，2，4，能确定下一项吗？不能．因为若数列是以 $a_n = 2^{n-1}$ 为通项公式，则下一项为 8；若此数列是以 $a_n = \dfrac{n^2 - n + 2}{2}$ 为通项公式，则下一项为 7．其实，给出数列的前任意多项，此数列还是不确定，下一项当然也不确定．

另外，若给出数列的递推关系，如 $a_n = 2a_{n-1} + 1$，数列依然不确定，不同的初值 a_1 得到不同的数列．

但若给出数列的递推关系且给出初值，如 $a_n = 2a_{n-1} + 1$，$a_1 = 1$，则此数列就完全确定了．这种思想可归纳出一种重要的数学证明方法——数学归纳法．

我们知道，用数学归纳法证明一个与自然数 n 有关的命题 $f(n)$ 的步骤是：

①证明（验证）当 n 取第一个值 n_0 时命题正确；

②假设当 $n = k (k \in \mathbf{N}，k \geq n_0)$ 时命题正确（这叫做归纳假设），由此证明当 $n = k + 1$ 时命题正确．

在完成以上两个步骤后，就可以断定命题 $f(n)$ 对从 n_0 开始的所有自然数 n 都正确．

第一步是递推的基础，n_0 是使命题成立的最小自然数值．要得出 $f(n_0)$ 为真，只需把命题中的 n 代入为 n_0 加以验证．这一步证明了使命题成立的自然数是存在的，至少有 n_0．

第二步是提出归纳法假设，即假设 $f(k)$ 为真，求证 $f(k+1)$ 为真．这里的 $f(k)$ 为真是假设，而且，至少 $k = n_0$ 时为真，也就是说，满足归纳法假设的 k 值是存在的．

由上述两步可以得出结论，根据的道理是数学归纳法公理．这个公理可以说明如下：（设 $n_0 = 1$）由第一步，知 $f(1)$ 为真，根据第二步可得 $f(2)$ 为真；根据第二步又得 $f(3)$ 为真……一直递推下去可得，对于任意自然数 n，$f(n)$ 为真．

实际上，不必在归纳法假设中使用 k，而直接使用 n，因为第二步就是由假设 $f(n)$ 为真，证明 $f(n+1)$ 为真．

数学归纳法使用的难点常常在于第二步，需要一定的技巧寻找 $f(k)$ 与 $f(k+1)$ 之间的关系．

由于数学归纳法是逐次递推的思想，只要逻辑上能递推下去就能说明结论正确，由此对多变的数学问题也就产生了不同形式的数学归纳法．

（1）数学归纳法第二步的假设有时需要两个，即假设 $n=k-1$ 和 $n=k$ 时为真，才能证明 $n=k+1$ 时为真，而此时第一步也就需验证 $n=1$ 和 $n=2$ 同时为真．

【例1】设 x_1，x_2 是方程 $x^2-2ax+b=0$（a，$b\in\mathbf{Z}$）的两个根，求证 $x_1^n+x_2^n$ 是偶数．

证明：①当 $n=1$ 时，由韦达定理知 $x_1+x_2=2a$．而 $a\in\mathbf{Z}$，所以 $2a$ 为偶数，命题成立．

当 $n=2$ 时，由韦达定理知 $x_1^2+x_2^2=(x_1+x_2)^2-2x_1x_2=(2a)^2-2b$．而 a，$b\in\mathbf{Z}$，所以 $(2a)^2-2b$ 为偶数，命题成立．

②假设 $n=k-1$ 和 $n=k$ 时命题成立，即 $x_1^{k-1}+x_2^{k-1}$，$x_1^k+x_2^k$ 为偶数，那么

$x_1^{k+1}+x_2^{k+1}=(x_1^k+x_2^k)(x_1+x_2)-x_1x_2(x_1^{k-1}+x_2^{k-1})=2a(x_1^k+x_2^k)-b(x_1^{k-1}+x_2^{k-1})$

依假设，$x_1^{k-1}+x_2^{k-1}$，$x_1^k+x_2^k$ 是偶数，a，$b\in\mathbf{Z}$．故 $x_1^{k+1}+x_2^{k+1}$ 为偶数，即 $n=k+1$ 时命题成立．

依数学归纳法，可知对 $n\in\mathbf{N}^*$，命题均成立．

说明：如下变形 $x_1^{k+1}+x_2^{k+1}=x_1(x_1^k+x_2^k)+x_2^k(x_2-x_1)$ 就证明不下去了，所以代数变形要注意代数形式．

很自然，有些问题需要假设 3 个或更多个．

（2）数学归纳法的第二步可以变为：假设 $n\leqslant k-1$ 时成立，推证 $n=k$ 时成立．

【例2】求证：第 n 个质数（将质数从小到大编上序号，2 算作第一个质数）P_n 小于 2^{2^n}．

证明：①当 $n=1$ 时，$P_1=2<2^{2^1}$，命题正确．

②假设对于小于 k 的自然数命题都正确，即 $P_1<2^{2^1}$，$P_2<2^{2^2}$，$P_3<2^{2^3}$，…，$P_{k-1}<2^{2^{k-1}}$．那么，将这些不等式两边分别相乘，可得

$P_1\cdot P_2\cdot P_3\cdot\cdots\cdot P_{k-1}<2^{2^1}\cdot 2^{2^2}\cdot 2^{2^3}\cdot\cdots\cdot 2^{2^{k-1}}=2^{2^1+2^2+2^3+\cdots+2^{k-1}}$

当 $n=k$ 时，首先有

$P_1\cdot P_2\cdot P_3\cdot\cdots\cdot P_{k-1}+1\leqslant 2^{2^1+2^2+2^3+\cdots+2^{k-1}}=2^{2^k-2}<2^{2^k}$

因为 $P_1\cdot P_2\cdot P_3\cdot\cdots\cdot P_{k-1}+1$ 的质因数 q 不能为 P_1，P_2，P_3，…，P_{k-1}（因为这些数除不等式左边余数都是 1），只能大于或等于 P_k；又这个质因数 q 必小于 2^{2^k}（因为 2^{2^k} 不是质数），所以 $P_k\leqslant q<2^{2^k}$，即 $P_k<2^{2^k}$．

因此，当 $n=k$ 时，命题正确．

根据数学归纳法，可知命题对任何自然数 n 都正确.

说明：本题要推下一步正确，要用到前面全部正确才可以. 这种方法也叫第二数学归纳法.

（3）有时第二步需改成"假设当 $n=k$ 时命题成立，那么当 $n=k+2$ 时命题也成立." 这时第一步需改成"当 $n=1$，2 时，命题都成立."

【例 3】求证：对于任意 $x>0$ 和自然数 $n(n\geqslant 1)$，都有 $x^n+x^{n-2}+x^{n-4}+\cdots+\dfrac{1}{x^{n-4}}+\dfrac{1}{x^{n-2}}+\dfrac{1}{x^n}\geqslant n+1$.

证明：①当 $n=1$ 时，$x+\dfrac{1}{x}\geqslant 2=1+1$，命题成立.

当 $n=2$ 时，$x^2+1+\dfrac{1}{x^2}\geqslant 2+1$，命题也成立.

②假设 $n=k$ 时命题成立，即 $x^k+x^{k-2}+x^{k-4}+\cdots+\dfrac{1}{x^{k-4}}+\dfrac{1}{x^{k-2}}+\dfrac{1}{x^k}\geqslant k+1$.

又 $x^{k+2}+\dfrac{1}{x^{k+2}}\geqslant 2$，

所以 $x^{k+2}+\left(x^k+x^{k-2}+x^{k-4}+\cdots+\dfrac{1}{x^{k-4}}+\dfrac{1}{x^{k-2}}+\dfrac{1}{x^k}\right)+\dfrac{1}{x^{k+2}}\geqslant k+1+2$，即 $n=k+2$ 时，命题成立.

据此，可由 $n=1$ 时命题成立得 n 取 3，5，7，$\cdots$，即一切正奇数命题成立；由 $n=2$ 时命题成立，推知 n 取 4，6，8，$\cdots$，即一切正偶数命题成立，即对一切 $n\in\mathbf{N}$ 命题成立.

说明：一般地，还可以有以下形式：当 $n=1$，2，$\cdots$，l 时，这个命题都是正确的，并且证明了"假设 $n=k$ 时这个命题正确，那么当 $n=k+l$ 时这个命题也正确." 于是当 n 是任何自然数时，这个命题都是正确的.

实际使用时，l 取什么值应由第二步的证明方法决定. 如例 3，左式增加了 $x^{k+2}+\dfrac{1}{x^{k+2}}$，所以第一步初值应取 $n=1$ 和 2.

（4）"跷跷板归纳法". 有两个命题 A_n，B_n，如果"A_1 是正确的，假设 A_k 是正确的，那么 B_k 也正确""假设 B_k 是正确的，那么 A_{k+1} 也是正确的"，那么，对于 $n\in\mathbf{N}$，命题 A_n，B_n 都是正确的.

【例 4】已知数列 $\{a_n\}$ 的通项公式为 $a_{2n-1}=n^3$，$a_{2n}=n(n+1)(n+2)$，求证：

$$S_{2n-1}=\frac{1}{2}n(n+1)(n^2+n-1) \tag{1}$$

$$S_{2n}=\frac{1}{2}n(n+1)(n^2+3n+3) \tag{2}$$

证明：①当 $n=1$ 时，$a_1=1$，$S_1=\dfrac{1}{2}\times1\times2\times1=1$，命题成立.

②假设 $n=k$ 时，命题（1）成立，即 $S_{2k-1}=\dfrac{1}{2}k(k+1)(k^2+k-1)$，那么

$$S_{2k}=S_{2k-1}+a_{2k}$$
$$=\dfrac{1}{2}k(k+1)(k^2+k-1)+k(k+1)(k+2)$$
$$=\dfrac{1}{2}k(k+1)(k^2+3k+3)$$

故命题（2）也成立.

③假设 $n=k$ 时，命题（2）成立，即 $S_{2k}=\dfrac{1}{2}k(k+1)(k^2+3k+3)$，那么，

$$S_{2n+1}=S_{2k}+a_{2k+1}$$
$$=\dfrac{1}{2}k(k+1)(k^2+3k+3)+(k+1)^3$$
$$=\dfrac{1}{2}(k+1)(k^3+5k^2+7k+2)$$
$$=\dfrac{1}{2}(k+1)(k+2)\left[(k+1)^2+(k+1)-1\right]$$

故命题（1）也成立.

据此，由 S_1 成立可以推出 S_2 成立，由 S_2 成立可以推出 S_3 成立……以此递推，可知对一切自然数 n，命题成立.

实际上，本题亦可直接从设 S_{2n-1} 成立证明出 S_{2n+1} 亦成立.

说明：如果有互相关联的命题 A_n，B_n，C_n，…，P_n，在验证 A_1 为真的基础上，假设 A_k 成立，并且有 $A_k\Rightarrow B_k$，$B_k\Rightarrow C_k$，…，$P_k\Rightarrow A_{k+1}$，那么，对一切自然数 n，所有命题都正确. 这个过程呈螺旋上升趋势，故又称为螺旋归纳法.

（5）反向归纳法. 若能从 $n=k$ 推出 $n=k-1$ 时命题成立，其中 k 为任意自然数，这时，如果对某一个正整数 m，当 $n=m$ 时，命题成立. 只要这样的 m 有无穷多个，就能说明对任意自然数 n 的命题都成立.

【例5】已知 a_1，a_2，…，$a_n\in\mathbf{R}^*$，求证：

$$(a_1\cdot a_2\cdot\cdots\cdot a_n)^{\frac{1}{n}}\leqslant\dfrac{a_1+a_2+\cdots+a_n}{n}$$

证明：①当 $n=2$ 时，所证不等式为 $(a_1\cdot a_2)^{\frac{1}{2}}\leqslant\dfrac{a_1+a_2}{2}$，可由 $(a_1^{\frac{1}{2}}-a_2^{\frac{1}{2}})^2\geqslant0$，直接推出命题成立.

②现在来证明当 $n=2^p$（$p\in\mathbf{N}$）时命题成立.

假设当 $n=2^k$ 时，命题成立，那么，

$$(a_1 \cdot a_2 \cdot \cdots \cdot a_{2^{k+1}})^{\frac{1}{2^{k+1}}} = \left[(a_1 \cdot a_2 \cdot \cdots \cdot a_{2^k})^{\frac{1}{2^k}} \cdot (a_{2^k+1} \cdot a_{2^k+2} \cdot \cdots \cdot a_{2^{k+1}})^{\frac{1}{2^k}} \right]^{\frac{1}{2}} \leqslant \frac{1}{2}\left(\frac{a_1 + a_2 + \cdots + a_{2^k}}{2^k} + \frac{a_{2^k+1} + a_{2^k+2} + \cdots + a_{2^{k+1}}}{2^k} \right) = \frac{a_1 + a_2 + \cdots + a_{2^{k+1}}}{2^{k+1}}$$

所以当 $n = 2^{k+1}$ 时，命题成立. 因此，当 $n = 2^p$ 时，命题成立.

③进一步推证一般 n 命题成立. 我们假设当 $n = k$ 时命题成立，来推证 $n = k-1$ 时命题成立.

取 $a_k = \dfrac{a_1 + a_2 + \cdots + a_{k-1}}{k-1}$，则因为 $n = k$ 时命题成立，

$$\therefore \frac{a_1 + a_2 + \cdots + a_{k-1}}{k-1} = \frac{a_1 + a_2 + \cdots + a_k}{k} \geqslant (a_1 \cdot a_2 \cdot \cdots \cdot a_k)^{\frac{1}{k}}$$

$$= \left(a_1 \cdot a_2 \cdot \cdots \cdot a_{k-1} \cdot \frac{a_1 + a_2 + \cdots + a_{k-1}}{k-1} \right)^{\frac{1}{k}}$$

两边同除以 $\left(\dfrac{a_1 + a_2 + \cdots + a_{k-1}}{k-1} \right)^{\frac{1}{k}}$，得

$$\left(\frac{a_1 + a_2 + \cdots + a_{k-1}}{k-1} \right)^{\frac{k-1}{k}} \geqslant (a_1 \cdot a_2 \cdot \cdots \cdot a_{k-1})^{\frac{1}{k}}$$

$$\therefore \frac{a_1 + a_2 + \cdots + a_{k-1}}{k-1} \geqslant (a_1 \cdot a_2 \cdot \cdots \cdot a_{k-1})^{\frac{1}{k-1}}$$

即得所证.

综合①②③，命题得证.

（6）应用数学归纳法，有时由 $n = k$ 到 $n = k+1$ 还需分类归纳.

【例6】求证：大于 7 的整数必可以用若干个 3，5 连加而得.

证明：①当 $n = 8$ 时，$8 = 3 + 5$，命题成立.

当 $n = 9$ 时，$9 = 3 + 3 + 3$，命题成立.

②假设 $n = k$（$k \geqslant 8$）时命题成立. 当 k 的表示式中含 5 时，$k+1$ 中的 1 与 5 相加为 6，而 $6 = 3 + 3$，命题成立.

当 k 的表示式中无 5 时，由于 $k \geqslant 8$，必有 $k > 8$，所以至少有 3 个 3. 这时 $k+1$ 中的 1 与 k 中的 3 个 3 的和为 10，可表示成 $5 + 5$. 命题成立.

由①②可知，对 $n \geqslant 8$ 的整数，命题成立.

（7）应用数学归纳法时，有时需要加强命题的结论.

【例7】用数学归纳法证明：

$$\frac{3 \times 5 \times \cdots \times (2n-1)}{2 \times 4 \times \cdots \times (2n-2)} < \sqrt{2n} \quad (n > 1 \text{ 且 } n \in \mathbf{N})$$

证明：（1）当 $n = 2$ 时，不等式

左 $= \dfrac{3}{2} < 2 = \sqrt{2 \times 2} =$ 右. 命题成立.

（2）假设当 $n=k$（$k>1$ 且 $k\in\mathbf{N}$）时命题成立，即

$$\frac{3\times5\times\cdots\times(2k-1)}{2\times4\times\cdots\times(2k-2)}<\sqrt{2k}$$

那么，当 $n=k+1$ 时

$$\frac{3\times5\times\cdots\times(2k-1)\times(2k+1)}{2\times4\times\cdots\times(2k-2)\times(2k)}<\sqrt{2k}\cdot\frac{2k+1}{2k}=\sqrt{2(k+1)+\frac{1}{2k}}$$

但是 $\sqrt{2(k+1)+\frac{1}{2k}}$ 并不小于 $\sqrt{2(k+1)}$.

于是证明失效.

说明：证明失败的原因是原命题结论太弱，这可从当 $n=2$ 时的验证过程看出来. 因为之间的"缝隙"很大. 而解决的方法是适当加强原命题的结论. 改为证明

$$\frac{3\times5\times\cdots\times(2n-1)}{2\times4\times\cdots\times(2n-2)}<\sqrt{2n-1}\ (n>1 且 k\in\mathbf{N})$$

证明：①当 $n=2$ 时，不等式

左 $=\frac{3}{2}<\sqrt{3}=$ 右. 命题成立.

②假设当 $n=k$ 时命题成立，即 $\frac{3\times5\times\cdots\times(2k-1)}{2\times4\times\cdots\times(2k-2)}<\sqrt{2k-1}$（$k>1$ 且 $k\in\mathbf{N}$），那么，当 $n=k+1$ 时

$$\frac{3\times5\times\cdots\times(2k-1)\times(2k+1)}{2\times4\times\cdots\times(2k-2)\times(2k)}<\sqrt{2k-1}\cdot\frac{2k+1}{2k}$$

$$=\frac{\sqrt{4k^2-1}}{2k}\sqrt{2k+1}$$

$$=\frac{\sqrt{4k^2}}{2k}\sqrt{2(k+1)-1}$$

$$=\sqrt{2(k+1)-1}$$

即 $n=k+1$ 时命题成立.

$\therefore\dfrac{3\times5\times\cdots\times(2n-1)}{2\times4\times\cdots\times(2n-2)}<\sqrt{2n-1}$

由此得 $\dfrac{3\times5\times\cdots\times(2n-1)}{2\times4\times\cdots\times(2n-2)}<\sqrt{2n}$（$n>1$ 且 $n\in\mathbf{N}$）

（8）有些问题的条件与结论都随 n 在变.

【例 8】若 $a_i>0$（$i=1,2,\cdots,n$）且 $a_1+a_2+a_3+\cdots+a_n=1$，用数学归纳法证明：

$$a_1^2+a_2^2+a_3^2+\cdots+a_n^2\geqslant\frac{1}{n}\ (n\geqslant2 且 n\in\mathbf{N})$$

分析：数学归纳法证明的困难是由 $f(k)$ 到 $f(k+1)$ 这一步. 在本题中这一步

即是：当 $a_1 + a_2 + a_3 + \cdots + a_k = 1$ 时，有 $a_1^2 + a_2^2 + a_3^2 + \cdots + a_k^2 \geqslant \dfrac{1}{k}$ 成立，求证当 $a_1 + a_2 + a_3 + \cdots + a_k + a_{k+1} = 1$ 时，有 $a_1^2 + a_2^2 + a_3^2 + \cdots + a_k^2 + a_{k+1}^2 \geqslant \dfrac{1}{k+1}$ 成立.

$f(k)$ 到 $f(k+1)$ 的关系，本质就是 $f(2)$ 到 $f(3)$ 的关系. 所以我们只需退到 "由 $f(2)$ 证明 $f(3)$".

先证明 $n=2$ 的情况.

当 $n=2$ 时，有 $a_1 + a_2 = 1$，

而 $a_1^2 + a_2^2 = \dfrac{a_1^2 + a_2^2 + a_1^2 + a_2^2}{2} \geqslant \dfrac{a_1^2 + a_2^2 + 2a_1a_2}{2} = \dfrac{(a_1+a_2)^2}{2} = \dfrac{1}{2}.$

$n=3$ 时的命题即为：由 $a_1 + a_2 + a_3 = 1$，证明 $a_1^2 + a_2^2 + a_3^2 \geqslant \dfrac{1}{3}$.

如何由 $f(2)$ 推证 $f(3)$ 呢？首先将三元问题变为二元问题，已知的一种变法是：

$a_1 + a_2 + a_3 = 1 \Leftrightarrow a_1 + a_2 = 1 - a_3 \Leftrightarrow \dfrac{a_1}{1-a_3} + \dfrac{a_2}{1-a_3} = 1$（不妨设 $a_3 \neq 1$）

$\therefore \left(\dfrac{a_1}{1-a_3}\right)^2 + \left(\dfrac{a_2}{1-a_3}\right)^2 \geqslant \dfrac{1}{2} \Leftrightarrow a_1^2 + a_2^2 \geqslant \dfrac{1}{2}(1-a_3)^2 \Leftrightarrow a_1^2 + a_2^2 + a_3^2 \geqslant \dfrac{1}{2}(1-a_3)^2 + a_3^2$

要证结论，只需证 $\dfrac{1}{2}(1-a_3)^2 + a_3^2 \geqslant \dfrac{1}{3}$ 成立.

而 $\dfrac{1}{2}(1-a_3)^2 + a_3^2 \geqslant \dfrac{1}{3} \Leftrightarrow (3a_3-1)^2 \geqslant 0$，显然成立.

至此我们由 $n=2$ 时不等式成立，推出了 $n=3$ 时不等式成立，同样的思想方法可由 $n=k$ 时不等式成立推证 $n=k+1$ 时不等式也成立. 可以完成数学归纳法的过程.

证明：①当 $n=2$ 时，有 $a_1 + a_2 = 1$，而 $a_1^2 + a_2^2 = \dfrac{a_1^2 + a_2^2 + a_1^2 + a_2^2}{2} \geqslant \dfrac{a_1^2 + a_2^2 + 2a_1a_2}{2} = \dfrac{(a_1+a_2)^2}{2} = \dfrac{1}{2}.$

②假设当 $n=k$ 时命题成立，即当 $a_1 + a_2 + a_3 + \cdots + a_k = 1$ 时，有 $a_1^2 + a_2^2 + a_3^2 + \cdots + a_k^2 \geqslant \dfrac{1}{k}$ 成立，

当 $n=k+1$ 时，由 $a_1 + a_2 + a_3 + \cdots + a_k + a_{k+1} = 1$，得 $a_1 + a_2 + a_3 + \cdots + a_k + a_{k+1} = 1 - a_{k+1}$ 则

$\dfrac{a_1}{1-a_{k+1}} + \dfrac{a_2}{1-a_{k+1}} + \dfrac{a_3}{1-a_{k+1}} + \cdots + \dfrac{a_k}{1-a_{k+1}} = 1 \, (a_{k+1} \neq 1)$

$$\left(\frac{a_1}{1-a_{k+1}}\right)^2+\left(\frac{a_2}{1-a_{k+1}}\right)^2+\left(\frac{a_3}{1-a_{k+1}}\right)^2+\cdots+\left(\frac{a_k}{1-a_{k+1}}\right)^2\geqslant\frac{1}{k}$$

$$\Leftrightarrow a_1^2+a_2^2+a_3^2+\cdots+a_k^2\geqslant\frac{1}{k}(1-a_{k+1})^2$$

$$\Leftrightarrow a_1^2+a_2^2+a_3^2+\cdots+a_k^2+a_{k+1}^2\geqslant\frac{1}{k}(1-a_{k+1})^2+a_{k+1}^2$$

易证 $\dfrac{1}{k}(1-a_{k+1})^2+a_{k+1}^2\geqslant\dfrac{1}{k+1}$

从而 $a_1^2+a_2^2+a_3^2+\cdots+a_k^2+a_{k+1}^2\geqslant\dfrac{1}{k+1}$ 成立.

命题得证.

我们遇到的问题是多种多样的,但任何一种方法都不是万能的. 只有理解题目,理解所学方法的实质,根据题目的特点而选用相应方法,才能使所学的方法变成得力的工具.

思考与研究

（1）用数学归纳法证明：$1+\dfrac{1}{2}+\dfrac{1}{4}+\cdots+\dfrac{1}{2^{n-1}}<2$.

（2）用数学归纳法证明：已知 $x_1\cdot x_2\cdot x_3\cdot\cdots\cdot x_n=1$，求证：$(1+x_1)(1+x_2)\cdots(1+x_n)\geqslant2^n$.

（3）用数学归纳法证明：$2^n\geqslant n^2$（$n\geqslant4$ 且 $n\in\mathbf{N}$）.
（数学归纳法的第一步中是只验证 $n=4$，还是验证 $n=4$ 和 $n=5$ 两个）

（4）由"兔子问题"得出的菲波纳契数列：1，1，2，3，5，8，13，21，34，55，…，其递推公式为 $\begin{cases}a_1=a_2=1\\a_n=a_{n-1}+a_{n-2}\end{cases}$ $n\geqslant3$，用数学归纳法证明该数列的通项公式为

$$a_n=\frac{1}{\sqrt5}\left[\left(\frac{1+\sqrt5}{2}\right)^n-\left(\frac{1-\sqrt5}{2}\right)^n\right]$$

（5）数学归纳法的题目是怎样发现的？在例7中我们发现

① $\dfrac{2n-1}{2n-2}>\dfrac{\sqrt{2n-1}}{\sqrt{2n-2}}$；   ② $\dfrac{2n-1}{2n-2}<\dfrac{\sqrt{2n-1}}{\sqrt{2n-3}}$

试由此编写题目并证明. 你还能改造别的例题吗？

（6）在数列 $\{a_n\}$ 中，$a_1=1$，当 $n\geqslant2$ 时，a_n，S_n，$S_n-\dfrac{1}{2}$ 成等比数列.

①求 a_2，a_3，a_4，并推出 a_n 的表达式；
②用数学归纳法证明所得的结论；

③求数列 $\{a_n\}$ 所有项的和.

解：$\because a_n$，S_n，$S_n-\dfrac{1}{2}$ 成等比数列，

$\therefore S_n^2 = a_n \cdot \left(S_n - \dfrac{1}{2}\right)$ $(n \geqslant 2)$ $\hfill (*)$

①把 $a_1=1$，$S_2=a_1+a_2=1+a_2$ 代入（*）式，得 $a_2=-\dfrac{2}{3}$

把 $a_1=1$，$a_2=-\dfrac{2}{3}$，$S_3=\dfrac{1}{3}+a_3$ 代入（*），得 $a_3=-\dfrac{2}{15}$

同理可得 $a_4=-\dfrac{2}{35}$

由此可以推出：$a_n = \begin{cases} 1\,(n=1) \\ -\dfrac{2}{(2n-3)(2n-1)}\ (n\geqslant 2) \end{cases}$

② （i）当 $n=1$，2，3，4 时，由（*）式知猜想成立.

（ii）假设 $n=k(k\geqslant 2)$ 时，$a_k=-\dfrac{2}{(2k-3)(2k-1)}$ 成立.

故 $S_k^2 = -\dfrac{2}{(2k-3)(2k-1)} \cdot \left(S_k-\dfrac{1}{2}\right)$，

$(2k-3)(2k-1)S_k^2+2S_k-1=0$

$\therefore S_k=\dfrac{1}{2k-1}$ 或 $S_k=\dfrac{-1}{2k-3}$（舍去）

由 $S_{k+1}^2=a_{k+1}\cdot\left(S_{k+1}-\dfrac{1}{2}\right)$，得 $(S_k+a_{k+1})^2=a_{k+1}\cdot\left(a_{k+1}+S_k-\dfrac{1}{2}\right)$

$\Rightarrow \dfrac{1}{(2k-1)^2}+a_{k+1}^2+\dfrac{2a_{k+1}}{2k-1}=a_{k+1}^2+\dfrac{a_{k+1}}{2k-1}-\dfrac{1}{2}a_{k+1}$

$\Rightarrow a_{k+1}=\dfrac{-2}{[2(k+1)-3][2(k+1)-1]}$

故 $n=k+1$ 时，命题也成立.

由（i）（ii），可知 $a_n = \begin{cases} 1\,(n=1) \\ -\dfrac{2}{(2n-3)(2n-1)}(n\geqslant 2) \end{cases}$ 对一切 $n\in\mathbf{N}$ 成立.

③由②，得数列 $\{a_n\}$ 前 n 项的和 $S_n=\dfrac{1}{2n-1}$，故所有项的和 $S=\lim\limits_{n\to\infty}S_n=0$

②对于数列 $\{a_n\}$ 的通项还可以这样来求：

$\because S_n^2=a_n\cdot\left(S_n-\dfrac{1}{2}\right)$

$\therefore S_n^2=(S_n-S_{n-1})\left(S_n-\dfrac{1}{2}\right)\Rightarrow\dfrac{1}{S_n}-\dfrac{1}{S_{n-1}}=2$，…

7. 趣味数列求和赏析与类比法

赫胥黎说过:"人们往往认为,科学与常识是彼此对立的.其实,完整化了的常识就是科学."从亚里士多德的"物体越重,下落越快"到爱因斯坦的"光线是弯曲的,空间也是弯曲的".科学上的每一步发展都在弥补着人们认识上的不足.数列求和中的许多问题,给我们的是一个个惊奇.

1. 龟兔赛跑

乌龟与兔子赛跑,假设兔子速度是乌龟的 10 倍,乌龟在兔子前 100 米处,同时起跑,问兔子能否追上乌龟?

分析如下:当兔子跑到乌龟的起跑点时,乌龟在兔子前 10 米处;当兔子跑完这 10 米时,乌龟又在兔子前 1 米处;如此一直下去……所以兔子永远追不上乌龟.

实际上,生活经验告诉我们:兔子很快就可以追上乌龟.那么如何解释上面的分析呢?

我们来计算以下兔子所跑的路程:

$$100 + 10 + 1 + 0.1 + 0.01 + 0.001 + \cdots = \frac{100}{1 - 0.1} = \frac{1\,000}{9}\ (\text{米})$$

显然,路程是有限的(速度一定,所以时间也有限).原题的分析是将兔子与乌龟限定在离兔子的起跑点 $\frac{1\,000}{9}$ 米的这段距离内,正是兔子追不上乌龟的这段距离内.而实际上兔子与乌龟都会跑过 $\frac{1\,000}{9}$ 米长,所以当兔子离开起点 $\frac{1\,000}{9}$ 米后,兔子已在乌龟的前面了.

这是哲学上的一个诡辩题目,将有限的距离(时间)用无限的过程分析,使人们的思维走入歧途.至此我们看到,量化更容易认清事物.中国近代科技比西方落后,其中量化不足是一个主要原因(笔者观点),正如我们都知道"曹冲称象",而未能总结出"浮力定律"一样.

2. 调和级数

对于数列 $a_n = \frac{1}{n}$,我们有 $\lim\limits_{n \to \infty} \frac{1}{n} = 0$,但调和级数

$$S = 1 + \frac{1}{2} + \frac{1}{3} + \frac{1}{4} + \frac{1}{5} + \frac{1}{6} + \frac{1}{7} + \cdots + \frac{1}{n} + \cdots \qquad ①$$

可以任意大.

证明：由于

$$S = 1 + \frac{1}{2} + \frac{1}{3} + \frac{1}{4} + \frac{1}{5} + \frac{1}{6} + \frac{1}{7} + \cdots + \frac{1}{n} + \cdots$$

$$= 1 + \frac{1}{2} + \left(\frac{1}{3} + \frac{1}{4}\right) + \left(\frac{1}{5} + \frac{1}{6} + \frac{1}{7} + \frac{1}{8}\right) + \left(\frac{1}{9} + \cdots + \frac{1}{16}\right) + \cdots$$

$$> 1 + \frac{1}{2} + \left(\frac{1}{4} + \frac{1}{4}\right) + \left(\frac{1}{8} + \frac{1}{8} + \frac{1}{8} + \frac{1}{8}\right) + \left(\frac{1}{16} + \frac{1}{16} + \cdots + \frac{1}{16}\right) + \cdots$$

$$= 1 + \frac{1}{2} + \frac{1}{2} + \frac{1}{2} + \frac{1}{2} + \frac{1}{2} + \cdots$$

即任给一个正数 A，存在一个正整数 n，使得

$$S_n = 1 + \frac{1}{2} + \frac{1}{3} + \frac{1}{4} + \frac{1}{5} + \frac{1}{6} + \frac{1}{7} + \cdots + \frac{1}{n} > A$$

即①式的结果可以任意大.

许多很小的数累加起来，可以变得很大. 这就是微积分的雏形，也就是刘备留给世人的名言"勿以善小而不为，勿以恶小而为之"的数学表示.

3. 舍 9 的级数

级数 $S = 1 + \frac{1}{2} + \frac{1}{3} + \frac{1}{4} + \frac{1}{5} + \frac{1}{6} + \frac{1}{7} + \cdots + \frac{1}{n} + \cdots$

可以是任意大，但去掉其中含数字 9 的项，得到的无穷级数

$$A = 1 + \frac{1}{2} + \frac{1}{3} + \frac{1}{4} + \frac{1}{5} + \frac{1}{6} + \frac{1}{7} + \frac{1}{8} + \frac{1}{10} + \cdots + \frac{1}{18} + \frac{1}{20} + \cdots + \frac{1}{88} + \frac{1}{100} + \cdots +$$

$$\frac{1}{108} + \frac{1}{110} + \cdots \qquad ②$$

它的和小于 80.

证明：在②式中，

分母是一位数的有 8 项；

分母是两位数的有 $8 \times 9 = 72$ （项）；

分母是三位数的有 $8 \times 9 \times 9 = 8 \times 9^2$ （项）

……

分母是 m 位数的有 $8 \times 9^{m-1}$ 项.

而 $\frac{1}{10^{m-1}}$ 是分母为 m 位数的第一个，也是此类中最大的分数，所以

$$T = \left(1 + \frac{1}{2} + \frac{1}{3} + \frac{1}{4} + \frac{1}{5} + \frac{1}{6} + \frac{1}{7} + \frac{1}{8}\right) + \left(\frac{1}{10} + \cdots + \frac{1}{18} + \frac{1}{20} + \cdots + \frac{1}{88}\right) +$$

$$\left(\frac{1}{100}+\cdots+\frac{1}{888}\right)+\cdots$$

$$<8\times1+8\times9\times\frac{1}{10}+8\times9^2\times\frac{1}{10^2}+\cdots+8\times9^{m-1}\times\frac{1}{10^{m-1}}+\cdots$$

$$=8\left[1+\frac{9}{10}+\left(\frac{9}{10}\right)^2+\left(\frac{9}{10}\right)^3+\cdots+\left(\frac{9}{10}\right)^{m-1}+\cdots\right]$$

$$=80$$

用同样的方法可以证明，去掉①中含有数字 1 或 2 或 8 的所有项，得到的无穷级数的和也小于一个正常数.

由以上证明很自然得到结论：在级数①中，含数字 9 的项所构成的级数可以任意大，即

$$B=\frac{1}{9}+\frac{1}{19}+\frac{1}{29}+\cdots+\frac{1}{89}+\frac{1}{90}+\frac{1}{91}+\cdots+\frac{1}{99}+\frac{1}{109}+\cdots\to\infty$$

这两个问题似乎与人们最初的想象不一致，实际上含 9 的级数的项"多". 人们最初认识事物往往是片面的，自然容易走上形而上学的轨道，正像看见太阳绕着地球转动一样. 经过学习和思考才逐步形成辩证法，对事物有较全面的认识.

4. 橡皮绳上的蠕虫

橡皮绳长 1 km，一条蠕虫在它的一端以 1 cm/s 的恒定速度爬行，而橡皮绳每 1 秒钟后就拉长 1 km，如此下去，蠕虫最后究竟会不会到达终点？

我们分析如下：

我们将开始时橡皮绳的长度记为 x（$x=1\ km=10^5\ cm$），则

第 1 秒钟内蠕虫所爬长度与绳长之比为 $\frac{1}{x}$

第 2 秒钟内蠕虫所爬长度与绳长之比为 $\frac{1}{2x}$

第 3 秒钟内蠕虫所爬长度与绳长之比为 $\frac{1}{3x}$

……

第 n 秒钟内蠕虫所爬长度与绳长之比为 $\frac{1}{nx}$

将 n 秒钟时蠕虫在橡皮绳上的位置表示为整条绳子的分数是

$$\frac{1}{x}+\frac{1}{2x}+\frac{1}{3x}+\cdots+\frac{1}{nx}=\frac{1}{10^5}\left(1+\frac{1}{2}+\frac{1}{3}+\frac{1}{4}+\cdots+\frac{1}{n}\right)$$

∵ 当 n 趋于无穷大时，级数 $1+\frac{1}{2}+\frac{1}{3}+\frac{1}{4}+\cdots+\frac{1}{n}$ 的和趋于无穷大.

∴ 当 n 足够大时（约为 $e^{100\,000}$），上式的值就超过 1，也就是到达终点了.

此题乍一想，蠕虫离橡皮绳终点越来越远了，但是随着橡皮绳的每一次拉伸，

蠕虫也向前被拉动了.

5. 自然数倒数的平方和

$$1 + \frac{1}{2^2} + \frac{1}{3^2} + \frac{1}{4^2} + \cdots + \frac{1}{n^2} + \cdots = ?$$

数学的特征之一是联系, 在许多风马牛不相及的现象后面, 常常隐藏着有趣的数学联系.

雅·贝努里 (J. Bernoulli) 是瑞士巴塞尔数学家族中的一位出色的数学家. 他对常微分方程的积分法的研究, 作出过杰出的贡献. 在研究一系列曲线的性质时, 他曾应用了许多新的概念, 特别是对于对数螺线有过深入的研究, 发现了许多有趣的性质, 最后, 他的墓碑上刻有对数螺线, 并附有颂词:

虽然改变了, 但我还是和原来一样!

但是这位著名的数学家被一个级数求和问题难住了, 这就是求自然数倒数的平方的级数的和: $1 + \frac{1}{2^2} + \frac{1}{3^2} + \frac{1}{4^2} + \cdots + \frac{1}{n^2} + \cdots$

几经努力, 贝努里对此束手无策, 不得不公开征求这一问题的解答. 可是年复一年, 直到 1705 年贝努里逝世, 也未见这个问题的答案.

时光流逝, 30 年过去了, 这个问题被大数学家欧拉 (Euler) "猜" 出了答案是 $\frac{\pi^2}{6}$.

为什么说是 "猜" 出的答案呢? 因为欧拉并未证明 $1 + \frac{1}{2^2} + \frac{1}{3^2} + \frac{1}{4^2} + \cdots \frac{1}{n^2} + \cdots = \frac{\pi^2}{6}$. 而是利用类比法猜出了答案.

我们知道, 如果一个一元 n 次方程

$$a_0 + a_1 x + a_2 x^2 + \cdots + a_n x^n = 0 \qquad ③$$

有 n 个根: α_1, α_2, $\cdots$, α_n,

那么, 方程③的左边可以分解为

$$a_0 + a_1 x + a_2 x^2 + \cdots + a_n x^n = a_n (x - \alpha_1)(x - \alpha_2) \cdots (x - \alpha_n) \qquad ④$$

比较等式两边的常数项, 得 $a_0 = (-1)^n a_n \alpha_1 \alpha_2 \alpha_3 \cdots \alpha_n$

如果 $a_0 \neq 0$, 那么 α_1, α_2, $\cdots$, α_n 都不等于零. 于是

$$a_n = \frac{a_0}{(-\alpha_1)(-\alpha_2) \cdots (-\alpha_n)}$$

将它代入④, 得

$$a_0 + a_1 x + a_2 x^2 + \cdots + a_n x^n$$

$$= \frac{a_0}{(-\alpha_1)(-\alpha_2) \cdots (-\alpha_n)} (x - \alpha_1)(x - \alpha_2) \cdots (x - \alpha_n)$$

$$= a_0 \left(\frac{x - \alpha_1}{-\alpha_1} \right) \left(\frac{x - \alpha_2}{-\alpha} \right) \cdots \left(\frac{x - \alpha_n}{-\alpha_n} \right)$$

$$= a_0 \left(1 - \frac{x}{\alpha_1} \right) \left(1 - \frac{x}{\alpha_2} \right) \cdots \left(1 - \frac{x}{\alpha_n} \right)$$

于是

$$a_0 + a_1 x + a_2 x^2 + \cdots + a_n x^n$$

$$= a_0 - a_0 \left(\frac{1}{\alpha_1} + \frac{1}{\alpha_2} + \cdots + \frac{1}{\alpha_n} \right) x + \cdots + (-1)^n \frac{a_0}{\alpha_1 \alpha_2 \cdots \alpha_n} x^n$$

比较等式两边关于 x 项的系数，得

$$a_1 = -a_0 \left(\frac{1}{\alpha_1} + \frac{1}{\alpha_2} + \cdots + \frac{1}{\alpha_n} \right) \quad (a_0 \neq 0) \tag{⑤}$$

同样，如果一元 $2n$ 次方程

$$b_0 - b_1 x^2 + b_2 x^4 - \cdots + (-1)^n b_n x^{2n} = 0 \tag{⑥}$$

在 $b_0 \neq 0$ 的情况下，有 $2n$ 个都不等于零的根：$\pm \beta_1$，$\pm \beta_2$，$\cdots$，$\pm \beta_n$

故 $\quad b_0 - b_1 x^2 + b_2 x^4 - \cdots + (-1)^n b_n x^{2n} = b_0 \left(1 - \frac{x^2}{\beta_1^2} \right) \cdots \left(1 - \frac{x^2}{\beta_n^2} \right) \tag{⑦}$

比较等式两边 x^2 的系数，即有

$$b_1 = b_0 \left(\frac{1}{\beta_1^2} + \frac{1}{\beta_2^2} + \cdots + \frac{1}{\beta_n^2} \right) \tag{⑧}$$

现在考虑三角方程 $\sin x = 0$，它有无穷多个根：0，$\pm \pi$，$\pm 2\pi$，$\cdots$

又 $\qquad\qquad \sin x = x - \frac{x^3}{3!} + \frac{x^5}{5!} - \frac{x^7}{7!} + \cdots \tag{$*$}$

所以三角方程 $\frac{\sin x}{x} = 0$ 可以化为

$$1 - \frac{x^2}{3!} + \frac{x^4}{5!} - \frac{x^6}{7!} + \cdots = 0$$

它的根应该是 0，$\pm \pi$，$\pm 2\pi$，$\cdots$

欧拉把代数方程⑤和⑦用于这个三角方程，得出

$$\frac{1}{3!} = \frac{1}{\pi^2} + \frac{1}{(2\pi)^2} + \frac{1}{(3\pi)^2} + \cdots$$

即 $\qquad\qquad 1 + \frac{1}{2^2} + \frac{1}{3^2} + \frac{1}{4^2} + \cdots + \frac{1}{n^2} + \cdots = \frac{\pi^2}{6}$

看到欧拉这个大胆、巧妙的类比法，我们不禁拍案叫绝. 但是欧拉也知道"一元 n 次方程有 n 个根"是成立的，而"一元无限次方程有无限个根"这个定理是没有的. 因此欧拉感到忐忑不安，他多次对 $1 + \frac{1}{2^2} + \frac{1}{3^2} + \frac{1}{4^2} + \cdots + \frac{1}{n^2} + \cdots = \frac{\pi^2}{6}$ 的两边进行数值验证，得知等式两边的近似值是 $1.644\ 934\cdots$

欧拉的猜想是正确的，目前，上述级数求和问题已有多种证明.

6. 摆动级数

$$S = 1 - \frac{1}{2} + \frac{1}{3} - \frac{1}{4} + \frac{1}{5} - \frac{1}{6} + \frac{1}{7} - \frac{1}{8} + \cdots$$

类比作为科学研究方法有着十分广泛的应用，但类比的结论却并非完全可靠，它们常常是错误的. 为什么呢？两个事物之间必定存在差异，无论怎样相似的两个对象，总有着不同的地方. 如果我们在进行类比时，得到的结论正好是这个差异点. 那么类比就不正确了，这样的差异点不少，所以类比的结果常常是不正确的.

求 $S = 1 - \frac{1}{2} + \frac{1}{3} - \frac{1}{4} + \frac{1}{5} - \frac{1}{6} + \frac{1}{7} - \frac{1}{8} + \cdots$

分析：$\because 1 - \frac{1}{2} + \frac{1}{3} - \frac{1}{4} + \frac{1}{5} - \frac{1}{6} + \frac{1}{7} - \frac{1}{8} + \cdots = \left(1 - \frac{1}{2}\right) + \left(\frac{1}{3} - \frac{1}{4}\right) + \left(\frac{1}{5} - \frac{1}{6}\right) + \cdots > \left(1 - \frac{1}{2}\right) = \frac{1}{2}$

又 $1 - \frac{1}{2} + \frac{1}{3} - \frac{1}{4} + \frac{1}{5} - \frac{1}{6} + \frac{1}{7} - \frac{1}{8} + \cdots < 1 + \left(-\frac{1}{2} + \frac{1}{3}\right) + \left(-\frac{1}{4} + \frac{1}{5}\right) + \left(-\frac{1}{6} + \frac{1}{7}\right) + \cdots < 1$

$\therefore \frac{1}{2} < S < 1$

即 S 必是一个比 $\frac{1}{2}$ 大、比 1 小的常数. 但是

$$2S = 2 - \frac{2}{2} + \frac{2}{3} - \frac{2}{4} + \frac{2}{5} - \frac{2}{6} + \frac{2}{7} - \frac{2}{8} + \frac{2}{9} - \frac{2}{10} + \cdots$$

$$= \frac{2}{1} - \frac{1}{1} + \frac{2}{3} - \frac{1}{2} + \frac{2}{5} - \frac{1}{3} + \frac{2}{7} - \frac{1}{4} + \frac{2}{9} - \frac{1}{5} + \cdots$$

把级数中分母是相同奇数的各项合并，得

$$2S = \frac{1}{1} - \frac{1}{2} + \frac{1}{3} - \frac{1}{4} + \frac{1}{5} - \frac{1}{6} + \frac{1}{7} + \cdots = S$$

$$2S = S \Rightarrow S = 0$$

这显然不对. 问题出在哪里？请读者分析.

勒维烈将水星运行的偏差与天王星运行的偏差相类比. 天王星运行的偏差是由于一颗未知行星的摄动，它就是海王星. 勒维烈预言了它并导致了海王星的发现. 所以他指出水星运行的偏差也是一个未知行星摄动的结果，并把它命名为"火神星". 但是勒维烈的这个类比错了，"火神星"并不存在.

为了提高结论的可靠程度，就需要尽可能详细地了解类比的对象，尽可能详

尽地分析对象的相似点和差异点.

那么，上面的数列的和到底是多少呢？我们可用数学归纳法证明以下公式：

$$1 - \frac{1}{2} + \frac{1}{3} - \frac{1}{4} + \frac{1}{5} - \frac{1}{6} + \frac{1}{7} - \frac{1}{8} + \cdots + \frac{1}{2n-1} - \frac{1}{2n} = \frac{1}{n+1} + \frac{1}{n+2} + \cdots + \frac{1}{2n+1} + \frac{1}{2n}$$

$$\therefore \quad S = \lim_{n \to \infty} \left(\frac{1}{n+1} + \frac{1}{n+2} + \cdots + \frac{1}{2n-1} + \frac{1}{2n} \right)$$

而 $\dfrac{1}{n+1} + \dfrac{1}{n+2} + \cdots + \dfrac{1}{2n-1} + \dfrac{1}{2n} = \left(\dfrac{1}{1+\frac{1}{n}} + \dfrac{1}{1+\frac{2}{n}} + \cdots + \dfrac{1}{1+\frac{n}{n}} \right) \cdot \dfrac{1}{n}$

$$\therefore S = \lim_{n \to \infty} \left(\frac{1}{n+1} + \frac{1}{n+2} + \cdots + \frac{1}{2n-1} + \frac{1}{2n} \right)$$

$$= \lim_{n \to \infty} \frac{1}{n} \sum_{i=1}^{n} \frac{1}{1+\frac{i}{n}} = \int_{0}^{1} \frac{1}{1+x} \mathrm{d}x$$

$$= \ln(1+x) \Big|_{0}^{1} = \ln 2$$

$$\therefore S = 1 - \frac{1}{2} + \frac{1}{3} - \frac{1}{4} + \frac{1}{5} - \frac{1}{6} + \frac{1}{7} - \frac{1}{8} + \cdots = \ln 2$$

注：公式（＊）可用高中数学知识得到证明，可参考"三角函数的计算"一节.

思考与研究

（1）能否对级数 $1 + \dfrac{1}{3} + \dfrac{1}{5} + \dfrac{1}{7} + \cdots + \dfrac{1}{2n-1} + \cdots$ 的值作一估计？

（2）级数 $1 - \dfrac{1}{3} + \dfrac{1}{5} - \dfrac{1}{7} + \dfrac{1}{9} - \dfrac{1}{11} + \cdots$ 的值如何？

（3）试分析级数 $1 + \dfrac{1}{2^s} + \dfrac{1}{3^s} + \dfrac{1}{4^s} + \cdots + \dfrac{1}{n^s} + \cdots$ 当 $s = 3$，4，$\cdots$ 时的值如何？

8. 连分数及其应用

庞卡莱（J·H·Poincare′，1854—1912）说："感觉数学的美，感觉数与形的调和，感觉几何学的优雅，这是所有真正的数学家都知道的真正美感。"

开普勒（1517—1630）是德国杰出的天文学家，他发现了行星运动的开普勒三大定律，为牛顿发现万有引力打下了基础，但他的成就得感谢对数的发明。

1599 年，开普勒成了丹麦天文学家第谷的助手。第谷当时任布拉格天文台台长，他耗费 30 年的心血，积累了当时六大行星绕日运行的大量数据却找不到规律。1610 年开普勒继承了第谷的事业，面对这大量的数据仍束手无策。其中主要的数据如下表，表中 p 表示行星绕日公转的周期（单位为年），a 表示轨道椭圆长半轴的天文单位。

	水星	金星	地球	火星	木星	土星
a	0.387	0.723	1	1.524	5.203	9.539
p	0.241	0.615	1	1.881	11.86	29.46

就在开普勒一筹莫展时，1614 年英国数学家纳白尔发明了对数，开普勒将表中的数据各自取对数，立即就看到了对于每一颗行星都有 $\lg a : \lg p = 2 : 3$，即 $a^3 = p^2$ 这个规律。这就是著名的开普勒第三定律："行星绕日运行的周期的平方等于其轨道长半轴的立方"，它发表于 1619 年，具有划时代的意义。

在数学史上，对数产生于指数之前，纯粹是代数变形。但这种变形结果不仅给数学带来了一次革命，也给科学带来了一次革命。数学中的变形、变换表面上看起来只是一种形式的演变，但其背后往往有深刻的内容，它的应用更是令人倍感奇妙，连分数就是其中一例。

1. 引题

问题 I：现行普通高中课程标准实验教科书《数学》必修 3 中有"算法初步"一章，其中作为算法和流程图的学习涉及闰年的问题，许多同学不明白为什么要规定"四年一闰，百年少一闰，每四百年加一闰？"这样规定合理吗？

问题Ⅱ：在做团体操时，有时需要变换队形，或圆环队变成方队，或方队变成三角队，或三角队变成圆环队……那么，要有多少人，才能把三角队变成方队呢?

我们对以上问题进行探讨，为此，先做些准备工作.

2. 连分数

连分数的定义：若 a_0 是非负整数，a_1，a_2，a_3，$\cdots$，a_n 是正整数，则分数

$$a_0 + \cfrac{1}{a_1 + \cfrac{1}{a_{2+} \cdots + \cfrac{1}{a_n}}} \qquad ①$$

叫做 n 级连分数.

若 a_0 是非负整数，a_1，a_2，a_3，$\cdots$，a_n，a_{n+1}，$\cdots$是正整数的无穷数列，则下列形式

$$a_0 + \cfrac{1}{a_1 + \cfrac{1}{a_{2+} \cdots + \cfrac{1}{a_{n \cdots}}}} \qquad ②$$

叫做无限连分数.

为了简单，①式可记作

$$[a_0，a_1，a_2，a_3，\cdots，a_n] \quad 或 \quad a_0 + \frac{1}{a_1} + \frac{1}{a_2} + \frac{1}{a_3} + \cdots + \frac{1}{a_n}$$

②式可记作

$$[a_0，a_1，a_2，a_3，\cdots，a_n，\cdots] \quad 或 \quad a_0 + \frac{1}{a_1} + \frac{1}{a_2} + \frac{1}{a_3} + \cdots + \frac{1}{a_n} + \cdots$$

有时，由①②定义的连分数叫做简单连分数，以区别更为一般的下面这种连分数

$$1 + \cfrac{2}{3 + \cfrac{4}{2 + \cfrac{5}{7}}}$$

几个特殊的连分数

$$\frac{\sqrt{5}+1}{2} = 1 + \frac{1}{1} + \frac{1}{1} + \frac{1}{1} + \cdots$$

$$\frac{4}{\pi} = 1 + \frac{1^2}{2} + \frac{3^2}{2} + \frac{5^2}{2} + \frac{7^2}{2} + \frac{9^2}{2} + \cdots$$

$$e = 2 + \cfrac{1}{1} + \cfrac{1}{2} + \cfrac{1}{1} + \cfrac{1}{1} + \cfrac{1}{4} + \cfrac{1}{1} + \cfrac{1}{1} + \cfrac{1}{6} + \cfrac{1}{1} + \cfrac{1}{1} + \cfrac{1}{8} + \cdots$$

我们看到，这些无理数的连分数展式都有很好的规律，即选择不同的形式可以看到更本质的东西.

3. 将分数、无理数化为连分数的方法

如何将一个正实数 A（可以是无理数）展开成连分数呢？

令 $a_0 = [a]$，其中 $[x]$ 表示 x 的整数部分. 例如 $[3.14] = 3$，则

$\alpha = a_0 + \alpha_0$，$0 \leq \alpha_0 = \alpha - a_0 < 1$. 若 $\alpha_0 \neq 0$，则 $\dfrac{1}{\alpha_0} > 1$，令 $a_1 = [1/\alpha_0]$，则 $\dfrac{1}{\alpha_0} = a_1 + \alpha_1$，$0 \leq \alpha_1 < 1$. 于是 $\alpha = a_0 + \cfrac{1}{a_1 + \alpha_1}$.

以此类推，可得

$$\alpha = a_0 + \cfrac{1}{a_1 + \cfrac{1}{\cfrac{1}{\alpha_1}}} = a_0 + \cfrac{1}{a_1 + \cfrac{1}{a_2 + \alpha_2}} = \cdots = [a_0, \ a_1, \ a_2, \ \cdots] \qquad ③$$

【例1】将下列数化成连分数：

（1）$\dfrac{42\,897}{18\,644}$ （2）$\sqrt{2}$

解：化连分数的过程和结果如下：

（1）$\dfrac{42\,897}{18\,644} = 2 + \dfrac{5\,609}{18\,644} = 2 + \cfrac{1}{\dfrac{18\,644}{5\,609}} = 2 + \cfrac{1}{3 + \dfrac{1\,817}{5\,609}} = 2 + \cfrac{1}{3 + \cfrac{1}{\dfrac{5\,609}{1\,817}}} = 2 + \cfrac{1}{3 + \cfrac{1}{3 + \dfrac{158}{1\,817}}}$

$= 2 + \cfrac{1}{3 + \cfrac{1}{3 + \cfrac{1}{11 + \dfrac{79}{158}}}} = 2 + \cfrac{1}{3 + \cfrac{1}{3 + \cfrac{1}{11 + \dfrac{79}{158}}}} = 2 + \cfrac{1}{3 + \cfrac{1}{3 + \cfrac{1}{11 + \dfrac{1}{2}}}}$

即 $\dfrac{42\,897}{18\,644} = 2 + \cfrac{1}{3} + \cfrac{1}{3} + \cfrac{1}{11} + \cfrac{1}{2}$ 或 $[2, \ 3, \ 3, \ 11, \ 2]$.

（2）$\sqrt{2} = 1 + (\sqrt{2} - 1) = 1 + \cfrac{1}{\sqrt{2} + 1} = 1 + \cfrac{1}{2 + (\sqrt{2} - 1)}$

又出现了 $\sqrt{2} - 1$，而 $\sqrt{2} - 1 = \cfrac{1}{\sqrt{2} + 1} = \cfrac{1}{2 + (\sqrt{2} - 1)}$，连续代换，得

$$\sqrt{2} = 1 + (\sqrt{2} - 1) = 1 + \cfrac{1}{2 + (\sqrt{2} - 1)}$$

$$= 1 + \cfrac{1}{2 + \cfrac{1}{2 + (\sqrt{2} - 1)}} = 1 + \cfrac{1}{2 + \cfrac{1}{2 + \cfrac{1}{2 + \cdots}}}$$

即 $\sqrt{2} = [1, 2, 2, 2, \cdots]$.

可看到，分数可化成有限连分数；无理数可化成无限连分数. $\sqrt{2}$ 化成的连分数是循环的.

4. 渐近分数

前面【例1】（1）的连分数可以从后向前倒回去得到

$$2 + \cfrac{1}{3} + \cfrac{1}{3} + \cfrac{1}{11} + \cfrac{1}{2} = 2 + \cfrac{1}{3} + \cfrac{1}{3} + \cfrac{2}{23} = 2 + \cfrac{1}{3} + \cfrac{23}{71} = 2 + \cfrac{71}{236} = \cfrac{543}{236}$$

这就是原来分数的既约分数.

又可从前向后依次截段，得

$$2, \quad 2 + \cfrac{1}{3} = \cfrac{7}{3}, \quad 2 + \cfrac{1}{3} + \cfrac{1}{3} = \cfrac{23}{10}, \quad 2 + \cfrac{1}{3} + \cfrac{1}{3} + \cfrac{1}{11} = \cfrac{260}{113}$$

这些分数称为 $\dfrac{543}{236}$ 的渐近分数. 我们看到第一个渐近分数比 $\dfrac{543}{236}$ 小，第二个渐近分数比它大，第三个又比它小……为什么叫做渐近分数呢？我们看一下分母不超过 10 的分数和 $\dfrac{543}{236}$ 相接近的情况.

分母是 1，2，3，4，5，6，7，8，9，10，而最接近于 $\dfrac{543}{236}$ 的分数是

$$\frac{2}{1}, \frac{5}{2}, \frac{7}{3}, \frac{9}{4}, \frac{12}{5}, \frac{14}{6}, \frac{16}{7}, \frac{19}{8}, \frac{21}{9}, \frac{23}{10}$$

取两位小数，它们分别等于

2.00，2.50，2.33，2.25，2.40，2.33，2.29，2.38，2.33，2.30

和 $\dfrac{543}{236} = 2.30$ 比较，可以发现其中有几个特殊的既约分数

$$\frac{2}{1}, \frac{5}{2}, \frac{7}{3}, \frac{16}{7}, \frac{23}{10}$$

这几个比它们以前的更接近于 $\dfrac{543}{236}$. 而其中 $\dfrac{2}{1}$，$\dfrac{7}{3}$，$\dfrac{23}{10}$ 都是由连分数截段算出的数，即它们都是渐近分数.

5. 连分数及其性质

在以上定义下，可以证明以下几个命题：

命题 1 每个 n 级简单连分数（$n \geq 1$），都是正的有理数. 反过来，每个正的有理数，都可以表示成 n 级简单连分数.

命题2 每个正的无理数，都可以展成无限简单连分数. 反过来，每个无限简单连分数，必然是一个正的无理数.

连分数的最重要的性质是：

命题3 若 α 是一个正实数，$\dfrac{p_k}{q_k}$ 是它的连分数展开式的第 k 个近似分数且 p_k，q_k 没有大于 1 的公约数. 则在一切分母不超过 q_k 的分数 $\dfrac{p}{q}$ 中，$\dfrac{p_k}{q_k}$ 和 α 最接近，即

$$\left|\alpha - \frac{p_k}{q_k}\right| < \left|\alpha - \frac{p}{q}\right| \left(\text{当 } q \leqslant q_k \text{ 且 } \frac{p_k}{q_k} = \frac{p}{q} \text{ 时}\right)$$

更准确地说，有

$$\left|\alpha - \frac{p_k}{q_k}\right| \leqslant \frac{1}{q_k q_{k+1}}$$

命题4 若 α 是一个正实数，$\dfrac{p_k}{q_k}$ 是它的连分数展开式的第 k 个近似分数，$\dfrac{p_{k+1}}{q_{k+1}}$ 是它的连分数展开式的第 $k+1$ 个近似分数且 $(p_k, q_k) = 1$，$(p_{k+1}, q_{k+1}) = 1$，则 $p_k q_{k+1} - q_k p_{k+1} = (-1)^k$.

大数学家拉格朗日证明：任何一个二次无理数 $\sqrt{D}$ 都有一个连分数展开式，这个展开式从某点往后是循环的. 他还进一步证明了 $\sqrt{D}$ 的连分数展开一定具有如下形式：

$$\sqrt{D} = \left[a_1, \overline{a_2, a_3, a_4, \cdots, a_4, a_3, a_2, 2a_1}\right]$$

6. 如何确定阳历闰月

如果地球绕太阳一周正好是 365 天，那么 1，3，5，7，8，10，12 月各 31 天，4，6，9，11 月各 30 天，2 月份 28 天，正好是 $7 \times 31 + 4 \times 30 + 28 = 365$（天）

所以不需要闰月.

可惜地球绕太阳一周比 365 天多一点. 如果地球绕太阳一周恰好是 $365\dfrac{1}{4}$ 天，那么每隔四年就多出来一天，所以每隔四年的二月份定为闰月，闰月确定为 29 天就行了.

但地球绕太阳一周的准确时间应该是 365.242 2 天，由于

$$0.242\ 2 = \frac{2\ 422}{10\ 000}$$

所以一万年中，应该补上 2 422 天. 若按四年一闰计算，一万年就应补上 2 500 天，即多补了 78 天. 因此若不做进一步调整，一万年后，就会提前 78 天过年了.

现在用连分数来处理：我们知道地球绕太阳一周需 365 天 5 小时 48 分钟 46 秒

钟，即

$$365 + \frac{5}{24} + \frac{48}{24 \times 60} + \frac{46}{24 \times 60 \times 60} = 365\frac{10\,463}{43\,200} \text{（天）}$$

展开成连分数得 $365\frac{10\,463}{43\,200} = [365，4，7，1，3，5，64]$

它的渐近分数减去 365 依次为 $\frac{1}{4}$，$\frac{7}{29}$，$\frac{8}{33}$，$\frac{31}{128}$，$\frac{163}{673}$，$\frac{10\,463}{43\,200}$. 这说明 4 年加 1 天是最粗的闰月计算，29 年加 7 天，33 年加 8 天，128 年加 31 天（100 年 24 闰，400 年 96 闰合理），等等，一次比一次精密，阳历闰月就是这样逐步确定的.

7. 如何确定阴历闰月

相同月面的间隔时间称为朔望月，例如从一个满月到下一个满月的时间. 朔望月就是月亮绕地球一周的时间，朔望月就是阴历一个月. 一年有多少个朔望月呢？已知朔望月是 29.530 6 天. 地球绕太阳一周是 365.242 2 天，所以一年应该有 $\frac{365.242\,2}{29.530\,6} = 12\frac{108\,750}{295\,306}$个朔望月，即每年的阴历月数. 将上式右端的分数部分展成连分数，得

$$\frac{108\,750}{295\,306} = [0，2，1，2，1，1，16，1，5，2，6，2，2]$$

其渐近分数为

$$\frac{1}{2}，\frac{1}{3}，\frac{3}{8}，\frac{4}{11}，\frac{7}{19}，\frac{116}{315}，\frac{123}{334}，\frac{731}{1\,985}，\cdots$$

所以两年加一个闰月就太多了，三年加一个闰月又太少了. 八年加三个闰月太多了，十一年加四个闰月又太少了，如此等等，可以根据上列渐近分数来添加闰月，并进行调整.

8. 约率与密率

圆的周长与直径之比 π 称为圆周率. 已知 π 是一个无理数，所以它的连分数展开应该不是有限的. 现在知道 $\pi = [3，7，15，1，292，\cdots]$

它的前 4 个渐近分数为

3（径一周三，《周髀算经》）

$\frac{22}{7}$［约率，何承天（370—447）］

$\frac{333}{106}$

$\frac{355}{113}$［密率，祖冲之（429—500）］

德国人奥托（Valenlinus Otto）比祖冲之晚了 1 000 多年，在 1573 年才发现密

率. 现在将分母与 7，113 相近的分数与约率及密率作一些比较：

$$\left|\pi - \frac{19}{6}\right| = 0.025\ 1\cdots$$

$$\left|\pi - \frac{22}{7}\right| = 0.001\ 3\cdots$$

$$\left|\pi - \frac{25}{8}\right| = 0.016\ 6\cdots$$

$$\left|\pi - \frac{352}{112}\right| = 0.001\ 3\cdots$$

$$\left|\pi - \frac{355}{113}\right| = 0.000\ 000\ 3\cdots$$

$$\left|\pi - \frac{358}{114}\right| = 0.001\ 2\cdots$$

由此可见约率与密率是特别精密的 π 的有理数近似值.

9. 连分数的又一应用

现在探讨问题Ⅱ. 在三角队中，第一排有 1 人，第二排有 2 人……人数是按等差数列的和计算的. 设每边有 x 人，即一共有 x 排，人数为 $\frac{x(x+1)}{2}$. 若设方队每边的人数为 y，则总人数为 y^2，即为求方程 $\frac{x(x+1)}{2} = y^2$ 的正整数解.

怎样求方程 $\frac{x(x+1)}{2} = y^2$ 的正整数解呢？

把它看成以 x 为未知数的一元二次方程，得

$$x = \frac{-1 \pm \sqrt{1+8y^2}}{2}$$

∵　　　　　　　　　　　　　x 是正整数

∴　　　　　　　　　　$x = \frac{-1 + \sqrt{1+8y^2}}{2}$

要使方程有正整数解必须 $\sqrt{1+8y^2} - 1 = 2n\ (n \in \mathbf{N}^*)$，则 $\sqrt{1+8y^2}$ 是奇数. 所以 $8y^2 + 1$ 也是奇数，即 $8y^2$ 是偶数. 由此可知 $8y^2 = 2k$. 现在只要求出 $8y^2 + 1$ 是完全平方数就可以了.

设　　　　　　　　　　　$m = \sqrt{1+8y^2}$

∴　　　　　　　　　　$m^2 = 1 + 8y^2\ (m \in \mathbf{N}^*)$

为了把系数化成最简，设 $4y^2 = u^2$，则 $u = 2y\ (u \in \mathbf{N}^*)$.

故　　　　　　　　　　　$m^2 = 1 + 2u^2$

　　　　　　　　　　　$m^2 - 2u^2 = 1$

只要求出 $m^2 - 2u^2 = 1$ 的正整数解就可以通过 $\begin{cases} x = \dfrac{m-1}{2} \\ y = \dfrac{u}{2} \end{cases}$ 求出原方程的解.

形如 $x^2 - dy^2 = 1$ 的方程称为佩尔方程,对于佩尔方程,总有 $x = \pm 1$,$y = 0$ 能满足此方程,这是"平凡"解. 在佩尔方程 $x^2 - dy^2 = 1$ 中,d 是正整数,同时不是完全平方数(为什么?). 因为,假设 d 是完全平方数,则对某个 m,有 $d = m^2$,于是

$$1 = x^2 - dy^2 = x^2 - m^2 y^2 = (x + my)(x - my)$$

两数的积如为 1,只有两数均为 1 或 -1 才行,即 $x + my = x - my = 1$(或 -1),这只能给出"平凡"解 $x = \pm 1$,$y = 0$.

因此,解佩尔方程,只需讨论 d 是正整数,而又不是某个正整数的平方(即 是无理数)的情况,并在这样的情况下求它的正整数解.

解佩尔方程的欧拉方法:对于佩尔方程 $x^2 - dy^2 = 1$,将 $\sqrt{d}$ 表示为连分数,一个正二次无理根总可以化成一个循环连分数,如果所循环的元素个数为偶数,则去掉第一个循环节最后那个元素以及以后所有部分,取前面的连分数,并将连分数化成有理数. 这个有理数是一个既约分数,它的分子就是 $x^2 - dy^2 = 1$ 的最小值 x,分母是 y. 如果所循环的元素个数为奇数,就多取一个循环节进行运算,即去掉第二个循环节最后那个元素以及以后所有部分,取前面的连分数,并将连分数化成有理数. 这个有理数是一个既约分数,它的分子就是 $x^2 - dy^2 = 1$ 的最小值 x,分母是 y.

如

$$\sqrt{92} = 9 + \cfrac{1}{1} + \cfrac{1}{1} + \cfrac{1}{2} + \cfrac{1}{4} + \cfrac{1}{2} + \cfrac{1}{1} + \cfrac{1}{1} + \cfrac{1}{18} + \cfrac{1}{1} + \cfrac{1}{1} + \cfrac{1}{2} + \cfrac{1}{4} + \cfrac{1}{2} + \cfrac{1}{1} + \cfrac{1}{1} + \cfrac{1}{18} + \cfrac{1}{1} + \cdots$$

取 $\sqrt{92} = 9 + \cfrac{1}{1} + \cfrac{1}{1} + \cfrac{1}{2} + \cfrac{1}{4} + \cfrac{1}{2} + \cfrac{1}{1} + \cfrac{1}{1} = \dfrac{1\,151}{120}$

故得 $x^2 - 92y^2 = 1$ 的最小解为 $x = 1\,151$,$y = 120$.

$$\sqrt{13} = 3 + \cfrac{1}{1} + \cfrac{1}{1} + \cfrac{1}{1} + \cfrac{1}{1} + \cfrac{1}{6} + \cfrac{1}{1} + \cfrac{1}{1} + \cfrac{1}{1} + \cfrac{1}{1} + \cfrac{1}{6} + \cfrac{1}{1} + \cdots$$

取 $\sqrt{13} = 3 + \cfrac{1}{1} + \cfrac{1}{1} + \cfrac{1}{1} + \cfrac{1}{1} + \cfrac{1}{6} + \cfrac{1}{1} + \cfrac{1}{1} + \cfrac{1}{1} + \cfrac{1}{1} = \dfrac{649}{180}$

故得 $x^2 - 13y^2 = 1$ 的最小解为 $x = 649$,$y = 180$.

得到一组解后,可用以下公式得到其他组解(怎样证明?)

$$\begin{cases} x_{n+1} = x_1 x_n + d y_1 y_n \\ y_{n+1} = x_1 y_n + x_n y_1 \end{cases}$$

下面我们通过例子来说明公式的由来和求解的过程：

求方程 $m^2 - 2u^2 = 1$ 的正整数解.

分析：首先，用连分数方法，得 $\sqrt{2} = 1 + \cfrac{1}{2} + \cfrac{1}{2} + \cfrac{1}{2} + \cfrac{1}{2} + \cdots$，取 $1 + \cfrac{1}{2} = \cfrac{3}{2}$，

得出一对最小正整数解 $(3,2)$（或观察出一对最小正整数解 $m_1 = 3$，$n_1 = 2$）.

$\therefore$ $\qquad\qquad\qquad\qquad 3^2 - 2 \times 2^2 = 1 \qquad\qquad\qquad\qquad$ ④

用公式可得第二组解、第三组解分别为

$$\begin{cases} m_2 = m_1{}^2 + dn_1{}^2 = 17 \\ n_2 = 2m_1 n_1 = 12 \end{cases} \qquad \begin{cases} m_3 = m_1 m_2 + 2n_1 n_2 = 99 \\ n_3 = m_1 n_2 + m_2 n_1 = 70 \end{cases}$$

还可用下列方法得第二组解（公式的推导方法）：

$\therefore$ $\qquad\qquad\qquad (3 + 2\sqrt{2})(3 - 2\sqrt{2}) = 1 \qquad\qquad$ ⑤

⑤两边平方，得 $\qquad (3 + 2\sqrt{2})^2 (3 - 2\sqrt{2})^2 = 1$

$\qquad\qquad\qquad\qquad (17 + 12\sqrt{2})(17 - 12\sqrt{2}) = 1 \qquad\qquad$ ⑥

$17^2 - 2 \times 12^2 = 1$

$\therefore \begin{cases} m = 17 \\ u = 12 \end{cases}$ 是另一组解.

⑤×⑥，得 $\qquad\qquad (99 + 70\sqrt{2})(99 - 70\sqrt{2}) = 1$

$\therefore \begin{cases} m = 99 \\ u = 70 \end{cases}$ 是第三组解.

也就是，将⑤平方、立方、四次方……可得到 $m^2 - 2u^2 = 1$ 的正整数解.

而 $\begin{cases} x = \dfrac{m-1}{2} \\ y = \dfrac{u}{2} \end{cases}$ $\qquad \therefore \begin{cases} m = 2x + 1 \\ u = 2y \end{cases}$

得 $\qquad\qquad \begin{cases} x_1 = 1 \\ y_1 = 1 \end{cases} \begin{cases} x_2 = 8 \\ y_2 = 6 \end{cases} \begin{cases} x_3 = 49 \\ y_3 = 35 \end{cases} \begin{cases} x_4 = 288 \\ y_4 = 204 \end{cases}$

$\therefore$ 当有 36 个人时，可由一个每边 8 人的三角队变为每边 6 人的方队.

当有 $35^2 = 1\ 225$（人）时，可由一个每边 49 人的三角队变为每边 35 人的方队.

连分数是数的一种表示形式，这种形式可以解决一些比较复杂的问题. 从这里可看到数学形式与其本质内容的关系. 善于分析代数的不同形式，善于探讨每种形式背后的内容是我们发现问题、解决问题的重要方法之一.

思考与研究

试研究双曲线 $\dfrac{x^2}{16} - \dfrac{y^2}{9} = 1$ 方程的整数解.

9. 圆周率的计算

给你一个自然数 a（如 10 001），如何判断其是否为质数？一个原始方法是：在 $2 \sim a$ 之间，从最小的数 2 开始分别去除该数，都不能整除就可断定该数为质数，否则为合数. 此方法进一步可以改进为只需验证 $2 \sim \sqrt{a}$ 之间的质数是否能整除 a 即可. 此方法虽然笨，但具有可操作性，总可以通过有限步完成. 许多数学问题的解决方法就是源于这些原始的思路，但有时可能有限步解决不了，数学家就设计无限逼近的方法，通过有限步来探寻无限步的结果.

古希腊的阿基米德是从圆周长着眼，得出圆周长介于两同边数内接和外切正多边形的周长之间. 通过计算圆内接 96 边形的周长得出 $3\dfrac{10}{71} < \pi < 3\dfrac{1}{7}$.

中国数学史上第一个给圆周率的研究打下坚实基础的是刘徽. 刘徽用的是"割圆术". 割圆，就是在圆周上截取等分点，然后顺次连接各等分点，组成正内接多边形. 刘徽说："割之弥细，所失弥少，割之又割，以至不可割，则与圆合体而无所失矣. "意思是说，等分圆周越细，内接正多边形的面积与圆的面积就越接近，只要这种分割无限进行下去，就可以获得圆面积的值. 显然这里隐含着今天的极限思想.

1. 割圆术求圆面积

设 AC 是圆内接正 n 边形的一边，记作 a_n，AB 和 BC 是圆内接正 $2n$ 边形的两条边，记作 a_{2n}（如图1）. 又设正 n 边形的面积为 S_n，分点倍增后面积为 S_{2n}，圆面积为 S.

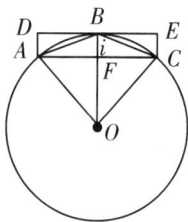

图 1

显然，$S_{\triangle AOC} = \dfrac{S_n}{n}$ $S_{四边形AOCB} = \dfrac{S_{2n}}{n}$ $\therefore S_{\triangle ABC} = \dfrac{S_{2n} - S_n}{n}$

$\because S_{\triangle AOC} + S_{四边形ACED} = \dfrac{S_n}{n} + \dfrac{2\,(S_{2n} - S_n)}{n} > \dfrac{S}{n}$

即 $S < S_n + 2\,(S_{2n} - S_n)\ = 2S_{2n} - S_n = S_{2n} + \,(S_{2n} - S_n)$ ①

又 $S_{四边形AOCB} < \dfrac{S}{n}$，$\therefore S_{2n} < S$ ②

由①②，得 $S_{2n} < S < S_{2n} + \,(S_{2n} - S_n)$ ③

这是刘徽的圆面积不等式，是用割圆术计算 π 的理论基础.

2. 边倍增的递推式

如图 2，设圆的半径为 R，$AB = a_n$ 是圆内接正 3×2^n 边形的边长，$BC = a_{n+1}$ 是圆内接正 $3 \times 2^{n+1}$ 边形的边长，作 $OF \perp BC$ 于 F，$\angle ABC = \angle FOB$，

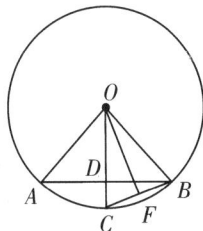

图 2

$$\therefore \triangle CDB \backsim \triangle BFO. \quad \therefore \frac{\frac{a_{n+1}}{2}}{CD} = \frac{R}{a_{n+1}}$$

$$\therefore \frac{a_{n+1}^2}{2} = R \cdot CD = R\,(R - OD) = R\left[R - \sqrt{R^2 - \left(\frac{a_n}{2}\right)^2}\right]$$

$$\therefore a_{n+1} = \sqrt{2R^2 - R\sqrt{4R^2 - a_n^2}}$$

$$OD = r_n = \sqrt{R^2 - \left(\frac{a_n}{2}\right)^2}$$

$$S_{\triangle OAB} = \frac{1}{2} a_n r_n$$

设圆内接正 3×2^n 边形的周长为 p_n，则 $S_n = \frac{1}{2} p_n r_n$.

当圆的内接正多边形的边数无限增加时，r_n 的极限是圆的半径 R，p_n 的极限是圆的周长 $2\pi R$，则圆的面积 $S = \pi R^2$.

如果设正六边形的边长为 R，边长记为 a_1，则 $a_1 = R$，正 12 边形边长为 a_2，…

$$a_2 = \sqrt{2R^2 - R\sqrt{4R^2 - R^2}} = R\sqrt{2 - \sqrt{3}}$$

$$a_3 = \sqrt{2R^2 - R\sqrt{4R^2 - R^2\,(2 - \sqrt{3})}} = R\sqrt{2 - \sqrt{2 + \sqrt{3}}}$$

$$a_4 = \sqrt{2R^2 - R\sqrt{4R^2 - R^2\,(2 - \sqrt{2 + \sqrt{3}})}} = R\sqrt{2 - \sqrt{2 + \sqrt{2 + \sqrt{3}}}}$$

如果取 $n = 28$，即 $3 \times 2^{28} = 805\,306\,368$，

$$a_{28} = R\sqrt{2 - \sqrt{2 + \sqrt{2 + \cdots + \sqrt{2 + \sqrt{3}}}}} \quad (28\text{ 层根号})$$

3. "徽率"与"祖率"

刘徽自己推得：当半径为 10 寸时，96 边形的面积 $S_{96} = 313\frac{584}{625}$ 平方寸，扩大 1 倍后所得的 192 边形的面积 $S_{192} = 314\frac{64}{625}$ 平方寸. 两多边形面积之差为 $\frac{105}{625}$ 平方寸.

于是利用公式③，得

$$S_{192} < 100\pi < S_{192} + (S_{192} - S_{96})$$

即 $314\dfrac{64}{625} < 100\pi < 314\dfrac{169}{625}$

刘徽"舍其余分",得 $\pi = 3.14$ 或 $\dfrac{157}{50}$

后来他又得出 $\pi = \dfrac{3\,927}{1\,250} = 3.141\,6$

这个圆周率的数值,后人称为"徽率".

若将刘徽与阿基米德的结果对照,可以发现:刘徽的上、下界都比阿基米德的精确. 更重要的是刘徽只取内接而不取外切,起到了事半功倍的效果.

我国的祖冲之(429—500)在圆周率的计算上取得了世界领先地位,得到

$$3.141\,592\,6 < \pi < 3.141\,592\,7$$

另外,祖冲之还得出圆周率的两个分数表示式:$\pi = \dfrac{22}{7}$ 与 $\pi = \dfrac{355}{113}$. 人们称前者为"约率",后者为"密率". 也将 $\pi = \dfrac{355}{113}$ 叫"祖率",以表彰祖冲之的功绩.

密率的小数数值如下:

$$\pi = \dfrac{355}{113} = 3.\ 141\ 592\ 920\ 305\ 982\ 300\ 884\ 955\ 752\ 212$$

$$389\ 380\ 530\ 973\ 451\ 327\ 433\ 628\ 318\ 584$$

$$070\ 796\ 460\ 176\ 991\ 150\ 442\ 477\ 876\ 106$$

$$194\ 690\ 265\ 486\ 725\ 663\ 716\ 8$$

排列上有些令人深思的规律.

4. 求 π 的"魔法"

如果纸上一组平行线间相距为 d,小针长为 l,投针次数为 n,所投的针当中与平行线相交的次数为 m,那么,当 n 相当大时,有

$$\pi \approx \frac{2nl}{dm}$$

若取 $l = \dfrac{1}{2}d$,则 $\qquad\qquad \pi \approx \dfrac{n}{m}$

证明:找一根铁丝弯成一个圆圈,使其直径恰恰等于平行线间的距离 d. 对这样的圆圈来说,不管怎样投下,都将和平行线有两个交点. 因此,如果圆圈扔下的次数为 n 次,那么相交的交点总数为 $2n$.

现在设想把圆圈拉直,变成一条长为 πd 的铁丝. 显然这样的铁丝扔下时与平行线相交的情况要比圆圈复杂得多,可能有 4 个交点、3 个交点、2 个交点、1 个交点,甚至没有交点.

由于圆圈和直线的长度同为 πd，根据机会均等原理，当它们投掷次数是够多时，两者与平行线的交点的总数可望是一样的.

铁丝跟平行线相交的交点总数 m 应当与长度 l 成正比. 因而有

对于 $l = \pi d$，$m = 2n$，$\therefore \pi = \dfrac{2nl}{dm}$

5. 用分析思想求 π 的值

我们可用高中课本上的三角函数知识得到 π 的一个表达式.

（1）先证明：当 $0 < x < \dfrac{\pi}{2}$ 时，有 $\sin x < x < \tan x$.

如图 3，画单位圆，设 $\angle POA = x$，作正弦线 MP 与正切线 AT，连接 AP

显然 $|MP| < |AP| < \overset{\frown}{AP}$，即 $\sin x < x$.

又 $S_{扇形POA} < S_{\triangle TOA}$，

即 $\dfrac{1}{2} OA \cdot \overset{\frown}{AP} < \dfrac{1}{2} OA \cdot AT$，即 $x < \tan x$，

$\therefore \sin x < x < \tan x$

（2）再证：$\lim\limits_{x \to 0} \dfrac{x}{\sin x} = 1$

$\because \sin x < x < \tan x$ $\quad \therefore 1 < \dfrac{x}{\sin x} < \dfrac{1}{\cos x}$

$\therefore \lim\limits_{x \to 0} \cos x = 1$ $\quad \therefore \lim\limits_{x \to 0} \dfrac{x}{\sin x} = 1$

（3）应用三角函数知识或数学归纳法证明下式：

如果 $\sin \alpha \neq 0$，那么

$\cos \alpha \cos 2\alpha \cos 2^2 \alpha \cdots \cos 2^{n-1} \alpha = \dfrac{\sin 2^n \alpha}{2^n \sin \alpha}$

继续做工作，令 $\alpha = \dfrac{\beta}{2^n}$

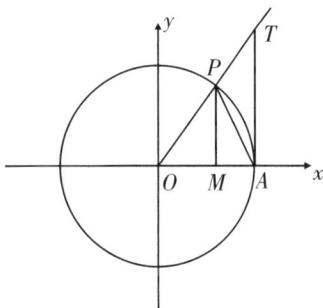

图 3

$\cos \dfrac{\beta}{2} \cos \dfrac{\beta}{4} \cos \dfrac{\beta}{8} \cdots \cos \dfrac{\beta}{2^n} = \dfrac{\sin \beta}{2^n \sin \dfrac{\beta}{2^n}} = \dfrac{\sin \beta}{\beta} \cdot \dfrac{\dfrac{\beta}{2^n}}{\sin \dfrac{\beta}{2^n}}$

令 $\beta = \dfrac{\pi}{2}$

$\cos \dfrac{\pi}{4} \cos \dfrac{\pi}{8} \cos \dfrac{\pi}{16} \cdots \cos \dfrac{\pi}{2^{n+1}} = \dfrac{\sin \dfrac{\pi}{2}}{\dfrac{\pi}{2}} \cdot \dfrac{\dfrac{\pi}{2^{n+1}}}{\sin \dfrac{\pi}{2^{n+1}}}$

$$\because \lim_{n\to 0} \frac{x}{\sin x} = 1 \quad \therefore \lim_{n\to\infty} \frac{\dfrac{\pi}{2^{n+1}}}{\sin \dfrac{\pi}{2^{n+1}}} = 1$$

$$\therefore \lim_{n\to\infty} \left(\cos\frac{\pi}{4}\cos\frac{\pi}{8}\cos\frac{\pi}{16}\cdots\cos\frac{\pi}{2^{n+1}} \right) = \frac{2}{\pi}$$

$$\therefore \cos\frac{\pi}{4}\cos\frac{\pi}{8}\cos\frac{\pi}{16}\cdots\cos\frac{\pi}{2^{n+1}}\cdots = \frac{2}{\pi}$$

$$\because 0 < \alpha < \frac{\pi}{2}, \ \cos\frac{\alpha}{2} = \sqrt{\frac{1+\cos\alpha}{2}}, \ \cos\frac{\pi}{4} = \frac{\sqrt{2}}{2},$$

$$\therefore \cos\frac{\pi}{8} = \frac{\sqrt{2+\sqrt{2}}}{2}, \ \cos\frac{\pi}{16} = \frac{\sqrt{2+\sqrt{2+\sqrt{2}}}}{2}$$

$$\therefore \frac{2}{\pi} = \frac{\sqrt{2}}{2}\cdot\frac{\sqrt{2+\sqrt{2}}}{2}\cdot\frac{\sqrt{2+\sqrt{2+\sqrt{2}}}}{2}\cdots$$

这就得到了一个计算 π 的公式. 虽然此公式不好计算 π 的值，但由此引出了计算 π 值的新方法——分析法. 现在有许多类似的公式，如莱布尼茨公式

$$\frac{\pi}{4} = 1 - \frac{1}{3} + \frac{1}{5} - \frac{1}{7} + \cdots + (-1)^{n-1}\frac{1}{2n-1} + \cdots$$

6. 电脑计算

1946 年第一台电子计算机 ENIAC 的制造成功标志着人类进入了电脑时代，1949 年 ENIAC 根据英国人梅钦（John Machin）的公式

$$\frac{\pi}{4} = 4\arctan\frac{1}{5} - \arctan\frac{1}{239}$$

计算出 π 的 2 035 位小数，随着计算机的发展，π 的计算记录频频被打破. 1989 年 11 月，日本的金田康正将 π 的近似值计算到 10 亿 7 374 万位. 到了 1995 年，数学家已计算到 π 的小数点后 64 亿位. 当然，π 的数值的电脑竞赛可以看成人类探索 π 的奥秘的一种智力竞赛，但目前尚看不出更多的实用价值，只是把 π 的计算作为检验计算机各项性能的一种方法.

思考与研究

（1）你能找到一种计算 π 值的方法或公式吗？

（2）无理数 $\sqrt{2}$，e 的值如何算？

（3）前人发现了 π，e 这类特殊的无理数，你能发现一个新数吗？

10. 三角函数的计算

你会用笔算 $\sqrt{2}$，$\sqrt[3]{2}$ 这样的数的小数值吗？许多书上有 $\sqrt{2}$ 的计算方法介绍，但 $\sqrt[3]{2}$ 就很少见到介绍了．它们最初的计算方法是依据乘法公式 $(a+b)^2 = a^2 + 2ab + b^2$，$(a+b)^3 = a^3 + 3a^2b + 3ab^2 + b^3$，通过估值尝试得到．

在学习三角函数时，常常有同学问："三角函数是如何计算出来的？"其实，只要我们注意课本知识的联系，用特殊角的三角函数值与和、差、倍、半公式就可计算出许多角的三角函数值．如能再应用近似计算，则可计算出所有三角函数值．同样，应用几何知识也可计算．

一、从课本知识发现三角函数计算的初等方法

如初中数学新教材《几何》第三册第 164 页例 3："已知正十边形外接圆的半径为 R，求证：它的边长 $a_{10} = \dfrac{\sqrt{5}-1}{2}R$．"利用此题，我们可计算出许多角的三角函数值．

证明：如图 1，AB 为圆内接正十边形的边长，O 为圆心，则 $\angle AOB = 36°$．作 $\angle OAB$ 的平分线 AC，则 $\triangle ABC \backsim \triangle OAB$．

$\therefore \dfrac{AB}{OB} = \dfrac{BC}{AB}$．而 $AB = AC = OC$ 且 $BC = OB - OC$，

$\therefore AB^2 + R \cdot AB - R^2 = 0$．解得 $AB = a_{10} = \dfrac{\sqrt{5}-1}{2}R$．

我们从求 $\angle AOB$ 的余弦谈起．

现在应认为 $\triangle OAB$ 的三边均已知，$\angle AOB = 36°$，令 $R = 1$，则 $OB = OA = 1$，$AB = a_{10} = \dfrac{\sqrt{5}-1}{2}R$．这为我们运用解直角三角

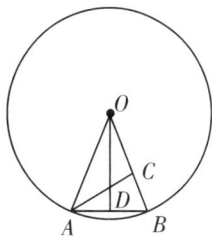

图 1

形的知识解决上述问题准备了很好的条件，可谓"万事俱备，只欠东风"．为此，作 $AE \perp OB$ 于 E，作 $OD \perp AB$ 于 D（仅为求 BE 或 OE 时的方便而作）（如图 2）．现在就可以利用此例求 $\cos \angle AOB$ 的准确值（下同）了．

$\because OD \perp AB$ 于 D, $\therefore DB = \dfrac{1}{2}AB = \dfrac{\sqrt{5}-1}{4}$（$OA = OB = 1$）. 易

知 $\triangle ODB \backsim \triangle AEB$.

$\therefore \dfrac{BE}{BD} = \dfrac{AB}{OB}$

即 $\dfrac{EB}{\dfrac{1}{4}(\sqrt{5}-1)} = \dfrac{1}{2}(\sqrt{5}-1)$

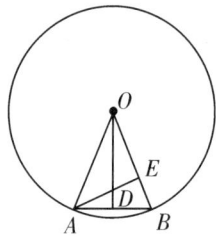

图 2

$\therefore BE = \dfrac{1}{8}(\sqrt{5}-1)^2 = \dfrac{1}{4}(3-\sqrt{5})$

$\therefore OE = OB - BE = 1 - \dfrac{1}{4}(3-\sqrt{5}) = \dfrac{1}{4}(\sqrt{5}+1)$

在 $Rt\triangle OEA$ 中，有 $\cos\angle AOB = \cos 36° = \dfrac{1}{4}(\sqrt{5}+1)$

（还易求得 $\cos 72°$, $\cos 54°$ 之值. 请同学们自己计算，下同）

这就是说，若利用正多边形中一等腰三角形（腰为单位长，底边长已知或可求得），则顶角的余弦可求，由此可联想到：

1. $\dfrac{36°}{2}$，$\dfrac{36°}{2^2}$，$\dfrac{36°}{2^3}$ 的余弦值的求法

作半径为单位长的正二十边形一边 AB（如图 2），连 OA, OB. 则 $\angle AOB = 18°$.

$$a_{20} = a_{2\times 10} = \sqrt{2R^2 - R\sqrt{4R^2 - a_{10}^2}}$$

$$= \sqrt{2 - \sqrt{4 - \left(\dfrac{\sqrt{5}-1}{2}\right)^2}} = \dfrac{1}{2}\sqrt{8 - 2\sqrt{10 + 2\sqrt{5}}}$$

作 $AE \perp OB$ 于 E, 作 $OD \perp AB$ 于 D,

易知 $DB = \dfrac{1}{2}AB = \dfrac{1}{2}a_{20} = \dfrac{1}{4}\sqrt{8 - 2\sqrt{10 + 2\sqrt{5}}}$

及 $\triangle ODB \backsim \triangle AEB$. $\therefore \dfrac{BD}{BE} = \dfrac{OB}{AB}$

代入有关数据计算，得 $BE = 1 - \dfrac{1}{4}\sqrt{10 + 2\sqrt{5}}$

$\therefore OE = \dfrac{1}{4}\sqrt{10 + 2\sqrt{5}}$

于是可得

$\cos\angle AOB = \cos 18° = \dfrac{1}{4}\sqrt{10 + 2\sqrt{5}}$

作半径为单位长的正四十边形及正八十边形一边，同理可求得

$$\cos \frac{36°}{2^2} = \cos 9° = \frac{1}{4}\sqrt{8 + 2\sqrt{10 + 2\sqrt{5}}} \qquad \text{①}$$

$$\cos \frac{36°}{2^3} = \cos 4.5° = \frac{1}{4}\sqrt{8 + 2\sqrt{8 + 2\sqrt{10 + 2\sqrt{5}}}} \qquad \text{②}$$

现化简①式:

令 $\sqrt{8 + 2\sqrt{10 + 2\sqrt{5}}} = \sqrt{(\sqrt{x} + \sqrt{y})^2} = \sqrt{x + y + 2\sqrt{xy}}$,

则 $x + y = 8$, $xy = 10 + 2\sqrt{5}$

∴ $y^2 - 8y + 10 + 2\sqrt{5} = 0$

而 $\Delta = (-8)^2 - 4(10 + 2\sqrt{5}) = 4(\sqrt{5} - 1)^2$

∴ $y = \dfrac{8 \pm 2(\sqrt{5} - 1)}{2} = 4 \pm (\sqrt{5} - 1)$

∴ $y_1 = 3 + \sqrt{5}$, $y_2 = 5 - \sqrt{5}$, $x_1 = 5 - \sqrt{5}$, $x_2 = 3 + \sqrt{5}$

∴ $\cos \dfrac{36°}{2^2} = \cos 9° = \dfrac{1}{4}\sqrt{\sqrt{(3 + \sqrt{5} + \sqrt{5 - \sqrt{5}})^2}} = \dfrac{1}{4}\left(\sqrt{\dfrac{6 + 2\sqrt{5}}{2}} + \sqrt{5 - \sqrt{5}}\right)$

$= \dfrac{1}{4}\left(\dfrac{\sqrt{2}}{2} \cdot \dfrac{\sqrt{5} + 1}{2} + \sqrt{5 - \sqrt{5}}\right) = \dfrac{1}{8}(\sqrt{10} + \sqrt{2} + 2\sqrt{5 - \sqrt{5}})$

同法(运用两次)可将②化为

$\cos \dfrac{36°}{2^3} = \cos 4.5°$

$= \dfrac{1}{8}\left[\sqrt{16 + \sqrt{10} + \sqrt{2} - 2\sqrt{5 - \sqrt{5}}} + \sqrt{16 - \sqrt{10} - \sqrt{2} - 2\sqrt{5 - \sqrt{5}}}\right]$

同法还易求得 $\cos \dfrac{36°}{2^4}$, $\cos \dfrac{36°}{2^5}$, …的值,但很难化简了.

从上述求 $36°$, $\dfrac{36°}{2}$, $\dfrac{36°}{2^2}$, $\dfrac{36°}{2^3}$ 的余弦值的方法又可以联想得到:

2. $\dfrac{60°}{2}$, $\dfrac{60°}{2^2}$, $\dfrac{60°}{2^3}$, …, $\dfrac{45°}{2}$, $\dfrac{45°}{2^2}$, $\dfrac{45°}{2^3}$, …的余弦值的求法

(1)逐次利用半径为单位长的正六、十二、二十四、四十八……边形中的等腰三角形即可求得前列角的余弦值(结果从略).

(2)逐次利用半径为单位长的正八、十六、三十二、六十四……边形中的等腰三角形即可求得后列角的余弦值(结果从略).

综上所述,利用半径为单位长的正十边形、正六边形(边长已知)分别可独立求得两列角的余弦值,若将它们作简单的组合(中心角之差或和)还可以联想得到:

3. $24°$ 及 $\dfrac{24°}{2}$, $\dfrac{24°}{2^2}$ 的余弦值的求法

在半径为单位长的圆 O 中分别作正十边形和正六边形一边 BC, AB [点 C 在 $\overset{\frown}{AB}$ 上（如图 3）]. 连 OB, OC, AC, 则 $\angle AOC = \angle AOB - \angle BOC = 60° - 36° = 24°$. 所以 AC 为同圆 O 内接的正十五边形的一边. 由等腰三角形的性质知 $\angle OCA = 78°$, $\angle OCB = 72°$.

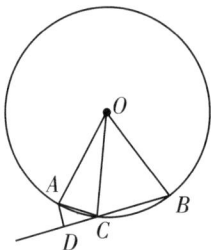

图 3

$\therefore \angle ACB = 150°$. 延长 BC, 作 $AD \perp BC$ 于 D, 则在 Rt $\triangle ADC$ 中, $\angle ACD = 30°$. 设 $AD = x$, 则 $AC = 2x$, $DC = \sqrt{3}x$.

又 $AB = a_6 = 1$, $BC = a_{10} = \dfrac{\sqrt{5} - 1}{2}$,

由勾股定理, 得 $\left(\sqrt{3}x + \dfrac{\sqrt{5} - 1}{2} \right)^2 + x^2 = 1$

解之, 得

$$x = \frac{1}{8} \left(\sqrt{3} - \sqrt{15} + \sqrt{10 + 2\sqrt{5}} \right) \quad (x > 0)$$

$\therefore$
$$AC = 2x = \frac{1}{4} \left(\sqrt{3} - \sqrt{15} + \sqrt{10 + 2\sqrt{5}} \right)$$

仿 $\cos 9°$ 的求法, 可得 $\cos 24° = \dfrac{1}{8} \left(1 + \sqrt{5} - \sqrt{30 - 6\sqrt{5}} \right)$

此组合法还可求得一些角（如 $42°$, $51°$ 等）的余弦.

仿 $\dfrac{36°}{2}$, $\dfrac{36°}{2^2}$, $\dfrac{36°}{2^3}$ 的余弦的求法, 可求得

$$\cos \frac{24°}{2} = \cos 12° = \frac{1}{8} \left(\sqrt{5} - 1 + \sqrt{30 + 6\sqrt{5}} \right)$$

$$\cos \frac{24°}{2^2} = \cos 6° = \frac{1}{8} \left(\sqrt{15} + \sqrt{3} + \sqrt{10 - 2\sqrt{5}} \right)$$

至此, 我们得到了许多新知识与新方法. 数学课本中的例题大都有很高的开发或利用价值, 在学习过程中, 我们要善于分析、挖掘.

二、近代计算三角函数的方法应用

对于 $(\cos\theta + i\sin\theta)^n$, 应用棣模佛定理和二项式定理, 得

$$\cos n\theta + i\sin n\theta = (\cos\theta + i\sin\theta)^n = \cos^n\theta + n\cos^{n-1}\theta \, (i\sin\theta) + \frac{n(n-1)}{2!}$$

$$\cos^{n-2}\theta \, (i\sin\theta)^2 + \frac{n(n-1)(n-2)}{3!}\cos^{n-3}\theta \, (i\sin\theta)^3 + \cdots$$

$$\therefore \sin n\theta = n \cos^{n-1}\theta \sin\theta - \frac{n(n-1)}{3!}\cos^{n-3}\theta \sin^3\theta$$

$$+ \frac{n(n-1)(n-2)(n-3)(n-4)}{5!}\cos^{n-5}\theta \sin^5\theta + \cdots$$

令 $n\theta = x$，则 $n = \dfrac{x}{\theta}$

$$\therefore \sin x = x\cos^{n-1}\theta \frac{\sin\theta}{\theta} - \frac{x(x-\theta)(x-2\theta)}{3!}\cos^{n-3}\theta \frac{\sin^3\theta}{\theta^3} +$$

$$\frac{x(x-\theta)(x-2\theta)(x-3\theta)(x-4\theta)}{5!}\cos^{n-5}\theta \frac{\sin^5\theta}{\theta^5} + \cdots$$

当 $n \to +\infty$ 时，$\theta \to 0$，$\displaystyle\lim_{\theta\to0}\frac{\sin\theta}{\theta} = 1$，$\displaystyle\lim_{\theta\to0}\cos\theta = 1$

$$\therefore \sin x = x - \frac{x^3}{3!} + \frac{x^5}{5!} - \frac{x^7}{7!} + \frac{x^9}{9!} - \cdots$$

此公式叫做泰勒公式，可将三角函数的计算转化为多项式的计算，其他三角函数也有相应的公式，由此可计算任意角的三角函数值.

思考与研究

（1）一个角的三角函数是否都可用根式表示？如果不是，哪些角的三角函数可用根式表示，有何规律？

（2）试推导 $\cos x$，$\tan x$ 的泰勒公式.

（3）对于对数 $\lg 2$，如何算出它的小数值？

11. 对正弦定理的思考

我们知道三角形的基本元素有六个：a，b，c，A，B，C. 已知哪些元素可确定三角形呢？显然，以下已知条件可确定三角形：

①已知三角形的三边；

②已知三角形的两边及夹角；

③已知三角形的两角及任意一边.

可以看出，确定三角形的条件正是三角形全等的条件.

确定三角形的这些元素应该能表示三角形的其他量. 这是一种很自然的思想，权且称为"确定性原则"吧，我们来探讨一些具体问题：

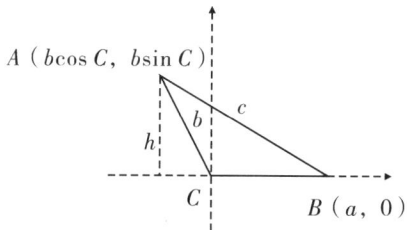

图1

1. 假设知道三角形的边 a，b 及夹角 C

（1）试分析边 c 及角 A，B 与已知元素的关系.

如图1，在 $\triangle ABC$ 中，$c^2 = (b\cos C - a)^2 + (b\sin C)^2$，化简，得

$$c^2 = a^2 + b^2 - 2ab\cos C$$

即余弦定理公式. 由对称性又得出该公式的另两个表达式，从而也就得到计算角 A（或 B）的公式：

$$\cos A = \frac{b^2 + c^2 - a^2}{2bc} = \frac{b - a\cos C}{c} = \frac{b - a\cos C}{\sqrt{a^2 + b^2 - 2ab\cos C}}$$

理论上存在的公式我们找到了，此公式较复杂，一般只需用余弦定理就行了. 由上式又可得到射影公式：

$$b = a\cos C + c\cos A$$

（2）试分析 $\triangle ABC$ 的面积与已知元素的关系.

如图1，用 a，b，C 表示的 $\triangle ABC$ 的面积公式为 $S = \frac{1}{2}ah = \frac{1}{2}ab\sin C$.

由对称性，可得到

$$S = \frac{1}{2}ah = \frac{1}{2}ab\sin C = \frac{1}{2}bc\sin A = \frac{1}{2}ca\sin B$$

对于式 $\frac{1}{2}ab\sin C = \frac{1}{2}bc\sin A = \frac{1}{2}ca\sin B$，是一个轮换对称的关系式．通过化简，得

$$\frac{\sin A}{a} = \frac{\sin B}{b} = \frac{\sin C}{c}$$

这是一个很整齐、很好记的一个关系式．很自然会问它的比值到底是什么？

分析①：对于给定的三角形，$\frac{\sin A}{a} = \frac{\sin B}{b} = \frac{\sin C}{c}$ 的比值是一个确定的常数．

分析②：可以看到，如果只已知三角形的元素 A 和 a，这时的三角形是不确定的（b，c 都变），但此比值却应是不变的（比较奇怪）．

分析③：不妨由 A 与 a 画三角形进行分析．

容易想到固定角 A（如图 2），再画对边 a，看不到什么规律．如果运用辩证思想，先固定边 a 再画角呢（如图 3）？发现 $\angle A$ 与同弧上的圆周角联系起来了，所以以 a 为弦、$\angle A$ 为圆周角作圆，此圆完全由 a 与 $\angle A$ 确定．如果使 $\angle A$ 的一边过圆心 O（如图 4），由以上比例，得

$$\frac{\sin A}{a} = \frac{\sin B}{b} = \frac{\sin 90°}{CA_1} = \frac{1}{2R} \quad (R \text{ 为外接圆半径})$$

很自然，比例式倒过来更简洁，这就是正弦定理．进一步可得

$$\frac{a}{\sin A} = \frac{b}{\sin B} = \frac{c}{\sin C} = 2R = \frac{abc}{2S}$$

只已知三角形的元素 A 和 a，此三角形不定而外接圆确定．同样可分析三角形的内切圆半径、角平分线长等量与已知条件的关系．

如果已知三角形的其他元素（如三边 a，b，c 等）也可得到别的量用它们表示的各种公式，有兴趣的读者可以往下做此工作．

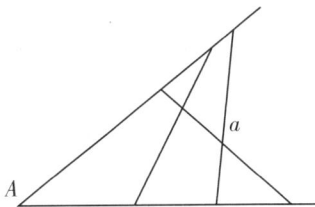

图 2

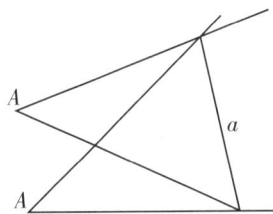

图 3

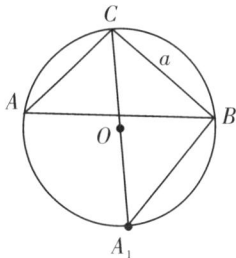

图 4

2. 对正弦定理的思考

三角形中的正弦定理有其结构对称、形式优美的特点．这种外在的美，使人深思．记 $\triangle ABC$ 的三边分别为 a，b，c，外接圆半径为 R，内切圆半径为 r，面积为 S.

（1）对正弦定理的思考一：对于正弦定理的形式 $\dfrac{a}{\sin A}=\dfrac{b}{\sin B}=\dfrac{c}{\sin C}$，如果将 $\sin A$，$\sin B$，$\sin C$ 看成某一三角形的三边，不正是两三角形三边对应成比例吗？

定理 1 在 $\triangle ABC$ 中，

①以 $\sin A$，$\sin B$，$\sin C$ 为边可作成一个三角形，记为 $\triangle A_1B_1C_1$

②$\triangle A_1B_1C_1 \backsim \triangle ABC$

③$\triangle A_1B_1C_1$ 中，$A_1=A$，$B_1=B$，$C_1=C$

④$\triangle A_1B_1C_1$ 的外接圆的直径为 1

证明：①首先 $\sin A>0$，$\sin B>0$，$\sin C>0$，

$\therefore \sin A+\sin B=\dfrac{1}{2R}(a+b)>\dfrac{1}{2R}\cdot c=\sin C$

同理 $\sin B+\sin C>\sin A$，$\sin C+\sin A>\sin B$

$\therefore \sin A$，$\sin B$，$\sin C$ 可构成三角形.

②③④证明略.

由熟知的三角形中的恒等式或不等式出发，我们可得到一些有趣的结果.

1）$a^2=b^2+c^2-2bc\cos A \Leftrightarrow \sin^2 A=\sin^2 B+\sin^2 C-2\sin B\sin C\cos A$

2）$r=4R\sin\dfrac{A}{2}\sin\dfrac{B}{2}\sin\dfrac{C}{2} \Leftrightarrow r=2\sin\dfrac{A}{2}\sin\dfrac{B}{2}\sin\dfrac{C}{2}$

3）$S_{\triangle ABC}=\dfrac{1}{2}bc\sin A \Leftrightarrow S_{\triangle A_1B_1C_1}=\dfrac{1}{2}\sin A\sin B\sin C$

4）$\cos A+\cos B+\cos C=1+\dfrac{r}{R} \Leftrightarrow \cos A+\cos B+\cos C=1+4\sin\dfrac{A}{2}\sin\dfrac{B}{2}\sin\dfrac{C}{2}$

5）$a^2+b^2+c^2\geqslant 4\sqrt{3}S \Leftrightarrow \sin^2 A+\sin^2 B+\sin^2 C\geqslant 2\sqrt{3}\sin A\sin B\sin C$

6）$R\geqslant 2r \Leftrightarrow \sin\dfrac{A}{2}\sin\dfrac{B}{2}\sin\dfrac{C}{2}\leqslant\dfrac{1}{8}$

7）$a^2+b^2+c^2\leqslant 9R \Leftrightarrow \sin^2 A+\sin^2 B+\sin^2 C\leqslant\dfrac{9}{4}$

8）$a+b+c\leqslant 3\sqrt{3}R \Leftrightarrow \sin A+\sin B+\sin C\leqslant\dfrac{3\sqrt{3}}{2}$

9）$S\leqslant\dfrac{3\sqrt{3}}{8}R \Leftrightarrow \sin A\sin B\sin C\leqslant\dfrac{3\sqrt{3}}{8}$

10）$a+b+c\geqslant\dfrac{abc}{R} \Leftrightarrow \sin A+\sin B+\sin C\geqslant 4\sin A\sin B\sin C$

以上每对公式都是等价的.

利用定理 1 的思想，可使一些三角问题一望而解. 例如高中《代数》上册第 193 页例："求 $\sin^2 10°+\cos^2 40°+\sin 10°\cos 40°$ 的值. " 可这样解：

$\sin^2 10°+\cos^2 40°+\sin 10°\cos 40°$

$$= \sin^2 10° + \sin^2 50° - 2\sin 10° \sin 50° \cos 120° \quad \text{（余弦定理）}$$

$$= \sin^2 120° = \frac{3}{4}$$

（2）对正弦定理的思考二：已知△ABC，以 $\sin A$，$\sin B$，$\sin C$ 为边可构成一三角形，那么以 $\cos A$，$\cos B$，$\cos C$ 为边如何呢？显然△ABC 为钝角或直角三角形时，不能构成三角形的三边，若△ABC 为锐角三角形，一般情况也不构成三角形的三边，但我们有下面一个有趣的性质：

定理 2 已知锐角△ABC，以 $\sin A$，$\sin B$，$\sin C$ 为边作出另一△$A_1B_1C_1$，分别以 A_1，B_1，C_1 为顶点，$\cos A$，$\cos B$，$\cos C$ 为半径画圆，则此三圆必交于一点 H，H 点正是△$A_1B_1C_1$ 的垂心.

要证明定理 2，我们先证明第一类正弦定理：如果 H 是锐角三角形 ABC 的垂心，则 $\dfrac{AH}{\cos A} = \dfrac{BH}{\cos B} = \dfrac{CH}{\cos C} = 2R$.

证明：如图 5，在△ABC 中，

$$\angle A = \frac{\pi}{2} - \angle ABE, \quad \angle AHB = \angle DHE = \pi - C,$$

$$\therefore \frac{AH}{\cos A} = \frac{AH}{\sin\left(\frac{\pi}{2} - A\right)} = \frac{AH}{\sin \angle ABH}$$

$$= \frac{AB}{\sin \angle AHB} = \frac{AB}{\sin C} = 2R$$

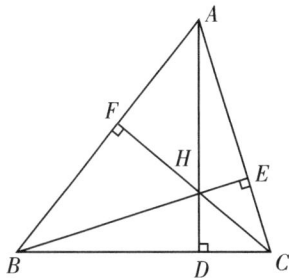

图 5

同理 $\dfrac{BH}{\cos B} = 2R$，$\dfrac{CH}{\cos C} = 2R$.

$$\therefore \frac{AH}{\cos A} = \frac{BH}{\cos B} = \frac{CH}{\cos C} = 2R$$

现在来证明定理 2

证明：∵ △$A_1B_1C_1$ 三边分别为 $\sin A$，$\sin B$，$\sin C$，

∴ △$A_1B_1C_1$ 的外接圆的直径为 1.

由第一类正弦定理，得 $\dfrac{A_1H}{\cos A} = \dfrac{B_1H}{\cos B} = \dfrac{C_1H}{\cos C} = 1$

即 $A_1H = \cos A$，$B_1H = \cos B$，$C_1H = \cos C$. 得证.

（3）对正弦定理的思考三：由前面分析，我们完全可以确定，只要 $\angle A$，$\angle B$，$\angle C$ 是一三角形的三内角，则 $\sin A$，$\sin B$，$\sin C$ 必是一三角形的三边. 而 $\dfrac{\pi}{2} - \dfrac{A}{2}$，$\dfrac{\pi}{2} - \dfrac{B}{2}$，$\dfrac{\pi}{2} - \dfrac{C}{2}$ 以及 $\pi - 2A$，$\pi - 2B$，$\pi - 2C$ 也有可能是一三角形的三内角，由此我们得到以下定理：

定理 3 在△ABC 中，以 $\cos \dfrac{A}{2}$，$\cos \dfrac{B}{2}$，$\cos \dfrac{C}{2}$ 为边可构成△$A_2B_2C_2$ 且 $A_2 = $

$\dfrac{\pi}{2}-\dfrac{A}{2}$，$B_2=\dfrac{\pi}{2}-\dfrac{B}{2}$，$C_2=\dfrac{\pi}{2}-\dfrac{C}{2}$，该三角形的外接圆的直径为 1.

定理 4 在锐角 $\triangle ABC$ 中，以 $\sin 2A$，$\sin 2B$，$\sin 2C$ 为边可构成 $\triangle A_3B_3C_3$ 且 $A_3=\pi-2A$，$B_3=\pi-2B$，$C_3=\pi-2C$，该三角形的外接圆的直径为 1.

证明：（略）

当然，由熟知的三角关系式又能得到一些新的关系式. 例如：

$$a^2+b^2+c^2\leqslant 9R \Leftrightarrow \sin^2 A+\sin^2 B+\sin^2 C\leqslant\dfrac{9}{4}$$

$$\Leftrightarrow \cos^2\dfrac{A}{2}+\cos^2\dfrac{B}{2}+\cos^2\dfrac{C}{2}\leqslant\dfrac{9}{4}$$

$$\Leftrightarrow \sin^2 2A+\sin^2 2B+\sin^2 2C\leqslant\dfrac{9}{4}$$

由定理 3，4，我们可得到三角形的一个角变换定理：

定理 5 在 $\triangle ABC$ 中，若 $f(A,B,C)\geqslant 0$，则 $f(A',B',C')\geqslant 0$，其中

$$\begin{cases} A'=\dfrac{k+1}{3}\pi-kA \\[2mm] B'=\dfrac{k+1}{3}\pi-kB \qquad (k\in \mathbf{R}) \\[2mm] C'=\dfrac{k+1}{3}\pi-kC \end{cases}$$

且 $0<A'$，B'，$C'<\pi$.

此定理由 $A'+B'+C'=A+B+C=\pi$ 立即得证. 由此我们可得到下列置换：

$$k=\dfrac{1}{2},\ (A,B,C)\leftrightarrow\left(\dfrac{\pi}{2}-\dfrac{A}{2},\ \dfrac{\pi}{2}-\dfrac{B}{2},\ \dfrac{\pi}{2}-\dfrac{C}{2}\right)$$

$$k=-\dfrac{1}{2},\ (A,B,C)\leftrightarrow\left(\dfrac{\pi}{6}+\dfrac{A}{2},\ \dfrac{\pi}{6}+\dfrac{B}{2},\ \dfrac{\pi}{6}+\dfrac{C}{2}\right)$$

$$k=2,\ (A,B,C)\leftrightarrow(\pi-2A,\ \pi-2B,\ \pi-2C)$$

……

在这种变换下，我们从一个三角关系式可找到与它等价的许多关系式，例如：

$$\cos A+\cos B+\cos C\leqslant\dfrac{3}{2}\Leftrightarrow\sin\dfrac{A}{2}+\sin\dfrac{B}{2}+\sin\dfrac{C}{2}\leqslant\dfrac{3}{2}$$

$$\Leftrightarrow\sqrt{3}\left(\cos\dfrac{A}{2}+\cos\dfrac{B}{2}+\cos\dfrac{C}{2}\right)-\left(\sin\dfrac{A}{2}+\sin\dfrac{B}{2}+\sin\dfrac{C}{2}\right)\leqslant 3$$

$$\Leftrightarrow\cos\dfrac{A}{4}+\cos\dfrac{B}{4}+\cos\dfrac{C}{4}\leqslant\dfrac{3\sqrt{2}}{2}+\sin\dfrac{A}{4}+\sin\dfrac{B}{4}+\sin\dfrac{C}{4}$$

$$\Leftrightarrow\sqrt{3}\ (\sin A+\sin B+\sin C)\ -\ (\cos A+\cos B+\cos C)\leqslant 3$$

……

（4）对正弦定理的思考四：我们应用比例的等比性质于第一正弦定理，如何呢？

定理 6 锐角三角形的垂心到三顶点的距离之和等于外接圆的直径与内切圆的直径之和．

证明：设 $\triangle ABC$ 的垂心为 H，

$\because \dfrac{AH}{\cos A} = \dfrac{BH}{\cos B} = \dfrac{CH}{\cos C} = 2R$

$\therefore \dfrac{AH + BH + CH}{\cos A + \cos B + \cos C} = 2R$

即 $AH + BH + CH = 2R\,(\cos A + \cos B + \cos C)$

而 $\cos A + \cos B + \cos C = 1 + \dfrac{r}{R}$

$\therefore AH + BH + CH = 2R\left(1 + \dfrac{r}{R}\right) = 2R + 2r$. 得证.

此结论可推广到直角三角形与钝角三角形中，只不过垂心到钝角的距离前需加负号．

至此，我们自然会问，既然三角形的垂心到三顶点距离有这么多性质，那么，三角形的垂心到三边的距离如何呢？因此，我们有三角形第二正弦定理：

定理 7 设锐角 $\triangle ABC$ 的垂心到三角形三边 BC，CA，AB 的距离分别为 HD，HE，HF，则 $\dfrac{HD}{\cos B \cos C} = \dfrac{HE}{\cos C \cos A} = \dfrac{HF}{\cos A \cos B} = 2R$.

证明：如图 6，锐角 $\triangle ABC$ 的高 AD，BE，CF 交于点 H，显然 B，D，H，F 四点共圆．

$\therefore \dfrac{HD}{\sin \angle EBC} = BH = 2R\cos B$，即 $\dfrac{HD}{\cos B \cos C} = 2R$

同理 $\dfrac{HE}{\cos A \cos C} = 2R$，$\dfrac{HF}{\cos A \cos B} = 2R$

$\therefore \dfrac{HD}{\cos B \cos C} = \dfrac{HE}{\cos C \cos A} = \dfrac{HF}{\cos A \cos B} = 2R$

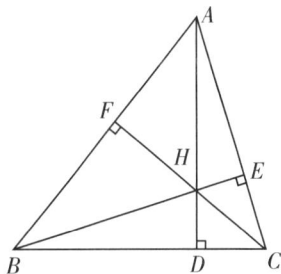

图 6

深刻分析一个问题，往往能得到许多有价值的东西．
当然以上结论还可推广到一般三角形中．

思考与研究

（1）已知某三角形的三条中线长，能作出一个新三角形吗？能作出原三角形吗？（用尺规作图）

（2）已知三角形的三条高，能作出原三角形吗？（用尺规作图）

12. 欧拉定理与正多面体

1. 多面角

有公共端点并且不在同一平面内的几条射线以及相邻两条射线间的平面部分所组成的图形，叫**多面角**.（如图1，图2）

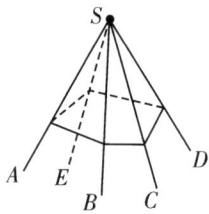
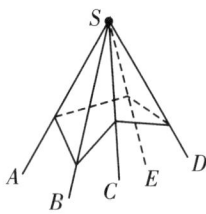

组成多面角的射线 SA，SB，…叫做多面角的**棱**，这些射线的公共端点 S 叫做多面角的**顶点**，两相邻棱间的平面部分叫

图1   图2

做多面角的**面**，相邻两棱组成的角 $\angle ASB$，$\angle BSC$，…叫做多面角的**面角**，相邻两个面组成的二面角 $E-SA-B$，$A-SB-C$，…叫做多面角的**二面角**.

将多面角的任何一个面伸展成为平面，如果其他各面都在这个平面的同侧，这样的多面角叫**凸多面角**. 凸多面角中最简单的是三面角，三个面角都是直角的三面角叫做直三面角.

2. 多面角的性质

定理1　三面角的任意两个面角的和大于第三个面角.

已知：三面角 $S-ABC$（如图3）.

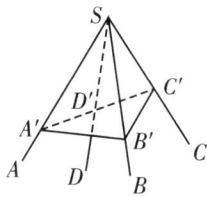

求证：$\angle ASB + \angle BSC > \angle ASC$.

证明：当 $\angle ASC \leqslant \angle ASB$ 时，显然 $\angle ASB + \angle BSC > \angle ASC$.

现在设 $\angle ASC > \angle ASB$，在平面 ASC 上作直线 SD，使

图3

$\angle ASD = \angle ASB$.

过 SD 上任一点 D' 在平面 SAC 上作直线与 SA，SC 分别交于 A'，C'，再在 SB 上取 $SB' = SD'$，经过 A'，B'，C' 作平面.

∵ $SA' = SA'$，$SB' = SD'$，$\angle A'SB' = \angle A'SD'$

∴ $\triangle SA'B' \cong \triangle SA'D'$

∴ $A'B' = A'D'$

在 $\triangle A'B'C'$ 中，$A'B' + B'C' > A'C'$，同时 $A'D' + D'C' = A'C'$，由此得 $B'C' > D'C'$.

在 $\triangle B'SC'$ 和 $\triangle D'SC'$ 中，因 $B'C' > D'C'$，由余弦定理，得 $\cos \angle B'SC' < \cos \angle D'SC'$.

所以 $\angle B'SC' > \angle D'SC'$，即 $\angle BSC > \angle DSC$.

因此 $\angle ASB + \angle BSC > \angle ASD + \angle DSC$，

即 $\angle ASB + \angle BSC > \angle ASC$.

定理 2 凸多面角的所有面角的和小于 $360°$.

已知：凸 n 面角 $S - ABC\cdots E$（如图 4）.

求证：$\angle ASB + \angle BSC + \cdots + \angle ESA < 360°$.

证明：用平面截已知多面角的所有面和棱，得凸 n 边形 $A'B'C'\cdots E'$.

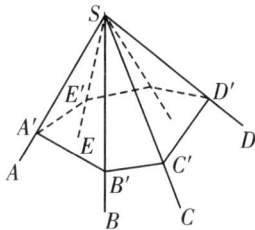

图 4

根据定理 1，以 A'，B'，C'，$\cdots$，E' 为顶点的各三角面的面角有下列关系：

$$\angle SA'E' + \angle SA'B' > \angle E'A'B'$$
$$\angle SB'A' + \angle SB'C' > \angle A'B'C'$$
$$\angle SC'B' + \angle SC'D' > \angle B'C'D'$$
$$\cdots\cdots$$

用 Σ 表示已知多面角的所有面角的和，即 $\Sigma = \angle ASB + \angle BSC + \cdots + \angle ESA$.

将上面各不等式两边分别相加，左边是 n 个三角形：$\triangle A'SB'$，$\triangle B'SC'$，$\cdots$，$\triangle E'SA'$ 的内角的和 $n \cdot 180°$ 减去已知多面角的所有面角的和 Σ；右边是凸 n 边形 $A'B'C'\cdots E'$ 的所有内角和，它等于 $(n-2) \cdot 180°$. 因此，

$$n \cdot 180° - \Sigma > (n-2) \cdot 180°$$
$$\therefore \qquad \Sigma < 360°$$

从一点出发的三条不共面的射线 OA，OB，OC 构成的图形如图 5 所示，可以看出，这个图形中有三个角：$\angle AOB$，$\angle AOC$，$\angle BOC$，我们把它们叫做面角，分别记为 γ，β，α；还有三个二面角：$B - OA - C$，$A - OB - C$ 和 $A - OC - B$.

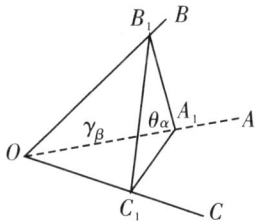

图 5

这些二面角和面角之间有什么关系呢？

如图 5，在射线 OA 上取点 A_1，分别在面 AOB 和 AOC 上作 OA 的垂线，交 OB，OC 于 B_1，C_1，连接 B_1C_1，有

$$B_1C_1{}^2 = A_1B_1{}^2 + A_1C_1{}^2 - 2 \cdot A_1B_1 \cdot A_1C_1 \cdot \cos\angle B_1A_1C_1 \qquad ①$$

又 $B_1C_1{}^2 = OB_1{}^2 + OC_1{}^2 - 2 \cdot OB_1 \cdot OC_1 \cdot \cos\alpha \qquad ②$

用 θ_α 表示二面角 $B - OA - C$ 的平面角，即 $\angle B_1A_1C_1 = \theta_\alpha$

由①②，得到

$$A_1B_1{}^2 + A_1C_1{}^2 - 2 \cdot A_1B_1 \cdot A_1C_1 \cdot \cos\theta_\alpha$$
$$= OB_1{}^2 + OC_1{}^2 - 2 \cdot OB_1 \cdot OC_1 \cdot \cos\alpha \qquad ③$$

在③式两端都除以 $OA_1{}^2$，注意到 $\angle OA_1C_1 = \angle B_1A_1O = 90°$，可以得到

$$\tan^2 \gamma + \tan^2 \beta - 2\tan^2 \gamma \tan^2 \beta \cos \theta_\alpha = \sec^2 \gamma + \sec^2 \beta - 2\sec \gamma \sec \beta \cos \alpha$$

即 $2\sec \gamma \sec \beta \cos \alpha = 2 + 2\tan \gamma \tan \beta \cos \theta_\alpha$

得 $\cos \alpha = \cos \beta \cos \gamma + \sin \beta \sin \gamma \cos \theta_\alpha$

这个公式说明在上面图形中，一个面角的余弦等于其余两个面角的余弦的积与这两个面角的正弦以及这个面角所对二面角的余弦的积的和. 由此得下面的定理：

定理 3 若三面角的三个面角分别为 α，β，γ，它们所对的二面角分别是 θ_α，θ_β，β_γ，则

$$\cos \theta_\alpha = \frac{\cos \alpha - \cos \beta \cos \gamma}{\sin \beta \sin \gamma} \quad （轮换有三个）$$

$$（或 \cos \alpha = \cos \beta \cos \gamma + \sin \beta \sin \gamma \cos \theta_\alpha）$$

3. 正多面体

每个面都是有相同边数的正多边形，以每个顶点为端点都有相同棱数的凸多面体，叫做**正多面体**.

正多面体有多少种呢？

设正多面体的所有面都是正 n 边形，在每个顶点的棱数都是 m，也就是说，每个顶点都是一个 m 面角的顶点.

由于凸 m 面角的面角都是正 n 边形的内角，而正 n 边形的一个内角等于 $\frac{(n-2) \cdot 180°}{n}$，所以凸 m 面角所有面角的和等于 $\frac{[(n-2) \cdot 180°]m}{n}$. 根据凸多面角的性质，下面不等式成立：

$$\frac{[(n-2) \cdot 180°]m}{n} < 360°，即 \frac{1}{m} + \frac{1}{n} > \frac{1}{2} \quad （m，n 都是不小于 3 的正整数）.$$

解这个不等式，得

当 $n = 3$ 时，$m < 6$，得 $m = 3$，4，5

当 $n = 4$ 时，$m < 4$，得 $m = 3$

当 $n = 5$ 时，$m < \frac{10}{3}$，得 $m = 3$

因为 $n > 5$ 时，$m < 3$，不合题意. 所以 n 不能大于 5

因此，我们只能得到关于 m，n 的如下五个数对：

$(3，3)$，$(3，4)$，$(3，5)$，$(4，3)$，$(5，3)$

这就是说，正多面体只能有 5 种：用正三角形做面的**正四面体、正八面体、正二十面体**，在它们每个顶点的棱数分别是 3，4，5；用正方形做面的**正六面体**，在它的每个顶点的棱数是 3；用正五边形做面的**正十二面体**，在它的每个顶点的棱数是 3. 这 5 种正多面体如图 6 所示.

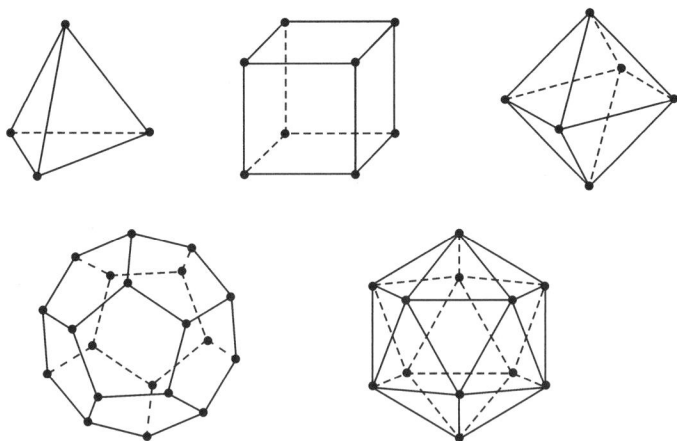

图 6

以上 5 种正多面体的展开图如图 7 所示.

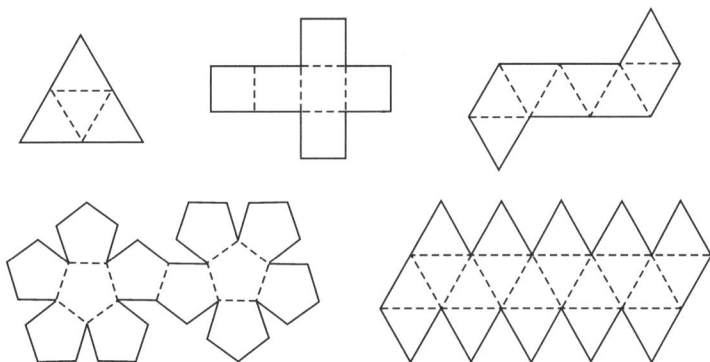

图 7

4. 欧拉公式

一个多面体，例如正六面体，假定它的面是由橡皮薄膜做成的，内部是空的，如果充以气体，那么它就会连续（不破裂）变形，最后可变为一个球面（如图8）. 像这样，表面经过连续变形可变形为球面的多面体，叫做**简单多面体**.

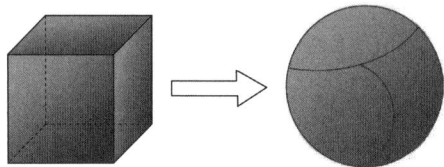

图 8

欧拉定理：简单多面体的顶点数 V、棱数 E 和面数 F 间有如下关系：

$$V + F - E = 2$$

证法一：设简单多面体的 F 个面分别为 n_i（$i = 1$, 2, $\cdots$, F）边形，由于多

面体的每一条棱都只属于两个面多边形, 故有

$$n_1 + n_2 + \cdots + n_F = 2E$$

又由内角和公式知多面体所有面角的总和为

$$(n_1 - 2)\pi + (n_2 - 2)\pi + \cdots + (n_F - 2)\pi = (n_1 + n_2 + \cdots + n_F - 2F)\pi$$
$$= 2(E - F)\pi \qquad\qquad ④$$

另一方面, 我们想象简单多面体的表面是橡皮薄膜做成的, 可以把它压成一个平面网络图形 (如图9), 使其中一个为最大, 其他各多边形都被包围在它的内部.

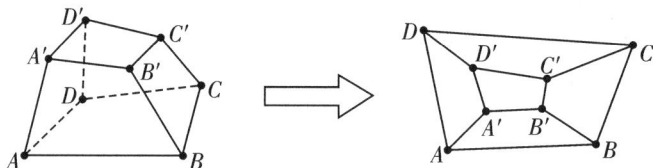

图9

在这个变化过程中, 顶点数、棱数都没有变化, 每个多边形虽然形状变了, 但边数没有变化, 假设最大的多边形的边数为 n, 那么包围在它内部的顶点数为 $(V - n)$ 个, 可见被包围的多边形所有内角之和为

$$(V - n) \cdot 2\pi + (n - 2) \cdot \pi$$

再加上最大多边形的内角 $(n - 2) \cdot \pi$, 可得

$$(V - n) \cdot 2\pi + (n - 2) \cdot \pi + (n - 2) \cdot \pi = 2(V - 2)\pi \qquad\qquad ⑤$$

由④⑤, 得 $\qquad\qquad 2(E - F)\pi = 2(V - 2)\pi$

即 $\qquad\qquad\qquad V + F - E = 2$

证法二: (1) 想象简单多面体的表面是橡皮薄膜做成, 内部是空的, 现破掉一个面, 把其余的面展平并保持原表面的多边形的边数不变, 成为一个平面网络图形 (如图 10 - 1), 使其中一个为最大, 其他各多边形都包围在它的内部, 这时 V, E 不变, 只是 F 减少 1, 于是即证在网络中 $V - E + F = 1$.

(2) 在网络中的多边形边数若大于 3, 由于每增加一条对角线, 则 E, F 各加上 1, 因此 $V - E + F$ 不变. 于是尽可能增加对角线, 使网络成为全由三角形组成的网络 (如图 10 - 2).

(3) 边缘上的三角形若有一条边不是与其他三角形共边, 如图 10 - 3, 去掉这边, 则 V 不变, E, F 各减少 1, 因此 $V - E + F$ 不变; 若有两条边不与其他三角形共边, 如图 10 - 4, 去掉这两边, 则 V, F 各减少 1, E 减少 2, 因此 $V - E + F$ 仍不变. 这样逐步可把 "周围" 的三角形去掉.

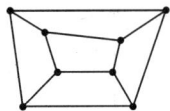 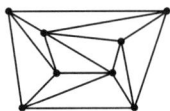 

图 10 – 1   图 10 – 2   图 10 – 3   图 10 – 4   图 10 – 5

（4）最后剩下一个三角形（如图 10 – 5），显然满足 $V - E + F = 1$. 从而证明了在简单多面体中，都有 $V + F - E = 2$.

证法三：（1）当 $k = 4$ 时，任何简单四面体都有 4 个顶点、4 个面和 6 条棱，因而 $V = 4$，$F = 4$，$E = 6$. 故有 $V + F - E = 2$. 可见欧拉定理对于简单四面体是成立的.

（2）假设欧拉定理对于简单 k 面体（$k \geq 4$）成立，我们看看对于简单 $(k + 1)$ 面体情况如何. 简单 $(k + 1)$ 面体的一种可以看成是由简单 k 面体截去以某一个顶点为顶点的棱锥而形成的，在截去时要使截面和从此顶点出发的各条棱相交且不经过任何顶点. 我们看看它的顶点数、面数和棱数如何变化？设被截去的顶点与 m 条棱相连，则按照上面所述的截法截去一个顶点后，截面与 m 条棱的交点成为 m 个新的顶点，这 m 个新的顶点中每两个相邻者之间的线段是新增加的棱，一共 m 条. 截面是新增加的一个面. 因而，这个简单 $(k + 1)$ 面体在原来简单 k 面体的基础上，去掉 1 个顶点，产生了 m 个新顶点，因而一共增加了 $(m - 1)$ 个顶点，增加了 1 个面，增加了 m 条棱. 如果原来简单 k 面体的顶点数、面数、棱数分别为 V，F，E，则这个简单 $(k + 1)$ 面体的顶点数、面数、棱数分别为 $(V + m - 1)$，$(F + 1)$，$(E + m)$.

按照归纳假设，有 $V + F - E = 2$

而 $(V + m - 1) + (F + 1) - (E + m) = V + F - E$，故有 $(V + m - 1) + (F + 1) - (E + m) = 2$. 对于由 k 面体用别的方法截得 $(k + 1)$ 面体同理证明.

这说明欧拉定理对于简单 $(k + 1)$ 面体也成立.

由（1）（2），知，欧拉定理对于任何简单 n（$n \geq 4$）面体都成立.

5. 欧拉公式的应用

【例 1】 试证明不存在 7 条棱的简单多面体.

证明：如果有 7 条棱的简单多面体，那么由欧拉定理，可得

$$V + F - 7 = 2，即 V + F = 9$$

但多面体至少有 4 个面、4 个顶点，故只有两种可能：

$$①V = 4，F = 5 \quad ②V = 5，F = 4$$

因为有 4 个顶点的多面体只有四面体，而四面体只有 4 个顶点，所以①②两种情形都不可能. 故不存在 7 条棱的简单多面体.

【例 2】 一个简单多面体的面都是三角形，求证：$F = 2V - 4$.

证明：∵ 多面体每个面有 3 条边，共有 $3F$ 条边，但每条边都是相邻两个面的

公共边，

$$\therefore \qquad 棱数 E = \frac{3F}{2}$$

代入欧拉公式 $V + F - E = 2$，得

$$V + F - \frac{3F}{2} = 2，即 F = 2V - 4$$

【例3】利用欧拉公式分析正多面体.

解：设这个正多面体有 V 个顶点，每个顶点连着 m 条棱，全部顶点连着 mV 条棱，但每条棱连着两个顶点，所以这个多面体的棱数为

$$E = \frac{mV}{2} \qquad\qquad ①$$

设这个正多面体有 F 个面，每个面有 n 条边，全部的面连着 nF 条棱，但每条棱连着两个面，所以这个多面体的棱数为

$$E = \frac{nF}{2} \qquad\qquad ②$$

由①②得

$$V = \frac{2E}{m}，\quad F = \frac{2E}{n}$$

代入欧拉公式 $V + F - E = 2$，得

$$\frac{2E}{m} + \frac{2E}{n} - E = 2，即 \frac{1}{m} + \frac{1}{n} = \frac{1}{E} + \frac{1}{2}$$

$$\therefore \qquad \frac{1}{m} + \frac{1}{n} > \frac{1}{2}$$

$\because$ 多面体中面的边数不能少于3，一个多面角的棱数不少于3，

$$\therefore \qquad m \geqslant 3，n \geqslant 3$$

所以可得出5种正多面体，如下表.

每个顶点的棱数 (m)	每个面的边数 (n)	多面体棱数 (E)	多面体顶点数 (V)	多面体面数 (F)	多面体名称
3	3	6	4	4	正四面体
3	4	12	8	6	正六面体
3	5	30	20	12	正十二面体
4	3	12	6	8	正八面体
5	3	30	12	20	正二十面体

【例4】足球表面的数学问题与化学.

可把足球看成一个多面体，它由正五边形和正六边形组成，与每个五边形相邻的全是六边形，每个顶点处有一个五边形和两个六边形. 那么一个足球由几个

五边形和几个六边形组成? 这个多面体有多少个顶点? 多少条棱? (提示: 简单多面体中有欧拉公式: 面数 + 点数 - 棱数 = 2)

分析: 设组成足球的五边形的个数为 x, 六边形的个数为 y, 顶点数为 a,

(1) 一个顶点处有 1 个五边形, 每个五边形有 5 个顶点, 即
$$5x = a \qquad\qquad ①$$

(2) 一个顶点处有 2 个六边形, 若将这些六边形剪下, 每个顶点变成 2 个, 即
$$6y = 2a \qquad\qquad ②$$

(3) 每一个顶点处有 3 条棱, 每条棱连 2 个顶点, ∴ 棱数 $= \dfrac{3a}{2}$.

(4) 每个五边形有 5 条棱, 每个六边形有 6 条棱, 每条棱共用, ∴ 棱数 $= \dfrac{5x + 6y}{2}$.

由 (3) (4), 得 $\dfrac{5x + 6y}{2} = \dfrac{3a}{2}$, 即
$$5x + 6y = 3a \qquad\qquad ③$$

由欧拉公式, 得
$$x + y + a - \frac{3a}{2} = 2 \qquad\qquad ④$$

由③④, 可得 $x = 12$. 代入①, 得 $a = 60$. 代入②, 得 $y = 20$.

所以一个足球是由 12 个五边形、20 个六边形组成的, 共有 60 个顶点、90 条棱.

1996 年诺贝尔化学奖授予对巴基球 (化学符号 C_{60}——仅含 60 个 C 原子) 有重大贡献的三位科学家.

据测定, C_{60} 分子是形如足球的多面体, 并且遵循下列规则:

(1) C_{60} 分子中的每个 C 原子只跟相邻的 3 个 C 原子相连;

(2) C_{60} 分子中只含五边形和六边形.

若 C_{70} 分子 (仅含 70 个 C 原子) 结构模型同样遵循上面的两条规则, 试推知 C_{70} 分子中所含五边形和六边形的个数.

对 C_{70} 分子, 因 C_{70} 分子中的每个 C 原子只跟相邻的 3 个 C 原子相连, 故 C_{70} 分子中的棱数为 $\dfrac{1}{2} \times 3 \times 70 = 105$. 另一个方面, 按各面的边数计算棱数可得
$$\frac{1}{2} (5x + 6y) = 105 \qquad\qquad ⑤$$

由欧拉公式, 得
$$70 + (x + y) - 105 = 2 \qquad\qquad ⑥$$

由⑤⑥，得 $x = 12$，$y = 25$，即 C_{70} 分子中含有 12 个五边形、25 个六边形. 你能想象到它的具体形状吗？能如足球那样对称吗？另外，存在 C_{80}，C_{50} 等分子吗？

思考与研究

（1）在足球中，如果将五边形与六边形换位，即每个六边形周围都是五边形，每个顶点处有一个六边形和两个五边形. 存在这种多面体吗？

（2）将一个长方体从上面到下面打一个正方形的孔，得到有洞的长方体，这时计算它的"面数 + 顶点数 – 棱数"的值为几？如果往里面充气，会变成什么形状？

13. 探求球的体积与表面积公式

  类比是科学认识的一个重要方法. 类比最突出的作用是在"无法可想"时, 提供想法. 甚至在没有办法进行科学研究时, 取得办法直接获得成果. 它是这样一种方法: 根据两个或两类对象在一些属性上类似而推测它们在另外一些属性上类似.

  一般认为, 平面与空间类似或平面几何与立体几何中许多研究对象是类似的. 如: 三角形类似于四面体; 多边形类似于多面体; 平行四边形类似于平行六面体; 圆类似于球等. 由此可用类比思想提出并研究立体几何问题, 如:

  (1) 三角形有内切圆与外接圆类比得出四面体有内切球和外接球;

  (2) 直角三角形两直角边的平方和等于斜边的平方类比得出直角四面体三直角面的面积平方和等于第四个面的面积的平方;

  (3) 三角形的三条高交于一点, 那么四面体的四条高是否交于一点?

  (4) 已知三角形的三边可以求出其面积 (海伦公式), 那么已知四面体的六条棱, 有体积公式吗?

  ……

  另外, 类比不仅仅在于知识的发现类比, 还有处理问题的思想方法的类比. 以下我们主要类比于圆探求球的体积与表面积公式.

  1. 将球类比于圆, 由圆面积类比球的表面积

  将球类比于圆, 求圆面积问题可归纳为求相同的三角形的面积问题, 先作圆内接边数有限的正折线, 构造 n 个三角形, 计算出它们的面积和, 然后以有限和逼近于无限和, 得出圆面积. 如图 1, 有

$$S_{正多边形} = S_{\triangle A_1OA_2} + S_{\triangle A_2OA_3} + \cdots + S_{\triangle A_nOA_1}$$

$$= \frac{1}{2}p\ (A_1A_2 + A_2A_3 + \cdots + A_nA_1)$$

$$= \frac{1}{2}pC_{正多边形}$$

当 $n \to \infty$ 时, $p \to R$, $C_{正多边形} \to C_{圆}$

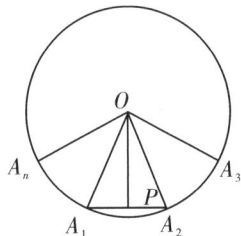

图 1

$$\therefore \qquad S = \frac{1}{2} R C_{圆} = \pi R^2$$

之所以作圆的内接正折线，是为了在求面积和时可提出公因数 p，有利于恒等变形. 用此方法思考球的表面积.

如图 2，作半圆的内接正折线 $A_1 A_2 \cdots A_n$，易知这内接正折线绕直径旋转的面积 $S_{正折线}$ 近似于球的表面积. 旋转面积就是球的内接圆锥、圆台、圆柱的侧面积的和.

$$\begin{aligned} S_{正折线} &= S_{A_1 A_2} + S_{A_2 A_3} + \cdots + S_{A_{n-1} A_n} \\ &= \pi r_1 l + \pi (r_1 + r_2) l + \cdots + \pi r_{n-2} l \\ &= \pi l [r_1 + (r_1 + r_2) + \cdots + r_{n-2}] \end{aligned}$$

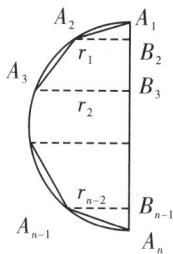

图 2

这里 l 是正折线的边长，r_1，r_2，$\cdots$，r_{n-2} 表示相应圆锥、圆台或圆柱的底面圆半径.

令 $n \to \infty$，则 $l \to 0$. 而 $r_1 + (r_1 + r_2) + \cdots + r_{n-1}$ 的值不易确定.

至此，解决困难的途径有二：一是另起炉灶，从头开始；一是利用已知结果，设法转化. 当然优先考虑后者.

回到圆面积探求过程，进行类比，还有哪些观点没有吸取？（没有用上边心距 p；没有找到与 $A_1 A_2 + A_2 A_3 + \cdots + A_n A_1 = C_{正多边形}$ 相应的代数和）.

p 的几何意义是什么？（相应圆锥、圆台、圆柱的母线的中垂线的一部分）是否存在与 $C_{正多边形}$ 相应的代数和？

（可能是 $A_1 A_2 + A_2 A_3 + \cdots + A_{n-1} A_n = C_{正折线}$）

如图 3，取 $A_1 A_2$ 的中点 M_1，连 OM_1，则 $OM_1 \perp A_1 A_2$.

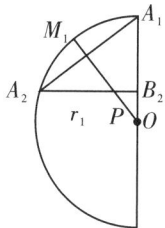

图 3

令 $\angle A_1 A_2 B_2 = \alpha$，则 $\angle A_1 OM_1 = \alpha$，

$l = 2p \tan \alpha$，$r_1 = A_1 B_2 \cot \alpha$，$l r_1 = 2p A_1 B_2$

与上式比较，虽不能用 p，$C_{正折线}$ 分别表示出 l，r_1，但我们所需要的积 $l r_1$ 却可以由 p 表示. 然而，积不含 $C_{正折线}$，并有多余因式 $A_1 B_2$. $A_1 B_2$ 的几何意义是什么？（相应圆锥的高）. 如果照此推理，与圆面积公式推导过程中相应的代数和 $(A_1 B_2 + B_2 B_3 + \cdots + B_{n-1} A_n)$ 的几何意义是什么？（相应圆锥、圆台、圆柱的高）设分别为 h_1，h_2，$\cdots$，h_{n-1}，则 $h_1 + h_2 + \cdots + h_{n-1} = 2R$.

验证猜想是否正确？先用 p，h_2 表示 $l (r_1 + r_2)$.

如图 4，取 $A_2 A_3$ 的中点 M_2，连 OM_2，则 $OM_2 \perp A_2 A_3$. 过 M_2 作 $M_2 N_2 \perp A_1 A_n$，垂足为 N_2，则 $M_2 N_2 = \frac{1}{2} (r_1 + r_2)$. 设 $\angle M_2 A_3 B_3 = \alpha$，则 $\angle M_2 O N_2 = \alpha$. 由

$h_2 = l \sin \alpha$，

$$\frac{1}{2}(r_1 + r_2) = p\sin\alpha, \quad l(r_1 + r_2) = 2ph_2$$

完成球的表面积的推导:

$$S_{正折线} = 2\pi\left[lr_1 + l(r_1 + r_2) + \cdots + lr_{n-1}\right]$$
$$= 2\pi(ph_1 + ph_2 + \cdots + ph_{n-1})$$
$$= 2\pi p(h_1 + h_2 + \cdots + h_{n-1}) = 4\pi Rp$$

∵ 当 $n\to\infty$ 时, $p\to R$,

∴ $$S_{球} = 4\pi R^2$$

图 4

公式 $S_{球} = 4\pi R^2$ 中, πR^2 是什么? (球的最大圆面积). 因此球的面积公式可叙述为: 球的表面积等于球的最大圆面积的 4 倍. 这正是球的外接圆柱的侧面积.

从以上推导可得到以下结论:

(1) 球面内接圆台 (圆台的上、下底面是球的两个平行截面) 的高为 h, 球心到母线的距离为 p, 那么圆台的侧面积为 $S = 2\pi ph$. (球的内接圆锥也适用).

(2) 球冠、球带的面积 $S = 2\pi Rh$.

(3) 球与其他的外接圆柱被两平行面所截得的圆柱的侧面积与球带的面积相等.

2. 由扇形的面积类比球的体积

扇形类比于球面锥. 由扇形的面积公式可猜想出球面锥的体积, 进一步得到球的体积、球缺的体积公式.

$$S_{扇} = \frac{1}{2}l_{弧} \cdot r_{半径} \to V_{球面锥} = \frac{1}{3}S_{球冠}R_{半径}$$

当 $S = 4\pi R^2$ 时, 得

$$V_{球} = \frac{4}{3}\pi R^3$$

如图 5, 把球缺想象成以球冠为底的 "锥体" 加上或减去一个圆锥, 得到

$$V_{球缺} = V_{O-ABC} - V_{O-AB}$$
$$= \frac{1}{3} \times 2\pi R^2 h - \frac{1}{3}\pi r^2(R-h)$$
$$= \frac{1}{3} \times 2\pi R^2 h - \frac{1}{3}\pi\left[R^2 - (R-h)^2\right](R-h)$$
$$= \frac{1}{3}\pi(3Rh^2 - h^3)$$
$$= \frac{1}{3}\pi h^2(3R - h)$$

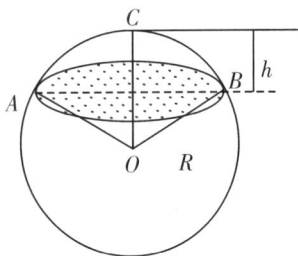

图 5

3. 用 "以直代曲" (分割求和) 的微积分思想求球的体积与表面积

(1) 球体积的求法: 设半径为 R 的半球 (如图 6), 用一组平行于半球底面的

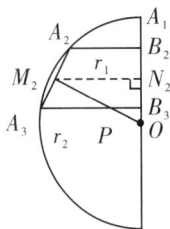

平面将半球分成 n 个薄圆片，每片厚度为 $\dfrac{R}{n}$，当 $\dfrac{R}{n}$ 很小时，这些薄圆片的形状近似于圆柱体，于是第 i 层（从下往上数）薄圆片的体积近似等于 $\pi r_i^2 \dfrac{R}{n}$，其中 r_i^2 可由勾股定理求得，即

$$r_i^2 = R^2 - \left(\frac{i}{n}R\right)^2$$

$$= R^2\left[1 - \left(\frac{i}{n}\right)^2\right], \quad i = 0,\ 1,\ 2,\ \cdots,\ n-1$$

n 个小圆片的体积之和近似为

$$\pi \frac{R}{n}(r_0^2 + r_1^2 + \cdots + r_{n-1}^2)$$

$$= \pi R^3 \frac{n \cdot n^2 - \left[1^2 + 2^2 + \cdots + (n-1)^2\right]}{n^3}$$

$$= \pi R^3\left[1 - \frac{(n-1)(2n-1)}{6n^2}\right]$$

$$= \pi R^3\left[1 - \frac{\left(1 - \frac{1}{n}\right)\left(2 - \frac{1}{n}\right)}{6}\right]$$

图 6

当 n 越大，$\dfrac{1}{n}$ 越小，当 n 无限大时，$\dfrac{1}{n}$ 无限接近 0，同时 n 个薄圆片的体积近似和也无限接近半球的体积，于是

$$V_{半球} = \frac{2}{3}\pi R^3,\quad V_{球} = \frac{4}{3}\pi R^3$$

（2）球的表面积公式 $S_{球} = 4\pi R^2$ 的推导思路：将球面分割为 n 个小网格，连接球心和这些小网格的顶点，就得出许多小棱锥，设其中第 i 个小棱锥的体积为 ΔV，则

$$\Delta V = \frac{1}{3}h\Delta S_i$$

其中 h 为棱锥的高，ΔS 为棱锥的底面，当这样的分割不断加密时，各小棱锥中从球心引出的高不断接近半径 R，这些小棱锥底面（球心所对面）的面积之和不断接近球面积，这些小棱锥的体积之和也不断接近球的体积，即

当上述分割无限加密，即 n 无限大时，就有

$$\frac{1}{3}R(\Delta S_1 + \Delta S_2 + \cdots + \Delta S_n) \approx \frac{1}{3}RS_{球} = \frac{4}{3}\pi R^3$$

于是球的表面积 $\qquad S_{球} = 4\pi R^2$

4. 用祖暅原理分析球的体积公式

旧课本上有祖暅原理（夹在两个平行平面间的几何体，被平行于这两个平面的任意平面所截，如果截得的两个截面的面积总相等，那么这两个几何体的体积

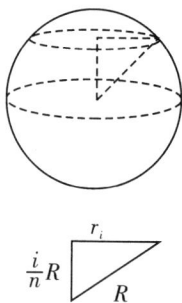

相等），现在我们就用这个原理来求球的体积．将半径为 R 的半球底面放在水平面 α 上，用与底面平行的平面去截．如果截面与底面的距离为 h，那么所截圆面半径

$$r = \sqrt{R^2 - h^2},\ S = \pi r^2 = \pi (R^2 - h^2) = \pi R^2 - \pi h^2$$

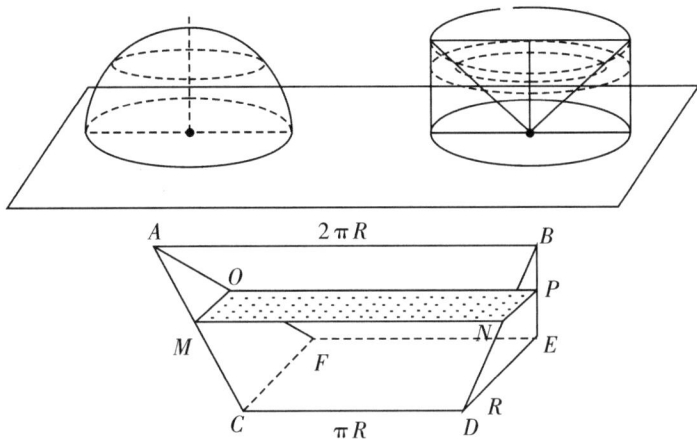

图 7

对于 πR^2，很容易想到半径为 R 的圆柱的水平截面的面积为 πR^2，对于 πh^2，可以想到是圆的面积，是一个旋转体的截面的面积．这个截面圆的半径等于该截面到底面的高，而且这个旋转体当高 $h = 0$ 时，截面是一个点；当高 $h = R$ 时，截面是半径为 R 的圆；在中间状态是半径等于截面到底面距离的圆，即是一个母线与底面夹角为 $45°$ 的倒立的圆锥．这样就找到了与半球等体积且易于计算的等积体，这个等积体就是从半径与高相等的圆柱中挖去一个底半径与高相等的倒立的圆锥．至此半球的体积就是圆柱与圆锥体积之差，即 $V = \dfrac{2}{3}\pi R^3$．当然，截面的面积公式还可这样变形 $S = \pi (R^2 - h^2) = \pi (R + h)(R - h)$．看成是一个矩形的面积，可构造出一个下底面为 $\pi R \times R$ 的矩形、上底面为长 $2\pi R$ 的线段、其中一个侧面为腰长 R 的等腰直角三角形的楔体（如图 7）．

5. 将祖暅原理推广到一般圆锥曲线旋转的几何体

对于圆锥曲线旋转所得的几何体用祖暅原理可求得体积．

（1）旋转体母线是抛物线的一部分，其方程为 $x^2 = 2py\ (p > 0,\ 0 \leqslant y \leqslant H)$，$y$ 轴为旋转轴，求该旋转体的体积．

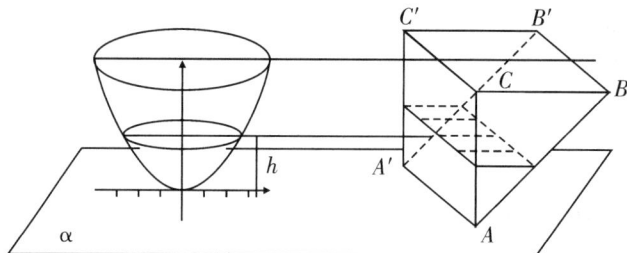

图 8

将旋转体置于平面 α 内，用与 α 平行且相距 h 的平面去截，截得的截面圆的面积为 $\pi\left(\sqrt{2ph}\right)^2 = 2\pi ph$．视 $2\pi ph$ 为一个边长为 $2\pi p$ 和 h 的矩形面积，则可构成一个底面是腰长为 H 的等腰直角三角形、高为 $2\pi p$ 的直三棱柱 $ABC - A'B'C'$，如图 8 那样放置，显然符合祖暅原理的条件，故旋转体体积 = 直三棱柱体积 = $\dfrac{1}{2} H$ · $H \cdot 2\pi p = \pi pH^2$．

（2）旋转体的母线是椭圆的一部分，其方程为 $\dfrac{x^2}{b^2} + \dfrac{y^2}{a^2} = 1$（$a > b > 0$，$x \geq 0$），$y$ 轴为旋转轴，求该旋转体的体积．

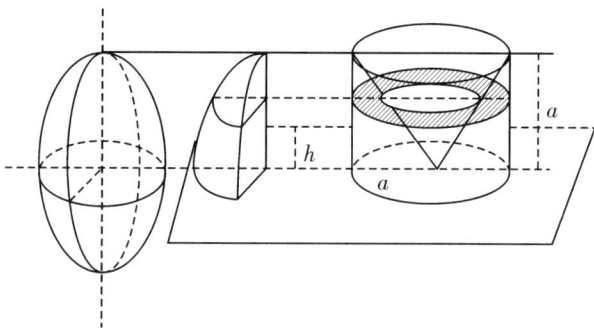

图 9

利用所得旋转体的对称性，用三个两两互相垂直的平面将旋转体分成 8 等份，取其中的 1 份置于平面上，用与 α 平行且相距 h 的平面去截，截得的截面是一个圆的 $\dfrac{1}{4}$，面积为 $\dfrac{1}{4} \pi \dfrac{a^2}{b^2}\left(a^2 - h^2\right) = \dfrac{b^2}{4a^2}\left(\pi a^2 - \pi h^2\right)$，$\pi a^2 - \pi h^2$ 是一个圆环的面积．构造一底面半径和高都为 a 的圆柱，从中挖去一个以圆柱上底面为底面、下底面圆心为顶点的圆锥，并将所得的参照体也置于平面上（如图 9），用与 α 平行的任何一个平面截 $\dfrac{1}{8}$ 的原几何体和参照体时，参照体截面面积的 $\dfrac{b^2}{4a^2}$ 倍都与 $\dfrac{1}{8}$ 的原几何体截面面积相等，符合祖暅原理的条件，故原几何体体积 = $8 \cdot \dfrac{b^2}{4a^2}$ $\left(\pi a^2 \cdot a - \dfrac{1}{3} \pi a^2 \cdot a\right) = \dfrac{4}{3} \pi ab^2$．

$\left(\text{注：因为} \dfrac{b^2}{4a^2} < 1, \text{故我们所构造的参照体比} \dfrac{1}{8} \text{原几何体大得多是合理的}\right)$

（3）旋转体的母线是双曲线的一部分，其方程为 $\dfrac{x^2}{a^2} - \dfrac{y^2}{b^2} = 1$（$a > 0$，$b > 0$，$-H \leqslant y \leqslant H$，$H > 0$，$x \geqslant a$），$y$ 轴为旋转轴，求该旋转体的体积.

利用所得旋转体的对称性，用三个两两互相垂直相交的平面将旋转体分成 8 等份，取其中 1 份置于平面 α 上，用与 α 平行且相距 h 的平面去截，截得的截面是一圆的 $\dfrac{1}{4}$，面积为

$$\frac{1}{4}\pi \cdot \frac{a^2}{b^2}(b^2 + h^2) = \frac{a^2}{4b^2}\left[\pi(b+h)^2 - 2\pi bh\right]$$

构成一个两底面半径分别为 b，$b + H$ 的圆台 $O'O$ 和一个底面为腰长是 H 的等腰直角三角形、高为 $2\pi b$ 的直三棱柱 $ABC-A'B'C'$，则用与 α 平行的任何一个平面去截这 $\dfrac{1}{8}$ 原几何体和圆台、直三棱柱时，圆台与直三棱柱的截面的面积之差的 $\dfrac{a^2}{4b^2}$ 倍都与 $\dfrac{1}{8}$ 原几何体截面的面积相等，符合祖暅原理的条件，故原几何体体积为

$$8 \cdot \frac{a^2}{4b^2}\left\{\frac{1}{3}\pi H\left[(b+H)^2 + (B+H)\cdot b + b^2\right] - \frac{1}{2}\cdot H \cdot H \cdot 2\pi b\right\} = \frac{2a^2 H}{b^2}\pi(b^2 + H^2).$$

用此思想还可以计算出环体的体积：如图 10，设环体的母线是半径为 r 的圆，圆心与旋转轴 MN 的距离等于 d（$d > r$）. 取环体的上半部进行研究，它的下底面是圆环（外半径 $= d + r$，内半径 $= d - r$），上底是半径为 d 的圆周（面积为 0），半环体的高为 r. 用平行于底面的平面去截，设截面距底面为 h（$h < r$），则截面是另一个圆环（外半径 $= d + \sqrt{r^2 - h^2}$，内半径 $= d - \sqrt{r^2 - h^2}$）.

此圆环的面积 $= \pi(d + \sqrt{r^2 - h^2})^2 - \pi(d - \sqrt{r^2 - h^2})^2 = 4\pi d\sqrt{r^2 - h^2}$，可把它视作某个矩形的面积，该矩形一边长 $4\pi d$（常量），另一边长 $\sqrt{r^2 - h^2}$（变量），据此，可构造一个参照体如下：如图 11，取一个底面为半径为 r 的圆、高为 $4\pi d$ 的圆柱的 $\dfrac{1}{4}$，并将此 $\dfrac{1}{4}$ 圆柱横卧，此参照体的体积为圆柱的 $\dfrac{1}{4}$，由祖暅原理得所求半环体的体积 $= \left(\dfrac{1}{4}\right)\cdot \pi r^2 \cdot 4\pi d = \pi^2 r^2 d.$ 故环体的体积为 $2\pi^2 r^2 d.$

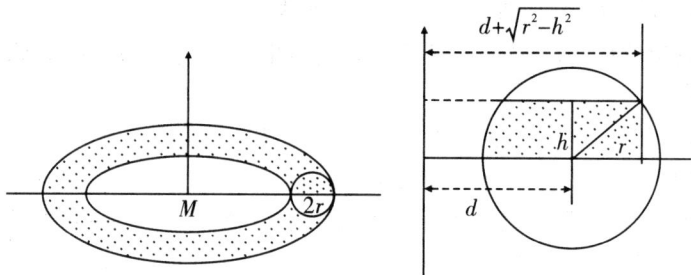

图 10

此结论与直觉是一致的：如图 11，将环体沿断面切开后，拉直成一个圆柱，此圆柱的底面积为 πr^2，高为环体的中心线长 $2\pi d$，而 $\pi r^2 \cdot 2\pi d = 2\pi^2 r^2 d$. 到此不难猜想出古鲁金定理：旋转体的体积等于图形面积与这图形重心到轴的距离为半径的圆周长的乘积.

我们看到这些二次曲线旋转体的体积都可以通过祖暅原理来求得. 其本质是：垂直于 y 轴的截面面积函数 $S(h)$ 是高 h 的二次函数. 而且这些旋转体的体积还可用柱、锥、台、球的体积的统一公式计算. 这些结论就是辛卜生公式的结论.

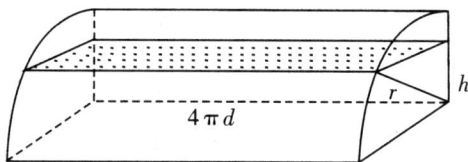

图 11

对于柱、锥、台、球的体积可统一于拟柱体的体积公式

$$V_{拟柱体} = \frac{1}{6}h\ (S + 4S_0 + S')$$

其中 S'，S 分别为上、下底面积，S_0 为中截面的面积.

①当为柱体时，$S' = S = S_0$，$V = Sh$

②当为锥体时，$S' = 0$，$S_0 = \frac{1}{4}S$，$V = \frac{1}{3}Sh$

③当为台体时，$\dfrac{\sqrt{S} + \sqrt{S'}}{2} = \sqrt{S_0}$，$4S_0 = S + S' + 2\sqrt{SS'}$

$$V = \frac{1}{3}h\ (S + \sqrt{SS'} + S')$$

④当为球体时，$S' = S = 0$，$S_0 = \pi R^2$，$h = 2R$，$V = \frac{4}{3}\pi R^3$

该公式也是计算楔体体积的公式. 这些图形形状各异，特别是球，与别的图形差异太大，为什么它们的体积公式能统一起来呢？这种代数形式的后面有什么实质内容呢？

6. 立体几何中一个通用体积公式的来源

我们从数学分析中定积分近似计算的辛卜生公式出发来探讨立体几何中通用体积公式的来源.

在立体几何的学习中，我们根据长方体体积公式和祖暅原理，推出了柱、锥、台及球的体积公式并利用锥体体积公式求出拟柱体的体积公式，如图12，我们把所有顶点都在两个平行平面上的多面体称为拟柱体，其体积公式为：

$$V_{拟柱体} = \frac{1}{6}h\ (S + 4S_0 + S') \qquad ①$$

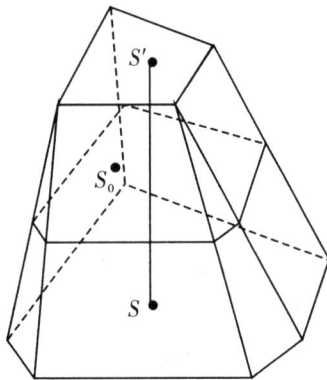

图 12

其中 h 为高，S'，S 分别为上、下底面积，S_0 为中截面的面积，立体几何中讲到的各种几何体的体积公式均可统一为拟柱体的体积公式. 于是我们只需求出相应的 h，S'，S，S_0，并代入公式①即可求出各类几何体的体积. 而不必去死记诸多的体积公式了. 我们知道，棱柱、棱锥、球缺等各种几何体是分别加以定义的，而它们的体积公式又有统一的形式，这中间道理何在？是巧合还是必然？显然，棱柱、棱锥、棱台均是拟柱体的特例，圆柱、圆锥、圆台则分别可看成是正棱柱、正棱锥、正棱台的特例（底面正多边形的边数 $n \to \infty$ 时的极限情况），因而也可看作是拟柱体的特例.

但从直观上看，把球（包括球缺、球台）视为拟柱体就不像把圆柱等视为拟柱体那样自然，为此我们从高等数学的角度探讨一下公式①的来源，分析拟柱体所具有的本质特征，然后再来解决能否用公式①求球的体积的问题. 在定积分的应用中，我们有求夹在两个平行平面 $x = a$ 和 $x = b$ 之间的已知其平行于底面的截面积函数为 $S(x)$（$a \le x \le b$）的几何体的体积的如下公式：

$$\int_a^b S(x)\,\mathrm{d}x. \qquad ②$$

拟柱体亦是夹在两个平面间的几何体，其截面积函数为 $S(x)$，则有 $S' = S(b)$，$S = S(a)$，$S_0 = S\left(\frac{a+b}{2}\right)$，$h = b - a$，于是公式①可写成

$$V_{拟柱体} = \frac{1}{6}(b-a)\left[S(a) + 4S\left(\frac{a+b}{2}\right) + S(b)\right]$$

又由公式②，有 $V = \int_a^b S(x)\,\mathrm{d}x$. 故有

$$\int_a^b S(x)\,\mathrm{d}x = \frac{1}{6}\ (b-a)\ \left[S\ (a)\ + 4S\left(\frac{a+b}{2}\right) + S\ (b)\right] \qquad ③$$

易见③式把本应由定积分来解决的问题转化成了求被积函数的函数值及四则

运算的问题，从运算的角度讲这是一种简化（注意此处并未用到原函数的概念），也就是说当 $S(x)$ 为一拟柱体的截面积函数时，我们可以由公式③利用初等方法求出定积分 $\int_a^b S(x)\mathrm{d}x.$

为了进一步认识公式①的根源和将公式①进行拓展，我们来研究此时 $S(x)$ 应具有的分析性质. 在数学分析中我们知道，若 $f(x)$ 是 $[a, b]$ 上的连续函数，那么定积分 $\int_a^b f(x)\mathrm{d}x$ 通常是利用牛顿—莱布尼茨公式转化为求 $f(x)$ 的原函数 $F(x)$ 在 $[a, b]$ 上的增量来求的，即 $\int_a^b f(x)\mathrm{d}x = F(b) - F(a)$，$F'(x) = f(x)$，$x \in [a, b]$. 但是当 $F(x)$ 不易求出或根本不能表示为有限形式时，则无法用上述公式计算，此时除了利用各种特殊技巧（往往因题而异且只能解决极少数积分）外一般只能利用近似计算求出定积分的近似值，方法之一是抛物线法或辛卜生法，我们有以下的辛卜生公式：

$$\int_a^b f(x)\mathrm{d}x \approx \frac{1}{3n}(b-a)\left[y_0 + y_n + 2(y_2 + y_4 + \cdots + y_{n-2}) + 4(y_1 + y_3 + \cdots + y_{n-1})\right] \quad (n\ \text{为偶数}) \tag{④}$$

其详细推导过程可参考一般数学分析教科书，$n = 2$ 时的辛卜生公式是

$$\int_a^b f(x)\mathrm{d}x \approx \frac{(b-a)}{6}\left[f(a) + 4f\left(\frac{a+b}{2}\right) + f(b)\right] \tag{⑤}$$

对比⑤与③，易见二者的区别在于被积函数 $f(x)$ 是任意的连续函数，而 $S(x)$ 为拟柱体的截面积函数，被积函数的不同使得公式⑤为近似公式而公式③为准确公式，因此公式③实为公式⑤之特例，即当 $f(x)$ 恰为一拟柱体的截面积函数时，公式⑤将成为准确的.

我们知道，公式⑤是用过 $y = f(x)$ 曲线上的三点 $[a, f(a)]$，$\left[\frac{a+b}{2}, f\left(\frac{a+b}{2}\right)\right]$，$[b, f(b)]$ 且对称轴平行于 y 轴的抛物线 $y = g(x)$ 来代替 $y = f(x)$ 的曲线，并用以该抛物线弧为曲边的曲边梯形的面积作为 $\int_a^b f(x)\mathrm{d}x$ 的近似值而得出的. 如果曲线 $y = f(x)$ 本身是抛物线，则公式⑤变成准确式. 理由如下：设 $f(x) = Ax^2 + Bx + C$，$a \leqslant x \leqslant b$，则

$$\int_a^b f(x)\mathrm{d}x = \int_a^b (Ax^2 + Bx + C)\mathrm{d}x$$

$$= \frac{A}{3}(b^3 - a^3) + \frac{B}{2}(b^2 - a^2) + C(b-a)$$

$$= \frac{1}{6}(b-a)[2A(a^2 + ab + b^2) + 3B(a+b) + 6C]$$

$$= \frac{1}{6}(b-a)\left\{(Aa^2 + Ba + C) + 4\left[A\left(\frac{a+b}{2}\right)^2 + B\left(\frac{a+b}{2}\right) + C\right] + (Ab^2 + Bb + C)\right\}$$

$$= \frac{1}{6}(b-a)\left[f(a) + 4f\left(\frac{a+b}{2}\right) + f(b)\right]$$

可见 $S(x)$ 为 x 的二次函数是③式成立的一个充分条件.

这样我们得到下面的定理:

定理 若一立体垂直于 x 轴的截面积函数 $S(x)$ 是 x 的二次函数,即 $S(x) = Ax^2 + Bx + C$ $(A \neq 0)$,$x \in [a, b]$,则该立体的体积为

$$V = \frac{1}{6}(b-a)\left[S(a) + 4S\left(\frac{a+b}{2}\right) + S(b)\right] \qquad ⑥$$

若称该种立体为"二次几何体",则定理表明二次几何体可用⑥式求体积.

显然⑥式与①式实为同一个公式,所以二次几何体可用①式来求体积,因此只要能证明球、球缺、球台是二次几何体,则它们的体积即可用①式求出. 由于球、球缺均可视为球台的特例,我们仅就球台的情况加以证明并推导出它们的体积公式.

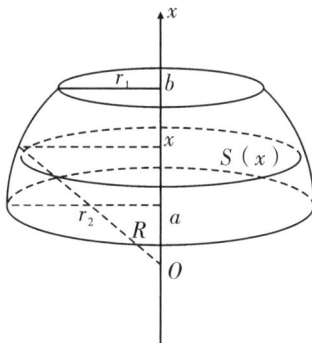

图13

如图 13,以球心为原点,过球心且垂直于球台底面的直线为 x 轴建立坐标系,设平行于底面的截面积函数为 $S(x)$,显然有 $S(x) = \pi(R^2 - x^2)$ 是 x 的二次函数. 因此球台是二次几何体,其体积可用①式求出. 设球台的上、下底面半径为 r_1,r_2,则

$$V_{球台} = \frac{1}{6}(b-a)\left\{\pi(R^2 - a^2) + 4\pi\left[R^2 - \left(\frac{a+b}{2}\right)^2\right] + \pi(R^2 - b^2)\right\}$$

$$= \frac{\pi}{6}(b-a)(6R^2 - 2a^2 - 2b^2 - 2ab)$$

$$= \frac{\pi}{6}h\left[6R^2 - 3a^2 - 3b^2 + (b-a)^2\right]$$

$$= \frac{\pi}{6}h\left[3(r_1^2 + r_2^2) + h^2\right] \qquad ⑦$$

当 $h = 2R$ 时,$r_1 = r_2 = 0$,球台变为球体,我们得到

$$V_{球体} = \frac{\pi}{6}h^3 = \frac{4\pi}{3}R^3 \qquad ⑧$$

当 $r_1 = 0$ 或 $r_2 = 0$ 时,球台变为球缺(如图 14),我们有

$$V_{球缺} = \frac{\pi}{6}h(3r_2^2 + h^2) \qquad ⑨$$

又由射影定理,得 $r_2^2 = (2R - h)h$. 代入⑨式,得

$$V_{球缺} = \frac{\pi}{6}h\left[3h(2R - h) + h^2\right]$$

$$= \pi h^2 \left(R - \frac{h}{3} \right) \qquad ⑩$$

公式⑧⑨⑩与我们在立体几何中得到的相应体积公式是相同的.

　　综上所述，我们在立体几何中所见的各种几何体都可以用公式⑥求其体积，从这个意义上说，⑥式是一个通用的体积公式. 公式①实为公式⑥之特例，可以证明拟柱体是二次几何体，证明过程在此从略.

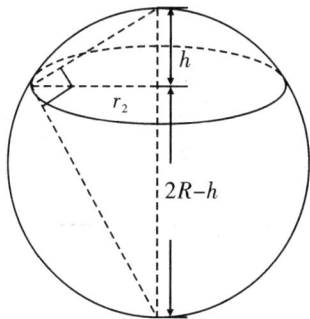

图 14

思考与研究

（1）试由圆的周长公式类比猜想椭圆的周长公式，能证明吗？

（2）试找一个截面面积函数是一次、三次的例子，分析其几何体的体积.

14. 应用数学思想分析异面直线距离的求法

梁宗臣在《世界数学史简编》中说，"在 16 世纪，能做除法运算的相当于博士"，而今天除法运算却都被看作常识. 方法的改进可使复杂问题简单化.

立体几何中的各种距离有平面上两点之间的距离、点到直线的距离、点到平面的距离、平行线间的距离、异面直线的距离、直线与平面的距离、平行平面间的距离以及球面上两点间的距离. 这些距离定义不同，但都能转化为平面上两点之间的距离来计算（球面上两点间的距离除外）.

上述的各种距离又可归结为两个点集间连接的所有线段长度的最小值. 所以可用代数方法转化为求函数的最小值.

求异面直线的距离是这些距离求解中比较困难的一种，也是最能体现数学思想应用和提高思维水平的好素材. 一般可从以下四个方面去分析思考：一是想办法作出公垂线，即定义法；二是将两条异面直线看成点的集合，想办法求出两个点集之间连接的所有线段的长度的最小值，即将几何问题代数化；三是转化为求直线与平面间的距离或平面与平面间的距离或点与直线的距离等等；四是利用空间向量（或坐标系），转化为求向量的模或求一个向量在另一向量上的射影的长. 这体现了知识之间的联系与转化.

以下我们以具体题目为例来说明如何应用数学思想解决问题.

【例】已知正方体 $ABCD - A_1B_1C_1D_1$ 的棱长为 a，求异面直线 B_1D_1 与 A_1B 的距离.

分析一（定义法）：想办法作出公垂线. 根据公垂线的定义，公垂线必须满足：（1）同时垂直于直线 A_1B 和 B_1D_1；（2）同时与 A_1B 和 B_1D_1 相交. 在解决问题的过程中，两个条件很难一下子都满足，因此我们应用数学中的"逐步逼近"（极限思想）分析.

先满足（1），则 AC_1 就是与 A_1B 和 B_1D_1 同时垂直的直线，然后利用平移的方法满足（2）就可以了. 如何平移呢？想象将线段 AC_1 从正方体中朝前面移到正方体外面，最后必然从 A_1B_1 直线上某点处出来. 若线段 AC_1 朝点 A_1 平移出，那么线段 AC_1 在平移过程中，必先与 B_1D_1 相交而后与 BA_1 相交；若线段 AC_1 朝 B_1 点平移，那么线段 AC_1 在平移过程中，必先与 BA_1 相交后与 B_1D_1 相交. 由正方体的对称性，可猜想，当线段 AC_1 朝 A_1B_1 的中点 M 平移时，可能会同时与 B_1D_1 和 BA_1 相交．

解法一：连接 AC_1，由三垂线定理知 $AC_1 \perp A_1B$，$AC_1 \perp B_1D_1$．取 A_1B_1 的中点 M，连接 MC_1，MA 分别交 B_1D_1，A_1B 于 Q，P 两点，则 PQ 为公垂线（如图1）．

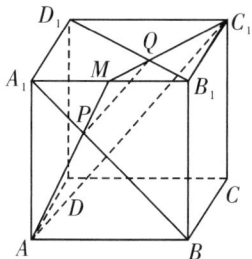

图1

由 $A_1M = MB_1$ 及正方体性质，可得

$$\frac{MP}{PA} = \frac{A_1M}{AB} = \frac{1}{2} = \frac{B_1M}{C_1D_1} = \frac{MQ}{QC}$$

$\therefore PQ /\!/ AC_1$

$\therefore PQ \perp B_1D_1$，$PQ \perp A_1B$ 且 PQ 与 B_1D_1，A_1B 都相交．故 PQ 是 B_1D_1 与 A_1B 的公垂线．

由 $PQ : AC_1 = \frac{1}{3}$，得 $PQ = \frac{\sqrt{3}}{3}a$

$\therefore$ 异面直线 B_1D_1 与 A_1B 的距离为 $\frac{\sqrt{3}}{3}a$．

分析二（最值法）：将两条异面直线看成两个点集，则所求问题等价于求这两个点集之间连接的所有线段长度的最小值．由于每个点集中的点都是无穷的，所以必须想办法将这些距离转化为某个变量的函数．

根据异面直线公垂线的定义，我们先在两异面直线上作出一线段 PQ，使它与两条异面直线中的一条（不妨设 B_1D_1）垂直且相交，然后保持与该条直线垂直且相交的性质不变，按某一规律运动，而能到达与另一条直线（A_1B）也垂直且相交即可．如图2，假设 $PQ \perp B_1D_1$，$P \in A_1B$，$Q \in B_1D_1$，PQ 在面 $A_1B_1C_1D_1$ 上的射影为 MQ，$M \in A_1B$，由三垂线定理的逆定理知 $MQ \perp B_1D_1$．当 M 在 A_1B_1 上从 A_1 到 B_1 运动时，QP 与 A_1B 的夹角从 $60°$ 开始变大再变小到 $45°$，中间必有 $90°$ 这种可能性．所以可这样建立函数关系求最小值．

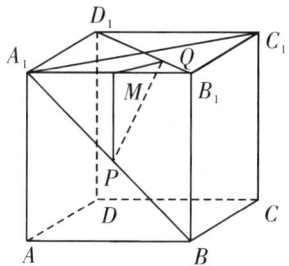

图2

解法二：在 A_1B_1 上任取一点 M，过 M 作 $MQ \perp B_1D_1$，且垂足为 Q，过 M 在面 ABB_1A_1 内作 $MP \perp A_1B_1$，设 $MP \cap A_1B = P$．连接 PQ，则 $\triangle PMQ$ 为直角三角形．

设 $MB_1 = x$，则 $A_1M = a - x$，$MQ = \frac{\sqrt{2}}{2}x$，$MP = a - x$

$\therefore PQ^2 = MQ^2 + MP^2 = \left(\frac{\sqrt{2}}{2}x\right)^2 + (a-x)^2 = \frac{3}{2}x^2 - 2ax + a^2$

当 $x = \frac{2}{3}a$（$x \in [0, a]$）时，PQ^2 最小为 $\frac{a^2}{3}$，此时 PQ 最小为 $\frac{\sqrt{3}}{3}a$

$\therefore$ 异面直线 B_1D_1 与 A_1B 的距离为 $\dfrac{\sqrt{3}}{3}a$

分析三（线面平行法）：a，b 为异面直线，若 $a \subset$ 平面 α，$b /\!/$ 平面 α，则 b 与平面 α 的距离即为 a，b 的距离（如图3）．

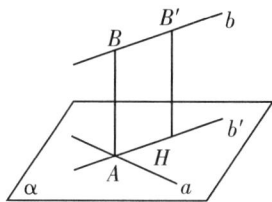

解法三：如图4，连接 A_1D，BD，则 $A_1B \subset$ 面 A_1DB．

$\left.\begin{array}{l} B_1D_1 /\!/ BD \\ BD \subset \text{面 } A_1DB \end{array}\right\} \Rightarrow B_1D_1 /\!/ \text{面 } A_1DB$，

$\therefore$ 直线 B_1D_1 到面 A_1DB 的距离等于异面直线 A_1B，B_1D_1 的距离．

设 $B_1D_1 \cap A_1C_1 = O_1$，$BD \cap AC = O$

$\therefore \angle C_1A_1B = \angle C_1A_1D = 60°$

$\therefore O_1$ 在面 A_1DB 内的射影 H 在等边 $\triangle A_1DB$ 的 $\angle DA_1B$ 的平分线 A_1O 上．

在 $\mathrm{Rt}\triangle O_1AO$ 中，$OO_1 = a$，$A_1O_1 = \dfrac{\sqrt{2}}{2}a$，斜边 A_1O 上的高为 O_1H，

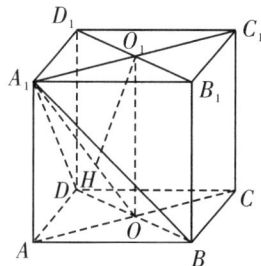

$$O_1H = \frac{O_1A_1 \cdot O_1O}{A_1O} = \frac{\dfrac{\sqrt{2}}{2}a \cdot a}{\sqrt{a^2 + \left(\dfrac{\sqrt{2}}{2}a\right)^2}} = \frac{\sqrt{3}}{3}a$$

$\therefore$ 异面直线 A_1B 和 B_1D_1 的距离为 $\dfrac{\sqrt{3}}{3}a$

分析四（体积法）：利用同一棱锥的两个体积表达式，解出其中一式中棱锥的高即为点到面的距离．而异面直线的距离可转化为点到面的距离．

解法四：如图4，面 A_1BD 为过 A_1B 且与 B_1D_1 平行的平面，故 B_1D_1 与面 A_1BD 的距离即为异面直线 A_1B 与 B_1D_1 的距离，进一步可简化为求点 B_1 到面 A_1BD 的距离．

设点 B_1 到面 A_1BD 的距离为 h，由于三棱锥 $B_1 - A_1BD$ 与三棱锥 $D - A_1B_1B$ 为同一个三棱锥，它们的体积相等．

$$V_{B_1 - A_1BD} = \frac{1}{3}\left[\frac{\sqrt{3}}{4}\left(\sqrt{2}a\right)^2 h\right] = \frac{\sqrt{3}}{6}a^2 h,$$

$$V_{D - A_1B_1B} = \frac{1}{3}\left(\frac{1}{2}a \cdot a\right) \cdot a = \frac{1}{6}a^3,$$

$$\therefore \frac{\sqrt{3}}{6}a^2 h = \frac{1}{6}a^3, \ h = \frac{\sqrt{3}}{3}a$$

∴ 异面直线 A_1B 和 B_1D_1 的距离为 $\frac{\sqrt{3}}{3}a$

分析五（面面平行法）：a 和 b 是两条异面直线，那么过 a 且平行于 b 的平面必平行于过 b 且平行于 a 的平面．所以两条异面直线的距离可以转化为平面与平面的距离．

解法五：如图 5，连接 B_1C，D_1C，A_1D，BD，那么平面 $A_1BD /\!/$ 平面 B_1CD_1 且 $AC_1 \perp$ 平面 A_1BD，$AC_1 \perp$ 平面 B_1CD_1，垂足分别为 P，Q．则 PQ 的长即为两平行平面 A_1DB 与平面 D_1B_1C 之间的距离，也就是两异面直线 B_1D_1 与 A_1B 的距离．

设 $AC \cap BD = O$，连接 OP，

∵ Rt$\triangle APO \backsim$ Rt$\triangle ACC_1$

∴ $\dfrac{OA}{AC_1} = \dfrac{AP}{AC}$，即 $AP = OA \cdot \dfrac{AC}{AC_1} = \dfrac{\sqrt{3}}{3}a$

同理 $C_1Q = \dfrac{\sqrt{3}}{3}a$

∴ $PQ = \dfrac{\sqrt{3}}{3}a$

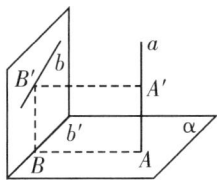

图 5

∴ 异面直线 A_1B 和 B_1D_1 的距离为 $\frac{\sqrt{3}}{3}a$

分析六（线线射影法）：若直线 a，b 为两条异面直线，在平面 α 内的射影分别为点 A（即 $a \perp \alpha$，垂足为 A）和直线 b'，则 A 到 b' 的距离即为 a，b 的距离．如图 6，$A'B'$ 是 a，b 的公垂线，易证 $AB = A'B'$．

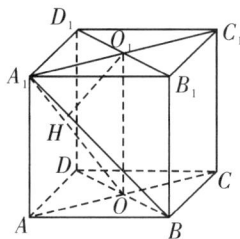

图 6   图 7

解法六：如图 7，连接 A_1C_1，AC，BD，设 $A_1C_1 \cap B_1D_1 = O_1$，$AC \cap BD = O$，

$\left.\begin{array}{l} B_1D_1 \perp A_1C_1 \\ \therefore A_1A \perp B_1D_1 \\ A_1C_1 \cap AA_1 = A_1 \end{array}\right\} \Rightarrow B_1D_1 \perp$ 平面 A_1ACC_1

∴ B_1D_1 在面 A_1ACC_1 内的射影为点 O_1

∵ $BD /\!/ B_1D_1$，∴ $BD \perp$ 面 A_1ACC_1

A_1B 在面 A_1ACC_1 内的射影为 A_1O．则 O_1 到直线 A_1O 的距离即为异面直线 A_1B，B_1D_1 的距离．

在 Rt$\triangle A_1 O_1 O$ 中，斜边 $A_1 O$ 上的高

$$O_1 H = \frac{A_1 O_1 \cdot O O_1}{A_1 O} = \frac{\frac{\sqrt{2}}{2} a \cdot a}{\sqrt{\left(\frac{\sqrt{2}}{2} a\right)^2 + a^2}} = \frac{\sqrt{3}}{3} a$$

$\therefore$ 异面直线 $A_1 B$ 和 $B_1 D_1$ 的距离为 $\frac{\sqrt{3}}{3} a$

分析七（向量法）：设 PQ 为公垂线段，设出基向量，并设 $\overrightarrow{BP} = x \overrightarrow{BA_1}$，$\overrightarrow{B_1 Q} = y \overrightarrow{B_1 D_1}$，用基向量和参数表示有关向量．将已知的垂直关系转化为向量的数量积为 0，解出 x，y，进而求出 $|PQ|$．

解法七：如图 8，设 $\overrightarrow{BC} = \vec{a}$，$\overrightarrow{BA} = \vec{b}$，$\overrightarrow{BB_1} = \vec{c}$，则 $|\vec{a}| = |\vec{b}| = |\vec{c}| = a$，$\vec{a} \cdot \vec{b} = \vec{b} \cdot \vec{c} = \vec{c} \cdot \vec{a} = 0$

设 $\overrightarrow{BP} = x \overrightarrow{BA_1}$，$\overrightarrow{B_1 Q} = y \overrightarrow{B_1 D_1}$，则 $\overrightarrow{BP} = x (\vec{b} + \vec{c})$，$\overrightarrow{B_1 Q} = y (\vec{a} + \vec{b})$

$\therefore \overrightarrow{PQ} = \overrightarrow{PB} + \overrightarrow{BB_1} + \overrightarrow{B_1 Q}$

$\qquad = -x (\vec{b} + \vec{c}) + \vec{c} + y (\vec{a} + \vec{b})$

$\qquad = y \vec{a} + (y - x) \vec{b} + (1 - x) \vec{c}$

$\therefore \begin{cases} \overrightarrow{PQ} \cdot \overrightarrow{BA_1} = 0 \\ \overrightarrow{PQ} \cdot \overrightarrow{B_1 D_1} = 0 \end{cases}$

$\Leftrightarrow \begin{cases} [y \vec{a} + (y-x)\vec{b} + (1-x)\vec{c}] \cdot (\vec{b} + \vec{c}) = 0 \\ [y \vec{a} + (y-x)\vec{b} + (1-x)\vec{c}] \cdot (\vec{a} + \vec{b}) = 0 \end{cases}$

$\Leftrightarrow \begin{cases} 2x - y - 1 = 0 \\ x - 2y = 0 \end{cases}$

$\Leftrightarrow \begin{cases} x = \dfrac{2}{3} \\ y = \dfrac{1}{3} \end{cases}$

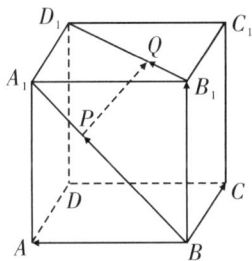

图 8

$\therefore \overrightarrow{PQ} = \dfrac{1}{3} \vec{a} - \dfrac{1}{3} \vec{b} + \dfrac{1}{3} \vec{c}$

$\therefore |\overrightarrow{PQ}| = \sqrt{\left(\dfrac{1}{3}\vec{a} - \dfrac{1}{3}\vec{b} + \dfrac{1}{3}\vec{c}\right)^2} = \dfrac{\sqrt{3}}{3} a$

$\therefore$ 异面直线 $A_1 B$ 和 $B_1 D_1$ 的距离为 $\dfrac{\sqrt{3}}{3} a$

分析八（向量射影法）：设出基向量，设法求出与 BA_1，$B_1 D_1$ 同时垂直的一个向量，则向量 BB_1 在该向量上的射影的长即为异面直线 $A_1 B$ 和 $B_1 D_1$ 的距离．

解法八：如图 9，设 $\overrightarrow{AB} = \vec{a}$，$\overrightarrow{AD} = \vec{b}$，$\overrightarrow{AA_1} = \vec{c}$，则

$$|\vec{a}| = |\vec{b}| = |\vec{c}| = a, \quad \vec{a} \cdot \vec{b} = \vec{b} \cdot \vec{c} = \vec{c} \cdot \vec{a} = 0$$

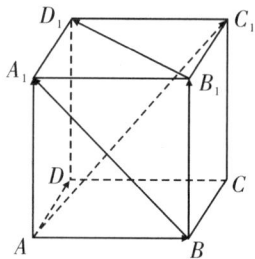

图 9

$$\therefore \overrightarrow{AC_1} = \vec{a} + \vec{b} + \vec{c}, \quad \overrightarrow{BA_1} = \vec{c} - \vec{b}, \quad \overrightarrow{B_1D_1} = \vec{a} - \vec{b}$$

$$\therefore \overrightarrow{AC_1} \cdot \overrightarrow{BA_1} = (\vec{a} + \vec{b} + \vec{c}) \cdot (\vec{c} - \vec{b})$$

$$= -|\vec{b}|^2 + |\vec{c}|^2 = 0$$

$$\overrightarrow{AC_1} \cdot \overrightarrow{B_1D_1} = (\vec{a} + \vec{b} + \vec{c}) \cdot (\vec{a} - \vec{b})$$

$$= |\vec{a}|^2 - |\vec{b}|^2 = 0$$

$\therefore \overrightarrow{AC_1} \perp \overrightarrow{BA_1}$，$\overrightarrow{AC_1} \perp \overrightarrow{B_1D_1}$，即 $\overrightarrow{AC_1}$ 为 A_1B 和 B_1D_1 的公垂线的方向向量.

设异面直线 A_1B 和 B_1D_1 的距离为 d，则

$$d = \frac{|\overrightarrow{BB_1} \cdot \overrightarrow{AC_1}|}{|\overrightarrow{AC_1}|} = \frac{|\vec{c} \cdot (\vec{a} + \vec{b} + \vec{c})|}{|(\vec{a} + \vec{b} + \vec{c})|} = \frac{a^2}{\sqrt{3}a} = \frac{\sqrt{3}}{3}a$$

$\therefore$ 异面直线 A_1B 和 B_1D_1 的距离为 $\dfrac{\sqrt{3}}{3}a$

注：也可利用三垂线定理证明 $AC_1 \perp BA_1$，$AC_1 \perp B_1D_1$.

分析九（坐标法）：建立空间直角坐标系，设法求出 BA_1，B_1D_1 的公垂线的一个方向向量，则向量 BB_1 在该向量上的射影的长即为异面直线 A_1B 和 B_1D_1 的距离.

解法九：如图 10，以点 A 为坐标原点建立空间直角坐标系 $A-xyz$，则

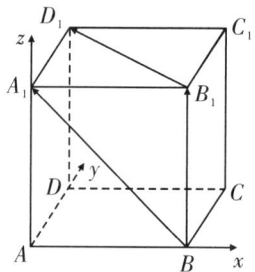

图 10

$$B(a, 0, 0), \quad A_1(0, 0, a), \quad B_1(a, 0, a), \quad D_1(0, a, a)$$

$$\therefore \overrightarrow{BA_1} = (-a, 0, a), \quad \overrightarrow{B_1D_1} = (-a, a, 0), \quad \overrightarrow{BB_1} = (0, 0, a)$$

设 $\vec{n} = (x, y, z)$ 与 $\overrightarrow{BA_1}$，$\overrightarrow{B_1D_1}$ 都垂直，则

$$\begin{cases} \vec{n} \cdot \overrightarrow{BA_1} = 0 \\ \vec{n} \cdot \overrightarrow{B_1D_1} = 0 \end{cases} \Leftrightarrow \begin{cases} (x,y,z) \cdot (-a,0,a) = 0 \\ (x,y,z) \cdot (-a,a,0) = 0 \end{cases} \Leftrightarrow \begin{cases} x - z = 0, \\ x - y = 0 \end{cases} \Leftrightarrow x = y = z$$

取 $x = 1$，则 $\vec{n_0} = (1, 1, 1)$ 为异面直线 BA_1，B_1D_1 的公垂线的一个方向向量.

设异面直线 A_1B 和 B_1D_1 的距离为 d，则

$$d = \frac{|\overrightarrow{BB_1} \cdot \vec{n_0}|}{|\vec{n_0}|} = \frac{|(0,0,a) \cdot (1,1,1)|}{\sqrt{3}} = \frac{\sqrt{3}}{3}a$$

$\therefore$ 异面直线 A_1B 和 B_1D_1 的距离为 $\dfrac{\sqrt{3}}{3}a$

以上介绍的是求异面直线的各种方法，还应该看到它们是处理空间各种距离的思想方法. 而且各种方法相互转化与联系的辩证关系正是我们学好立体几何以

及其他知识所必需的思想及方法.

思考与研究

若长方体 $ABCD - A_1B_1C_1D_1$ 的棱长 $AB = 3$，$BC = 2$，$CC_1 = 1$，试求出异面直线 A_1B 与 B_1D_1 的距离.

15. 由课本问题到欧拉常数的推广

我们从小到大可能曾被某物砸过，但我们也许只是抱怨倒霉而已. 而大科学家牛顿当年也被苹果砸过，他除抱怨倒霉之外还认真反思"苹果为什么从树上往下掉? 如果苹果树高到月球上，苹果还会掉下来吗?"由此启发他进行科学研究，最终发现了万有引力定律.

1. 引子

高中《代数》下册复习题六第 33 题是："用数学归纳法证明：$1 + \dfrac{1}{\sqrt{2}} + \dfrac{1}{\sqrt{3}} + \cdots +$

$\dfrac{1}{\sqrt{n}} > \sqrt{n}$ （$n > 1$，$n \in \mathbf{N}$）."

此题很容易用数学归纳法证明，证明后我们自然会反思：此题是如何发现的? 如何用推导的方法证明?

使用放缩思想可得方法一：

$$1 + \frac{1}{\sqrt{2}} + \frac{1}{\sqrt{3}} + \cdots + \frac{1}{\sqrt{n}} > \frac{1}{\sqrt{n}} + \frac{1}{\sqrt{n}} + \cdots + \frac{1}{\sqrt{n}} = n \cdot \frac{1}{\sqrt{n}} = \sqrt{n}$$

由裂项求和的思想得到方法二：

$$\sqrt{n} = (\sqrt{n} - \sqrt{n-1}) + (\sqrt{n-1} - \sqrt{n-2}) + (\sqrt{n-2} - \sqrt{n-3}) + \cdots + (\sqrt{2} -$$

$\sqrt{1}) + (\sqrt{1} - \sqrt{0}) = \dfrac{1}{\sqrt{n} + \sqrt{n-1}} + \dfrac{1}{\sqrt{n-1} + \sqrt{n-2}} + \cdots + \dfrac{1}{\sqrt{2} + \sqrt{1}} + \dfrac{1}{\sqrt{1} + \sqrt{0}}$

而 $\sqrt{n} - \sqrt{n-1} = \dfrac{1}{\sqrt{n} + \sqrt{n-1}}$，所以欲证原不等式，只需证 $\dfrac{1}{\sqrt{n}} > \dfrac{1}{\sqrt{n} + \sqrt{n-1}}$

（$n > 1$）（当 $n = 1$ 时，取等号）.

此不等式显然成立，所以原不等式得证.

2. 探索本质规律

从以上证明发现不等式两端"空隙"较大，能否缩小空隙呢?

（1）在方法二中，关键是发现放缩式 $\dfrac{1}{\sqrt{n}} > \dfrac{1}{\sqrt{n} + \sqrt{n-1}}$，由式 $\dfrac{1}{\sqrt{n} + \sqrt{n-1}}$ 想到

式 $\dfrac{1}{\sqrt{n}+\sqrt{n}}$，从而得到

$$\frac{1}{\sqrt{n}}=\frac{2}{\sqrt{n}+\sqrt{n}}>\frac{2}{\sqrt{n+1}+\sqrt{n}}=2\left(\sqrt{n+1}-\sqrt{n}\right)\ (n\in\mathbf{N})$$

∴ 我们得到新不等式：$1+\dfrac{1}{\sqrt{2}}+\dfrac{1}{\sqrt{3}}+\cdots+\dfrac{1}{\sqrt{n}}>2\left(\sqrt{n+1}-1\right)\ (n\in\mathbf{N})$.　　　①

（2）由对称性，我们有 $\dfrac{1}{\sqrt{n}}=\dfrac{2}{\sqrt{n}+\sqrt{n}}>\dfrac{2}{\sqrt{n+1}+\sqrt{n}}$. 又可以想到：$\dfrac{1}{\sqrt{n}}=\dfrac{2}{\sqrt{n}+\sqrt{n}}<$

$\dfrac{2}{\sqrt{n}+\sqrt{n-1}}=2\left(\sqrt{n}-\sqrt{n-1}\right)\ (n\in\mathbf{N})$.

∴ 得到不等式 $1+\dfrac{1}{\sqrt{2}}+\dfrac{1}{\sqrt{3}}+\cdots+\dfrac{1}{\sqrt{n}}<2\sqrt{n}\ (n\in\mathbf{N})$.　　　②

（3）还可继续变形放缩 $\dfrac{1}{\sqrt{n}}=\dfrac{2}{\sqrt{n}+\sqrt{n}}<\dfrac{2}{\sqrt{n+1}+\sqrt{n-1}}=\left(\sqrt{n+1}-\sqrt{n-1}\right)$.

∴ $1+\dfrac{1}{\sqrt{2}}+\dfrac{1}{\sqrt{3}}+\cdots+\dfrac{1}{\sqrt{n}}<\sqrt{n+1}+\sqrt{n}-1$　　　③

（4）又有 $\dfrac{1}{\sqrt{n}}=\dfrac{2}{\sqrt{n}+\sqrt{n}}<\dfrac{2}{\sqrt{n+\dfrac{1}{2}}+\sqrt{n-\dfrac{1}{2}}}=2\left(\sqrt{n+\dfrac{1}{2}}-\sqrt{n-\dfrac{1}{2}}\right)$.

∴ $1+\dfrac{1}{\sqrt{2}}+\dfrac{1}{\sqrt{3}}+\cdots+\dfrac{1}{\sqrt{n}}<\sqrt{4n+2}-\sqrt{2}$　　　④

3. 欧拉（Euler）常数

在②式中，左边是数列求和，$a_n=\dfrac{1}{\sqrt{n}}$，右边是 $2\sqrt{n}$，若从函数角度考虑，可看

出 $\left(2\sqrt{x}\right)'=\dfrac{1}{\sqrt{x}}$，由此想到欧拉常数中的关系 $\left((\ln x)'=\dfrac{1}{x}\right)$ 和规律.

记 $x_n=1+\dfrac{1}{2}+\dfrac{1}{3}+\cdots+\dfrac{1}{n}-\ln n$（$n=1,\ 2,\ 3,\ \cdots$），则 $x_n>0$ 且数列 $\{x_n\}$

单调递减. 故其极限存在，记为 c，即有

（1）欧拉不等式：$1+\dfrac{1}{2}+\dfrac{1}{3}+\cdots+\dfrac{1}{n}>\ln n$.　　　⑤

（2）欧拉（Euler）常数：$\displaystyle\lim_{n\to\infty}\left[\left(1+\dfrac{1}{2}+\dfrac{1}{3}+\cdots+\dfrac{1}{n}\right)-\ln n\right]=c$.　　　⑥

实数 $c=0.577\ 215\ 6\cdots$ 为著名的欧拉常数.

若用 y_n 表示调和级数 $\displaystyle\sum_{k=1}^{\infty}\dfrac{1}{k}$ 的前 n 项和，⑥式也常可写成

$$y_n = 1 + \frac{1}{2} + \frac{1}{3} + \cdots + \frac{1}{n} = c + \ln n + \varepsilon_n \qquad ⑦$$

其中 $\varepsilon_n \to 0$（$n \to \infty$），即调和级数的部分和与 $\ln n$ 同阶.

注意 $\left(1 + \frac{1}{2} + \frac{1}{3} + \cdots + \frac{1}{n}\right)$ 为有理数，$\ln n$ 为无理数，从而⑥式是用无理数列逼近 Euler 常数给出的定义.

4. 欧拉不等式的推广

（1）由不等式②③④自然想到可以继续分析 $2\sqrt{n}$，$\sqrt{n+1} + \sqrt{n-1}$ 与 $\sqrt{4n+2} - \sqrt{2}$ 的大小与空隙（留给读者）.

（2）不等式②的结构简单、整齐，与欧拉不等式有共同特点 $\left((\ln x)' = \frac{1}{x}, (2\sqrt{x})' = \frac{1}{\sqrt{x}}\right)$，进一步有 $\left(\frac{k}{k-1}\sqrt[k]{x^{k-1}}\right)' = \frac{1}{\sqrt[k]{x}}$，我们将它进行推广可得以下结论：

"已知 n 为自然数，k 为大于 1 的自然数，试证：

$$1 + \frac{1}{\sqrt[k]{2}} + \frac{1}{\sqrt[k]{3}} + \cdots + \frac{1}{\sqrt[k]{n}} < \frac{k}{k-1}\sqrt[k]{n^{k-1}} \quad (k \geqslant 2; \; k, \; n \in \mathbf{N}) \; . " \qquad ⑧$$

（显然，$k = 2$ 时，⑧式就变成②式）

证明：对 $k \geqslant 2$ 的任一个 $k \in \mathbf{N}$，

当 $n = 1$ 时，不等式显然成立.

假设当 $n = m$ 时，不等式成立，即 $1 + \frac{1}{\sqrt[k]{2}} + \frac{1}{\sqrt[k]{3}} + \cdots + \frac{1}{\sqrt[k]{m}} < \frac{k}{k-1}\sqrt[k]{m^{k-1}}$. 则当

$n = m+1$ 时，$1 + \frac{1}{\sqrt[k]{2}} + \frac{1}{\sqrt[k]{3}} + \cdots + \frac{1}{\sqrt[k]{m}} + \frac{1}{\sqrt[k]{m+1}} < \frac{k}{k-1}\sqrt[k]{m^{k-1}} + \frac{1}{\sqrt[k]{m+1}}$.

以下只需证明 $\frac{k}{k-1}\sqrt[k]{m^{k-1}} + \frac{1}{\sqrt[k]{m+1}} < \frac{k}{k-1}\sqrt[k]{(m+1)^{k-1}}$

$\Leftrightarrow \frac{k}{k-1}\sqrt[k]{m^{k-1}(m+1)} + 1 < \frac{k}{k-1}(m+1)$

$\Leftrightarrow k\sqrt[k]{m^{k-1}(m+1)} + k - 1 < km + k$

$\Leftrightarrow k\sqrt[k]{m^{k-1}(m+1)} < km + 1$

$\Leftrightarrow k^k m^k + k^k m^{k-1} < (km+1)^k = k^k m^k + k \cdot (km)^{k-1} + \cdots$

显然成立.

综上可知，所证不等式成立.

5. 欧拉常数的推广

由欧拉常数的表达式可想到以下问题：

（1）$\rho(2)=\lim\limits_{n\to\infty}\left[2\sqrt{n}-\left(1+\dfrac{1}{\sqrt{2}}+\dfrac{1}{\sqrt{3}}+\cdots+\dfrac{1}{\sqrt{n}}\right)\right]=$_____；

（2）$\rho(k)=\lim\limits_{n\to\infty}\left[\left(1+\dfrac{1}{\sqrt[k]{2}}+\dfrac{1}{\sqrt[k]{3}}+\cdots+\dfrac{1}{\sqrt[k]{n}}\right)-\dfrac{k}{k-1}\sqrt[k]{n^{k-1}}\right]=$_____．

我们先来证明（1）的极限存在（问题（2）留给读者）.

证明：令 $b_n=2\sqrt{n}-\left(1+\dfrac{1}{\sqrt{2}}+\dfrac{1}{\sqrt{3}}+\cdots+\dfrac{1}{\sqrt{n}}\right)$，

$\therefore b_{n+1}-b_n=\left[2\sqrt{n+1}-\left(1+\dfrac{1}{\sqrt{2}}+\dfrac{1}{\sqrt{3}}+\cdots+\dfrac{1}{\sqrt{n}}+\dfrac{1}{\sqrt{n+1}}\right)\right]-$

$\qquad\left[2\sqrt{n}-\left(1+\dfrac{1}{\sqrt{2}}+\dfrac{1}{\sqrt{3}}+\cdots+\dfrac{1}{\sqrt{n}}\right)\right]$

$\qquad=2\left(\sqrt{n+1}-\sqrt{n}\right)-\dfrac{1}{\sqrt{n+1}}$

$\qquad=\dfrac{2}{\sqrt{n+1}+\sqrt{n}}-\dfrac{1}{\sqrt{n+1}}$

$\qquad>\dfrac{2}{\sqrt{n+1}+\sqrt{n+1}}-\dfrac{1}{\sqrt{n+1}}>0$

$\therefore$ 数列 $\{b_n\}$ 是单调递增数列.

由①$1+\dfrac{1}{\sqrt{2}}+\dfrac{1}{\sqrt{3}}+\cdots+\dfrac{1}{\sqrt{n}}>2\left(\sqrt{n+1}-1\right)$，

得 $-\left(1+\dfrac{1}{\sqrt{2}}+\dfrac{1}{\sqrt{3}}+\cdots+\dfrac{1}{\sqrt{n}}\right)<-2(\sqrt{n+1}-1)$

$\therefore 2\sqrt{n}-\left(1+\dfrac{1}{\sqrt{2}}+\dfrac{1}{\sqrt{3}}+\cdots+\dfrac{1}{\sqrt{n}}\right)<2\sqrt{n}-2(\sqrt{n+1}-1)=2-2(\sqrt{n+1}-\sqrt{n})=2-$

$\dfrac{2}{\sqrt{n+1}+\sqrt{n}}<2$

而由②$1+\dfrac{1}{\sqrt{2}}+\dfrac{1}{\sqrt{3}}+\cdots+\dfrac{1}{\sqrt{n}}<2\sqrt{n}$ 知：$2\sqrt{n}-\left(1+\dfrac{1}{\sqrt{2}}+\dfrac{1}{\sqrt{3}}+\cdots+\dfrac{1}{\sqrt{n}}\right)>0$.

$\therefore$ 数列 $\{b_n\}$ 是有界数列.

综上可知，（1）式的极限存在.

由以上的证明过程可知，对任意的 $n\in\mathbf{N}$，$b_n=2\sqrt{n}-\left(1+\dfrac{1}{\sqrt{2}}+\dfrac{1}{\sqrt{3}}+\cdots+\dfrac{1}{\sqrt{n}}\right)$的结果是（0，2）内的一个常数. 数列 $\{b_n\}$ 的极限存在，这个极限是多少呢?

利用计算机得以下结果：

$n=1$，$b_1=1$

$n = 10$，$b_{10} = 1.303\ 557\ 420\cdots$

$n = 100$，$b_{100} = 1.410\ 396\ 162\cdots$

$n = 1\ 000$，$b_{1\ 000} = 1.444\ 544\ 402\cdots$

…

$$\lim_{n \to \infty} \left[2\sqrt{n} - \left(1 + \frac{1}{\sqrt{2}} + \frac{1}{\sqrt{3}} + \cdots + \frac{1}{\sqrt{n}} \right) \right] = 1.460\ 354\ 509\cdots = d$$

常数 $d = 1.460\ 354\ 509\cdots$ 是一个无理数，可以称为欧拉常数的姊妹数吧！仿照欧拉常数同样可证明有下列表达式：

$$2\sqrt{n} = \left(1 + \frac{1}{\sqrt{2}} + \frac{1}{\sqrt{3}} + \cdots + \frac{1}{\sqrt{n}} \right) + d + \varphi_n,\ 0 < \varphi_n < 1,\ \varphi_n \to 0\ (n \to \infty),$$

$d = 1.460\ 354\ 509\cdots$

6. 应用

应用以上问题的分析思想和结论，可解答以下问题：

【例1】已知 $S_n = 1 + \frac{1}{\sqrt{2}} + \frac{1}{\sqrt{3}} + \cdots + \frac{1}{\sqrt{n}}$，求 $S_{1\ 999}$ 的整数部分.

解：当 r 为自然数时，显然有

$$\frac{\sqrt{r + \frac{1}{2}} + \sqrt{r - \frac{1}{2}}}{2} < \sqrt{r} < \frac{\sqrt{r+1} + \sqrt{r}}{2}$$

$$\therefore 2\left(\sqrt{r+1} - \sqrt{r} \right) < \frac{1}{\sqrt{r}} < 2\left(\sqrt{r + \frac{1}{2}} - \sqrt{r - \frac{1}{2}} \right)$$

令 $r = 3,\ 4,\ \cdots,\ n$，则

$$2\sqrt{n+1} - 2\sqrt{3} < \sum_{r=3}^{n} \frac{1}{\sqrt{r}} < 2\sqrt{n + \frac{1}{2}} - 2\sqrt{\frac{5}{2}}$$

$$\therefore 2\sqrt{n+1} - 2\sqrt{3} + \frac{1}{\sqrt{2}} + 1 < S_n < \sqrt{4n+2} - \sqrt{10} + \frac{1}{\sqrt{2}} + 1$$

代入 $n = 1\ 999$，得 $87.685\ 7\cdots < S_{1\ 999} < 87.976\ 3\cdots$

故 S_n 的整数部分为 87.

【例2】设 n 是不小于 2 的正整数，求证：$\frac{7}{12} \leqslant 1 - \frac{1}{2} + \frac{1}{3} - \frac{1}{4} + \cdots + \frac{1}{2n-1} - \frac{1}{2n} < \ln 2$.

证明：设 $a_n = 1 - \frac{1}{2} + \frac{1}{3} - \frac{1}{4} + \cdots + \frac{1}{2n-1} - \frac{1}{2n} = \frac{1}{n+1} + \frac{1}{n+2} + \cdots + \frac{1}{2n}$ $(n \geqslant 2)$，

$$\therefore a_{n+1} - a_n = \frac{1}{2n+1} + \frac{1}{2(n+1)} - \frac{1}{n+1} = \frac{1}{2n+1} - \frac{1}{2n+2} > 0$$

$\therefore$ 数列 $\{a_n\}$ 单调递增.

$\because n \geqslant 2$，$\therefore a_2 \leqslant a_n$，即 $a_2 = \dfrac{7}{12} \leqslant a_n$ 成立.

$$\therefore a_n = \left(1 + \frac{1}{2} + \frac{1}{3} + \cdots + \frac{1}{2n}\right) - \left(1 + \frac{1}{2} + \frac{1}{3} + \cdots + \frac{1}{n}\right)$$

$$= (c + \ln 2n + \varepsilon_{2n}) - (c + \ln n + \varepsilon_n)$$

$$= \ln 2 + \varepsilon_{2n} - \varepsilon_n$$

其中 c 为 Euler 常数，$\varepsilon_{2n} \to 0$，$\varepsilon_n \to 0$（$n \to \infty$）.

$\therefore \lim\limits_{n \to \infty} a_n = \ln 2$

又 $\{a_n\}$ 单调递增，而 $a_n \neq \ln 2$，

$\therefore a_n < \ln 2$

$\therefore$ 当 $n \geqslant 2$ 且 $n \in \mathbf{N}$ 时，$\dfrac{7}{12} \leqslant 1 - \dfrac{1}{2} + \dfrac{1}{3} - \dfrac{1}{4} + \cdots + \dfrac{1}{2n-1} - \dfrac{1}{2n} < \ln 2$.

7. 新的问题

（1）由 2（2）（3），可得 $2(\sqrt{n+1} - 1) < 1 + \dfrac{1}{\sqrt{2}} + \dfrac{1}{\sqrt{3}} + \cdots + \dfrac{1}{\sqrt{n}} < 2\sqrt{n}$.

由此得 $\dfrac{2(\sqrt{n+1} - 1)}{\sqrt{n}} < \dfrac{1 + \frac{1}{\sqrt{2}} + \frac{1}{\sqrt{3}} + \cdots + \frac{1}{\sqrt{n}}}{\sqrt{n}} < \dfrac{2\sqrt{n}}{\sqrt{n}}$，

即 $2\left(\sqrt{1 + \dfrac{1}{n}} - \dfrac{1}{\sqrt{n}}\right) < \dfrac{1 + \frac{1}{\sqrt{2}} + \frac{1}{\sqrt{3}} + \cdots + \frac{1}{\sqrt{n}}}{\sqrt{n}} < 2$.

取极限，得 $\lim\limits_{n \to +\infty} 2\left(\sqrt{1 + \dfrac{1}{n}} - \dfrac{1}{\sqrt{n}}\right) < \lim\limits_{n \to \infty} \dfrac{1 + \frac{1}{\sqrt{2}} + \frac{1}{\sqrt{3}} + \cdots + \frac{1}{\sqrt{n}}}{\sqrt{n}} < \lim\limits_{n \to \infty} 2$.

而 $\lim\limits_{n \to \infty} 2\left(\sqrt{1 + \dfrac{1}{n}} - \dfrac{1}{\sqrt{n}}\right) = 2$，

从而得 $\lim\limits_{n \to \infty} \dfrac{1 + \frac{1}{\sqrt{2}} + \frac{1}{\sqrt{3}} + \cdots + \frac{1}{\sqrt{n}}}{\sqrt{n}} = 2$.

（2）在欧拉（Euler）常数表达式 $\lim\limits_{n \to \infty}\left[\left(1 + \dfrac{1}{2} + \dfrac{1}{3} + \cdots + \dfrac{1}{n}\right) - \ln n\right] = c$ 中将

调和级数 $\sum\limits_{k=1}^{\infty} \dfrac{1}{k}$ 看成自然数列的倒数和，而 $(\ln n)' = \dfrac{1}{n}$，那么又可从等差数列的

角度推广欧拉常数：

$$\lim_{n \to \infty}\left[\sum_{k=1}^{\infty} \frac{1}{ak+b} - \frac{1}{a}\ln(a \cdot n + b)\right] = f(a, b)$$

不同的 a，b 得到不同的数 $f(a, b)$，这里的内容更丰富了.

思考与研究

记 $f(a, b) = \lim\limits_{n \to \infty} \left[\sum\limits_{k=1}^{\infty} \dfrac{1}{ak+b} - \dfrac{1}{a} \ln(a \cdot n + b) \right]$，当 $a = 1$，$b = 0$ 时，$f(1, 0)$

$= \lim\limits_{n \to \infty} \left[\left(1 + \dfrac{1}{2} + \dfrac{1}{3} + \cdots + \dfrac{1}{n} \right) - \ln n \right] = c$ 为欧拉常数. 试分析 $f(2, -1)$，

$f(1, 2)$ 等值，并分析它们之间的关系.

16. 杠杆平衡原理及应用

　　杠杆原理又叫阿基米德原理，即动力与动力臂的乘积等于阻力与阻力臂的乘积. 它在现实生活中有着广泛的应用，如果将此原理应用于数学，也可解决许多问题. 试看几例：

一、三角形五心的坐标表示

　　对于$\triangle ABC$，如果已知它的三顶点的坐标，中学课本上有它的重心 G 的坐标公式

$$\left(\frac{1}{3}\sum x_A, \ \frac{1}{3}\sum y_A \right) \qquad ①$$

　　它可以看成在顶点 A，B，C 各放一个质量相等的质点所构成的质点的重心（是质点组的质心）.

　　下面我们用此思想（本质是利用杠杆平衡的原理）来求三角形的内心、外心、垂心及旁心的坐标.

　　设$\triangle ABC$ 的顶点坐标分别为 A (x_A, y_A)，B (x_B, y_B)，C (x_C, y_C)，重心、内心、外心、垂心分别为 G，I，O，H，三个旁心为 I_A，I_B，I_C.

　　首先，我们推广重心公式，有结论：

　　结论 1：如果在三个顶点 A，B，C 处放的质点质量分别为 m_A，m_B，m_C，这时质心的坐标为

$$\left(\frac{\sum m_A x_A}{\sum m_A}, \ \frac{\sum m_A y_A}{\sum m_A} \right) \qquad ②$$

理由如下：

　　如图 1，B，C 两质点的重心 N 到 B，C 的距离之比为 $m_C : m_B$，所以由分点公式，N 的坐标为

$$\left(\frac{m_B x_B + m_C x_C}{m_B + m_C}, \ \frac{m_B y_B + m_C y_C}{m_B + m_C} \right) \qquad ③$$

　　同样，A 与 N 两质点（N 处的质量是 B，C 两处质量之和，即 $m_B + m_C$）的重心为

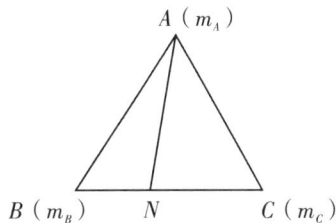

图 1

$$\left(\frac{m_A x_A + (m_B + m_C) \, x_N}{m_A + m_B + m_C}, \; \frac{m_A y_A + (m_B + m_C) \, y_N}{m_A + m_B + m_C} \right)$$

将 (x_N, y_N) 用③式代入便得到②.

【例1】 如图2，点 F，E 分别在 $\triangle ABC$ 的边 AB，AC 上，并且 $AF = \dfrac{1}{4} AB$，$AE = \dfrac{1}{3} AC.$ BC 与 CF 相交于 D，求 D 的坐标.

解：为了使 A，B 处的两个质点的重心在 F，A 处质点的质量应是 B 处的 3 倍 $\left(因为 \dfrac{AF}{FB} = \dfrac{1}{3}\right)$，为了使 A，C 处的两个质点的重心在 E，A 处质点的质量应当是 C 处的 2 倍 $\left(因为 \dfrac{AE}{EC} = \dfrac{1}{2}\right).$ 我们在 A 处放质量为 6 的质点，B 处质量为 2，C 处质量为 3. 这时 A，B 的重心在 F，A，B，C 的重心在 CF 上. 同样，A，C 的重心在 E，A，B，C 的重心在 BE 上. 因此，A，B，C 的重心就是 CF 与 BE 的交点 D. 由②，可知 D 的坐标为

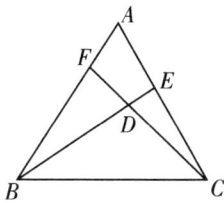

图2

$$\left(\frac{6x_A + 2x_B + 3x_C}{11}, \; \frac{6y_A + 2y_B + 3y_C}{11} \right)$$

由此推广的结论：

结论2：一般地，如果 $\dfrac{AF}{FB} = \dfrac{m}{l}$，$\dfrac{AE}{EC} = \dfrac{n}{l}$（经过通分总可以使两个分数分母相同），可得 BE，CF 的交点坐标为

$$\left(\frac{l x_A + m x_B + n x_C}{l + m + n}, \; \frac{l y_A + m y_B + n y_C}{l + m + n} \right) \tag{④}$$

【例2】 求 $\triangle ABC$ 的内心 I 的坐标.

解：设 BI 交 AC 于 E，CI 交 AB 于 F，则 $\dfrac{AF}{FB} = \dfrac{b}{a}$，$\dfrac{AE}{EC} = \dfrac{c}{a}$. 所以由④可知

$$x_I = \frac{a x_A + b x_B + n x_C}{a + b + c}, \quad y_I = \frac{a y_A + b y_B + n y_C}{a + b + c} \tag{⑤}$$

【例3】 求 $\triangle ABC$ 的垂心 H 的坐标.

解：如图3，若 BE 为高，则 $\dfrac{AE}{EC} = \dfrac{c \cos A}{a \cos C} = \dfrac{c/\cos C}{a/\cos A}.$

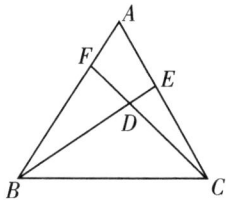

图3

同样，若 CF 为高，则 $\dfrac{AF}{FB} = \dfrac{b/\cos B}{a/\cos A}.$ 所以由（4），得

$$x_H = \frac{a x_A/\cos A + b x_B/\cos B + c x_C/\cos C}{a/\cos A + b/\cos B + c/\cos C},$$

$$y_H = \frac{ay_A/\cos A + by_B/\cos B + cy_C/\cos C}{a/\cos A + b/\cos B + c/\cos C} \qquad ⑥$$

【例 4】 求 △ABC 的外心 O 的坐标.

解：设 BO 交 AC 于 E，则

$$\frac{AE}{EC} = \frac{\dfrac{BE}{\sin A} \cdot \sin\angle EBA}{\dfrac{BE}{\sin C} \cdot \sin\angle CBE} = \frac{\sin C \cdot \sin\left(\dfrac{\pi - \angle AOB}{2}\right)}{\sin A \cdot \sin\left(\dfrac{\pi - \angle BOC}{2}\right)} = \frac{\sin C \cos C}{\sin A \cos A} = \frac{\sin 2C}{\sin 2A}$$

所以 O 的坐标为

$$\left(\frac{\sum x_A \sin 2A}{\sum \sin 2A}, \ \frac{\sum y_A \sin 2A}{\sum \sin 2A}\right) \qquad ⑦$$

【例 5】 求 △ABC 的旁心 I_A，I_B，I_C 的坐标.

解：$I_A = \left(\dfrac{-ax_A + bx_B + cx_C}{-a + b + c}, \ \dfrac{-ay_A + by_B + cy_C}{-a + b + c}\right)$

$I_B = \left(\dfrac{ax_A - bx_B + cx_C}{a - b + c}, \ \dfrac{ay_A - by_B + cy_C}{a - b + c}\right)$

$I_C = \left(\dfrac{ax_A + bx_B - cx_C}{a + b - c}, \ \dfrac{ay_A + by_B - cy_C}{a + b - c}\right).$

在例 5 中，比 $\dfrac{m}{l}$ 或 $\dfrac{n}{l}$ 可能是负的（也就是出现了"负质量"），它不妨碍我们照旧采用公式.

二、抛物线弓形的面积

杠杆平衡原理有着广泛的应用，我们可以运用它求出抛物线弓形的面积.

设想有一个动点，到一条定直线的距离与一个定点的距离相等，则动点的轨迹称为抛物线.

我们将两边是抛物线的切线、另一边是连接切线的切点弦的三角形，称为阿基米德三角形.

1. 用杠杆平衡原理求抛物线弓形面积

如图 4，设 MN 为抛物线的准线，F 为焦点，H，K 为准线上的两点；连接 FH 和 FK，作它们的垂直平分线相交于 S；过 H，K 作与抛物线的轴 OX 平行的线，分别与上述垂直平分线交于 A，B，则 A，B 都为抛物线上的点（从 AF = AH 和 BF = BK 符合抛物线性质知）且为切点（因为在 AS 或 BS 上另取任意一点，都不可能使它距准线和焦点等距离）. 这样就可以确定 △ASB 是阿基米德三角形.

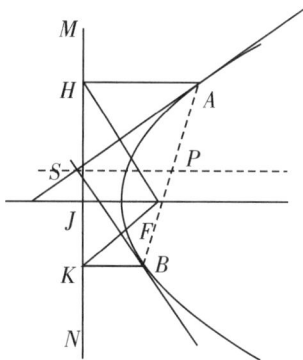
图 4

如图 5，取 AB 的中点 P，过 P 作与抛物线的轴平行的直线交抛物线于 O'，过 A 作抛物线的切线交 PO' 的延长线于 S. 作 $BC /\!/ PS$，而延长 AO' 交 BC 于 D，继续延长至 E，使 $AD = DE$.

若再作任意一平行于抛物线的轴的直线 MN，交抛物线于 Q，交 AD 于 R，则可得 $DE \cdot MQ = DR \cdot MN$.

证明如下：

建立平面直角坐标系，设抛物线的方程为 $y^2 = 2px$，取 a，b，c 为正值，点 A，B，Q 坐标分别为 $\left(\dfrac{a^2}{2p},\ a \right)$，$\left(\dfrac{b^2}{2p},\ -b \right)$，$\left(\dfrac{c^2}{2p},\ -c \right)$，如图 6 所示.

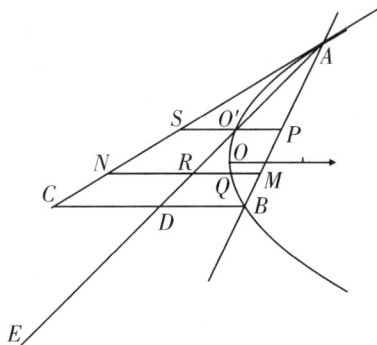

图 5

图 6 中 $\triangle AKN$ 与图 4 的 $\triangle FJH$ 两个三角形因斜边互相垂直、直角边互相平行而相似，故

$\dfrac{NK}{AK} = \dfrac{HJ}{FJ} = \dfrac{a}{p}$. 而 $AK = a + c$，

则 $NK = \dfrac{a\ (a + c)}{p}$.

又 $\dfrac{MK}{BJ} = \dfrac{AK}{AL} = \dfrac{a + c}{a + b}$，而 $BL = \dfrac{a^2}{2p} - \dfrac{b^2}{2p}$，

则 $MK = \dfrac{(a^2 - b^2)\ (a + c)}{2p\ (a + b)}$

$\qquad = \dfrac{(a - b)\ (a + c)}{2p}$.

又 $QK = \dfrac{a^2 - c^2}{2p}$，

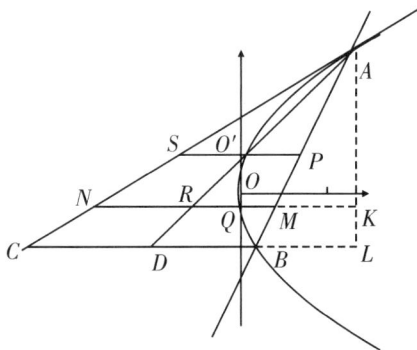

图 6

于是 $MQ = QK - MK = \dfrac{a^2 - c^2 - a^2 + ab + bc - ca}{2p} = \dfrac{(b - c)\ (c + a)}{2p}$，

$MN = NK - MK = \dfrac{2a^2 + 2ca - a^2 + ab + bc - ca}{2p} = \dfrac{(a + b)\ (c + a)}{2p}$，

故 $\dfrac{MQ}{MN} = \dfrac{b - c}{a + b}$. 而 $\dfrac{DR}{DE} = \dfrac{DR}{AD} = \dfrac{LK}{AL} = \dfrac{b - c}{a + b}$，

最后得 $\dfrac{MQ}{MN} = \dfrac{DR}{DE}$，

即 $DE \cdot MQ = DR \cdot MN$.

从力学观点看，如图 7，设想 DE 和 DR 是杠杆的两臂，D 是支点，两端挂上重物 MQ 和 MN，则杠杆处于平衡状态.

如图 8 再把抛物线弓形面积 AOB 看成是由 MQ 这种线段积累成的；把 $\triangle ACB$ 面积看作是由 MN 这种线段积累成的，而 $\triangle ACB$ 的面积可以按集中所有线段于它的重心 G 点考虑. 这样，则因 $DG = \dfrac{1}{3}AD = \dfrac{1}{3}DE$，所以抛物线弓形的面积 AOB 就必然是 $\triangle ACB$ 的面积的三分之一了.

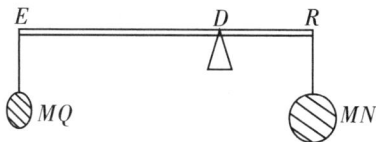

图 7

上面已经证得 O' 是 SP 的中点. 故 $\triangle ACB$ 相当于两个 $\triangle ADB$. 故 $S_{弓形AOB} = \dfrac{2}{3}S_{\triangle ADB}$. 因弓形 AOB 与 $\triangle ADB$ 同底（AB），而前者的高（O' 到 AB 的距离）为后者高（D 到 AB 的距离）的一半，故

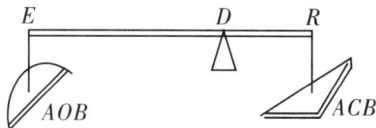

图 8

$$抛物线弓形 AOB 的面积 = \frac{2}{3}S_{\triangle ADB} = \frac{2}{3} \cdot \frac{\triangle ADB 的高}{2} \cdot AB.$$

用 h 表示抛物线弓形的高，即面积为 $S = \dfrac{2}{3}h \cdot AB$.

2. 用极限思想求抛物线弓形面积

阿基米德定理：阿基米德三角形底边（切点弦）上的中线平行于抛物线的轴，与底边平行的中位线是抛物线的一切线，而且这条切线与底边上中线的交点就是切点.

证明：如图 9，$\triangle SAB$ 是一个阿基米德三角形，AB 是底边，F，l 分别是抛物线的焦点和准线.

过 A，B 分别引准线 l 的垂线，垂足分别为 H，K，则 SA，SB 分别是 HF，KF 的垂直平分线，S 是 $\triangle HFK$ 的外心. 过 S 作轴的平行线交准线于 D，交抛物线于 P，交 AB 于 M，则 D 为 HK 的中点. 在梯形 $HABK$ 中，D 为一腰的中点，DM 平行于底边，$\therefore$ M 为 AB 的中点. $\therefore$ $\triangle SAB$ 的中线 SM 平行于抛物线的轴.

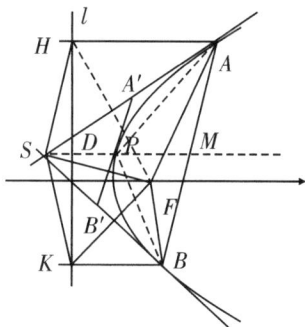

图 9

过 P 作抛物线的切线交 SA 于 A'，交 SB 于 B'，则 $\triangle AA'P$ 和 $\triangle BB'P$ 都是阿基米德三角形，AP，BP 分别为其底边，由前面已证知 AP，BP 上的中线也平行于抛物线的轴. 因此这两条中线分别是 $\triangle ASP$ 和 $\triangle BSP$ 的中位线. $\therefore$ A'，B' 分别是 SA，SB 的中点，即切线 $A'B'$ 是 $\triangle SAB$ 的中位线.

现在我们来推算 $\triangle SAB$ 中所含抛物线的面积.

如前所述，$A'B'$，AP 和 BP 把 $\triangle SAB$ 分成四个子三角形：

（1）△APB 在抛物线内，我们称为"内三角形"；

（2）△SA'B' 在抛物线外，我们称为"外三角形"；

（3）△PAA' 和 △PBB'，我们称为"剩余三角形"，它们都是阿基米德三角形.

∵ P 是 SM 的中点，AB 是 △SAB 的中位线，

∴ △SA'B' 的面积 = $\frac{1}{4}$△SAB 的面积.

∵ △SA'B' 的面积 = $\frac{1}{2}$△APB 的面积，

∴ △APB 的面积 = $\frac{1}{2}$△SAB 的面积.

∴ △APA' 的面积 = △BPB' 的面积 = $\frac{1}{8}$△SAB 的面积.

按同样的方法将 △APA' 和 △BPB' 分别分成四个小三角形，得到两个新的"剩余三角形"，又分别是 △APA' 或 △BPB' 的 $\frac{1}{8}$，从而分别是 △SAB 面积的 $\frac{1}{8^2}$……这样继续下去. 如果用 t 表示初始阿基米德三角形的面积，则逐次得到阿基米德三角形的面积依次为

$$t, \ \frac{t}{8}, \ \frac{t}{8^2}, \ \cdots, \ \frac{t}{8^n}$$

又由于每次产生两个新的阿基米德三角形，所以，所有这些阿基米德三角形的面积之和为

$$t + 2 \cdot \frac{t}{8} + 2^2 \cdot \frac{t}{8^2} + \cdots + 2^n \cdot \frac{t}{8^n} + \cdots$$

但"内三角形"的面积总是阿基米德三角形面积的一半，所以所有"内三角形"面积之和为

$$\frac{1}{2}\left(t + 2 \cdot \frac{t}{8} + 2^2 \cdot \frac{t}{8^2} + \cdots + 2^n \cdot \frac{t}{8^n} + \cdots \right) = \frac{2}{3}t$$

所以，所有"内三角形"面积之和，即 △SAB 所截得的抛物线的面积为 $\frac{2}{3}t$，或 △SAB 所截得的抛物线面积是初始阿基米德三角形面积的三分之二.

思考与研究

能否将计算抛物线弓形面积的方法推广计算椭圆弓形的面积？

17. 数学的形式与内容

——探索曲线系

　　我们知道：代数最具有概括性；代数能帮人思考问题；代数变形可以使人发现新问题. 我们还发现代数形式可以改进问题表示达到最优；代数形式可以使问题达到理想状态；代数形式的后面有丰富的几何、物理等背景.

　　在物理和化学上我们学过查理定律："一定量的气体，在体积不变的情况下，温度每升高 1 ℃，所增加的压强等于它 0 ℃时压强的 $\frac{1}{273}$."

　　我们用数学关系式表达并改进：

　　设 0 ℃时气体的压强为 P_0，温度所对应值为 T_0，

　　则 0 ℃→P_0；1 ℃→$P_0\left(1+\frac{1}{273}\right)$；2 ℃→$P_0\left(1+\frac{2}{273}\right)$；3 ℃→$P_0\left(1+\frac{3}{273}\right)$；…

这种关系可归纳为 $P_t=f(t)=P_0\left(1+\frac{t}{273}\right)$. 这就是温度与压强的线性（递增）关系. 但我们知道，一次函数 $f(x)=kx+b$ 总可以通过平移变为正比例函数，我们尝试去做.

　　由于初始温度 0 ℃是人为给定的，不妨设 T_0 表示 0 ℃，我们期望使 $\frac{P_0}{T_0}=$

$\dfrac{P_0\left(1+\frac{1}{273}\right)}{T_0+1}=\dfrac{P_0\left(1+\frac{2}{273}\right)}{T_0+2}=\cdots$，可得 $T_0=273$. 所以当规定 0 ℃气体的温度所对应

值为 273 时，查理定律可表示为：$\dfrac{P}{T}=$ 常量. 由此我们得到了"气态方程"，同时也对绝对温度有了更深刻的认识——气体的本性.

　　在这里，我们改进了表示式，不仅使式子更简单、更好记，更重要的意义有以下几点：

　　（1）把 0 ℃当成 273，即将现在的 −273 ℃当成真正的 0 度（叫绝对温度），可以使物理公式更简单. 我们的 0 ℃是人为规定的，而绝对温度是物质的本性决定的，是从代数式中发现的. 我们在物理中的其他单位规定合理吗？能否改进？

(2) $\dfrac{P}{T}$ = 常量，这个常量是什么？摩尔的概念就产生了.

（3）当 $T \to 0$ 时，$P \to 0$，这不是没压力了吗？分子将不运动了，世界将冷冻起来了，超导现象不就发生了吗？

我们提倡"研究性学习"，就是要以研究的态度对待一切事物，即对任何一个问题，都要认真观察、分析，从现象到本质，从形式到内容，去发现新问题、发现新方法、发现事物内在规律. 通过研究性学习，养成科学的思维习惯，提高我们发现问题、解决问题的能力.

1. 解题过程中的问题

【例1】求经过两条曲线 $x^2 + y^2 + 3x - y = 0$ 和 $3x^2 + 3y^2 + 2x + y = 0$ 的交点的直线方程.

常规解法是：联立方程 $\begin{cases} x^2 + y^2 + 3x - y = 0 \\ 3x^2 + 3y^2 + 2x + y = 0 \end{cases}$ ①
                     ②

① $\times 3$ － ②，得 $7x - 4y = 0$ ③

即 $y = \dfrac{7}{4}x$. 代入①，得

$x^2 + \dfrac{49}{16}x^2 + 3x - \dfrac{7}{4}x = 0$. 解得 $x_1 = 0$，$x_2 = -\dfrac{4}{13}$.

分别代入③，得 $\begin{cases} x_1 = 0 \\ y_1 = 0 \end{cases}$；$\begin{cases} x_2 = -\dfrac{4}{13} \\ y_2 = -\dfrac{7}{13} \end{cases}$

即两交点的坐标为 $A(0, 0)$，$B\left(-\dfrac{4}{13}, -\dfrac{7}{13}\right)$.

过两交点的直线方程为 $7x - 4y = 0$.   ④

观察分析以上解题过程，可发现所得结果④与中间状态③是一样的. 这个是不是普遍规律，本质是什么？

2. 曲线系方程

由上面①②得到③，这是解方程的基本步骤，这一步的几何意义是什么呢？我们可得以下结论：

结论1：如果两条曲线方程是 $f_1(x, y) = 0$ 和 $f_2(x, y) = 0$，它们的交点是 $P(x_0, y_0)$，则方程 $f_1(x, y) + \lambda f_2(x, y) = 0$ 的曲线也经过 $P(x_0, y_0)$

此结论即由联立方程 $\begin{cases} f_1(x, y) = 0 \\ f_2(x, y) = 0 \end{cases}$ ⑤
                     ⑥

得到 $f_1(x, y) + \lambda f_2(x, y) = 0$.   ⑦

只需将 (x_0, y_0) 代入⑦，可立即证明.

有了这个结论，有些题目可快速求解. 过两圆交点的公共弦所在直线方程就是将两圆方程联立消去二次项所得的方程.

【例2】求经过两圆 $x^2+y^2+6x-4=0$ 和 $x^2+y^2+6y-28=0$ 的交点，并且圆心在直线 $x-y-4=0$ 上的圆的方程.

解：构造方程 $x^2+y^2+6x-4+\lambda(x^2+y^2+6y-28)=0$，

即 $(1+\lambda)x^2+(1+\lambda)y^2+6x+6\lambda y-(4+28\lambda)=0$.

此方程的曲线是过已知两圆交点的圆且圆心为 $\left(-\dfrac{3}{1+\lambda},\ -\dfrac{3\lambda}{1+\lambda}\right)$.

当该圆心在直线 $x-y-4=0$ 上时，有 $\dfrac{-3}{1+\lambda}+\dfrac{3\lambda}{1+\lambda}-4=0$. 得 $\lambda=-7$.

∴ 所求圆方程为 $x^2+y^2-x+7y-32=0$.

【例3】求证：两椭圆 $b^2x^2+a^2y^2=a^2b^2$，$a^2x^2+b^2y^2=a^2b^2$ 的交点在以原点为中心的圆周上，并求这个圆方程.

解：将已知的两椭圆方程相加，得 $x^2+y^2=\dfrac{2a^2b^2}{a^2+b^2}$

此方程为以原点为圆心的圆的方程，由曲线系知识知该圆过已知两椭圆的交点.

故原题得证.

3. 反例

由以上分析可以看出，利用曲线系解题，可以快速求解，但有时却是失效的.

【例4】求以圆 $x^2+y^2=5$ 与抛物线 $y^2=4x$ 的公共弦为直径的圆的方程.

常规解法：联立方程 $\begin{cases} x^2+y^2=5 \\ y^2=4x \end{cases}$

解得 $\begin{cases} x_1=1 \\ y_1=2 \end{cases}$; $\begin{cases} x_2=1 \\ y_2=-2 \end{cases}$

以这两点距离为直径的圆的方程是 $(x-1)^2+y^2=4$.

如果用曲线系分析，构造方程 $(x^2+y^2-5)+\lambda(y^2-4x)=0$，

即 $x^2+(1+\lambda)y^2-4\lambda x-5=0$. ⑧

显然，$\lambda=0$ 不是所求圆的方程，而在 $\lambda\neq 0$ 时，方程⑧已不是圆方程了.

∴ 由⑧得不出所求结果.

4. 重新分析曲线系

由方程⑤⑥得到方程⑦，方程⑦是过⑤⑥的公共点的曲线，但方程⑦不能包含过⑤⑥的所有曲线. 最简单的例子是：两直线 $x+y=0$，$x-y=0$ 的交点是 $(0,0)$，而 $y^2=4x$，$(x-1)^2+y^2=1$ 等曲线都过 $(0,0)$，但这些曲线不能从直线系中得到.

5. 具体化

曲线系方程⑦不能包含过两曲线⑤⑥的公共点的所有曲线，那么使用时怎么知道所求方程在不在方程⑦中呢？

一般地，我们对所求方程结果的形式应该有所认识，所构造的方程中有所求结果的形式就可用，否则不可用．例3、例4就是例子．有三点是可以肯定的：

Ⅰ．如果⑤⑥是直线，则⑦是直线．

Ⅱ．如果⑤⑥是圆，则⑦是圆或公共弦所在直线方程．

将此推广，可得

Ⅲ．如果⑤是圆，⑥是直线，则⑦是圆．

6. 广义理解

虽然曲线系有时会失效，但它仍不失为一种有用的方法．如果能灵活应用，更能显示它的优越性．

【例5】求与圆 $x^2 + y^2 - 4x - 2y - 20 = 0$ 切于 A $(-1, -3)$ 且过 $B(2, 0)$ 的圆的方程.

解法一：视 $A(-1, -3)$ 为圆 $(x+1)^2 + (y+3)^2 = r^2$ 当 $r \to 0$ 时的极限圆 $(x+1)^2 + (y+3)^2 = 0$，构造圆系 $x^2 + y^2 - 4x - 2y - 20 + \lambda\left[(x+1)^2 + (y+3)^2\right] = 0$.

代入 $(2, 0)$ 可得 $\lambda = \dfrac{4}{3}$. 所以所求圆的方程为

$7x^2 + 7y^2 - 4x + 18y - 20 = 0$.

解法二：过 A $(-1, -3)$ 的圆的切线为 $3x + 4y + 15 = 0$，与已知圆构造圆系 $x^2 + y^2 - 4x - 2y - 20 + \lambda(3x + 4y + 15) = 0$.

代入 $(2, 0)$ 得 $\lambda = \dfrac{8}{7}$. 所以所求圆的方程为 $7x^2 + 7y^2 - 4x + 18y - 20 = 0$.

7. 继续前进

从例1可看到，求两圆公共弦所在直线的方程，只需将两圆方程中的 x^2，y^2 项消去即可．但是如果两圆无交点，仍可得到一条直线方程，如已知两圆方程

$(x-1)^2 + (y-1)^2 = 2$，

$(x+2)^2 + (y+2)^2 = 4$，

相减，得 $3x + 3y + 2 = 0$.

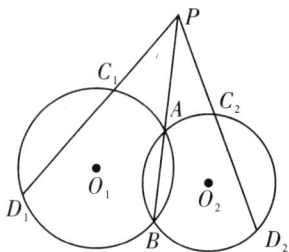

图1

直线 $3x + 3y + 2 = 0$ 与已知圆有何关系？

我们先从两圆有交点分析：

设 $\odot O_1$，$\odot O_2$ 交于 A，B，P 是 AB 上任一点（非 A，B），过 P 作两圆的割线，与 $\odot O_1$ 交于 C_1，D_1，与 $\odot O_2$ 交于 C_2，D_2，如图1，由相交弦定理，则

$|PC_1| \cdot |PD_1| = |PC_2| \cdot |PD_2| = |PA| \cdot |PB|$.

如果 P 在线段 BA 的延长线上，过 P 作两圆的切线 PT_1，PT_2，如图 2，由切割线定理，得

$$|PT_1|^2 = |PT_2|^2 = |PA| \cdot |PB|$$

当两圆运动，从相交到外切，再到相离时，猜想性质 $|PT_1| = |PT_2|$ 保持不变. 由此得到结论：

结论 2：动点 P 到两圆 $\odot O_1$：$x^2 + y^2 + D_1 x + E_1 y + F_1 = 0$，$\odot O_2$：$x^2 + y^2 + D_2 x + E_2 y + F_2 = 0$ 的切线长相等，则动点 P 在一直线上运动，该直线方程为 $(D_1 - D_2)x + (E_1 - E_2)y + (F_1 - F_2) = 0$.

证明：设 $P(x, y)$，则

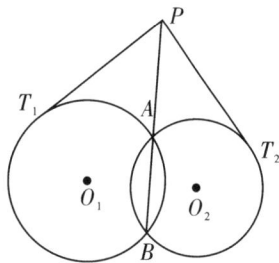

图 2

$$O_1\left(-\frac{D_1}{2}, -\frac{E_1}{2}\right), O_2\left(-\frac{D_2}{2}, -\frac{E_2}{2}\right)$$

由 P 向两圆分别作一条切线 PT_1，PT_2，则 $|PT_1| = |PT_2|$，即 $|PO_1|^2 - r_1^2 = |PO_2|^2 - r_2^2$，

即 $\left(x + \dfrac{D_2}{2}\right)^2 + \left(y + \dfrac{E_1}{2}\right)^2 - \left(\dfrac{1}{2}\sqrt{D_1^2 + E_1^2 - 4F_1}\right)^2 =$

$\left(x + \dfrac{D_1}{2}\right)^2 + \left(y + \dfrac{E_2}{2}\right)^2 - \left(\dfrac{1}{2}\sqrt{D_2^2 + E_2^2 - 4F_2}\right)^2$

展开，得 $x^2 + y^2 + D_1 x + E_1 y + F_1 = x^2 + y^2 + D_2 x + E_2 y + F_2$，

即 $(D_1 - D_2)x + (E_1 - E_2)y + (F_1 - F_2) = 0$.

8. 新的发现

由 7 中的结论证明，我们得到结论：

结论 3：对于圆方程 $x^2 + y^2 + Dx + Ey + F = 0$，

如果 $P_0(x_0, y_0)$ 是圆外一点，过 P_0 作圆的切线 $P_0 T$，则切线长 $|P_0 T|$ 满足 $|P_0 T|^2 = x_0^2 + y_0^2 + Dx_0 + Ey_0 + F$.

结论 4：到已知圆 $x^2 + y^2 + Dx + Ey + F = 0$ 的切线长为 h 的动点 P 的轨迹是与已知圆同心的圆且方程为 $x^2 + y^2 + Dx + Ey + F = h^2$.

以上的分析，使我们对"曲线系"有了比较深刻的认识. 但是如果我们继续研究下去，该往何处走，还能得到什么结论，这是一个值得深思的问题.

思考与研究

对于圆 $x^2 + y^2 = a^2$ 可变形为 $\dfrac{y}{x - a} \cdot \dfrac{y}{x + a} = -1$，试分析其几何意义，并推及到椭圆等问题中.

18. 椭圆教学的思考

　　近年来，教改实验一直在进行，有些课本使用仅仅三年就被新的教材代替了．由于变化太快，每次的要求又不同，有些老师感到很难教学，也导致学生数学学习跟不上．虽然数学课本结构在变、部分内容在调整，但其主要内容变动不大，数学的思想及教育的功能不变．如何在这多变的现实中找到以不变应万变的平衡点，可以说是数学教学立于不败之地的法宝．从数学的自然发展提出问题；从人的思维规律去探讨问题就是教学的平衡点．数学的自然发展道路有两条：现实问题和数学形式问题．也就是搞清每一个知识点从哪儿来、到哪儿去、发展的道路怎样、过程中会有什么歧路．使学生学得自然，学得轻松，使数学成为思维的科学，成为科学方法论．现以椭圆教学为例加以分析．

一、由问题产生的思考

　　以前课本上先举汽车油罐、行星轨道等椭圆的例子，随后用绳子画椭圆，由画法而归纳出椭圆的定义．现在课本上也是直接给出椭圆的画法．

　　课本上的这个画法是怎么想出来的？如果按照课本方法，学生仅仅学会接受，当学生离开课本、离开老师后，还能学到什么？我相信开普勒当年不可能是这样学习的．怎样让学生发现椭圆的定义呢？

　　《圣经》上说：上帝创造了亚当，然后从他的身上取出一根肋骨，使它变成了夏娃，由此就有了人类．无神论者不会相信这种说法，但这种说法体现了西方的哲学观，也是西方文化发展的基础．而在古老的中国，人们对世界的认识是：混沌状态演变出阴阳，然后演变出万物，这就是东方的哲学．对照中西方的哲学观，虽然说法不同，其本质一样，都说明的是"一变二"．这也许是宇宙形成与发展的基本规律吧．那么我们能否将此思想用于学习？

　　我们由此体会到问题分两类：第一类问题就是原始问题，相当于亚当，他是上帝的杰作，是无中生有的．其实所谓的上帝就是自然规律．第二类问题就是引出问题，相当于夏娃，是在第一类问题的基础上引出的问题．

　　从数学的发展来说，数学的原始问题有两个来源：一是现实中的问题，是由自己的灵感产生的．二是数学思想应用和数学形式的演变．学数学更要注重数学形式.

二、椭圆定义的发现

（1）在生活中，一个圆球在阳光的斜射下在地面上的影子是一个椭圆面，同样圆球在电灯斜射下的影子也是一个椭圆面.

由于光路是可逆的，上面的电灯可以看成是一束光线汇聚的一点，这时那个椭圆面又可看成另一个球在同一个面上的斜射影.

将电灯看成一个点光源，椭圆周上每一点所在的光线组成一个圆锥的母线，由此我们可以说：一个圆锥被一个平面所截，若此平面与圆锥底面不平行且与圆锥的每一条母线都相交，则截线为椭圆.

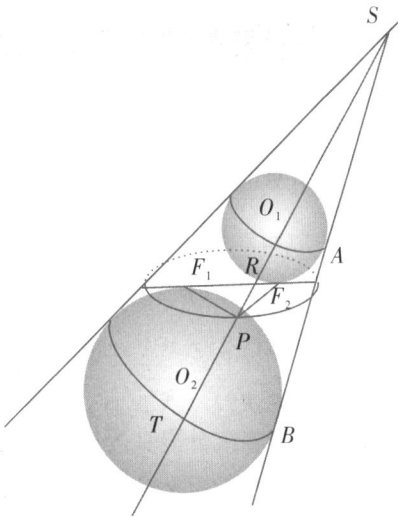

图1

如图1，作圆锥的斜截面及两个内切球 O_1 与 O_2，两球在截面的两侧与截面相切且都与圆锥侧面相切. 设球与截面的切点为 F_1，F_2，椭圆上任一点为 P，则椭圆上的点 P 到两切点 F_1，F_2 的距离和等于两球公切线的长，即 $|PF_1| + |PF_2| = |PT| + |PR| = |TR| = |AB| = 2a$（常量）. 由此引出课本上椭圆定义："平面上到两定点的距离和等于定长的点的轨迹叫椭圆."

椭圆作为第一类问题（亚当）是从现实中（自然界）被发现并分析出数学定义的.

（2）我们可归纳出圆的定义："平面内到定点的距离等于定长的点的轨迹."即可这样画圆：一段绳子，一端固定，另一端拴一支笔并拉紧在平面上画线，则画出一个圆. 现在应用"一变二"的思想，想象那根绳子是一个环形，套两支笔，在平面上一支固定、一支拉紧运动，则画出圆. 如果将绳环剪开，将两端点分别固定于两不同点，笔套进绳子并拉紧在平面上画线，则得到椭圆. 由此得到椭圆的定义.

这是将椭圆看成第二类问题（夏娃），由圆引出了椭圆的定义.

三、椭圆标准方程的推导

在课本上，由椭圆的定义，可得到方程

$$\sqrt{(x+c)^2 + y^2} + \sqrt{(x-c)^2 + y^2} = 2a.$$

到此，课本上的做法是：移一个根式到右边，然后等式两边平方，得

$$\sqrt{(x+c)^2 + y^2} = 2a - \sqrt{(x-c)^2 + y^2},$$

$$(x+c)^2 + y^2 = 4a^2 - 4a\sqrt{(x-c)^2 + y^2} + (x-c)^2 + y^2. \qquad ①$$

移项，得 $a^2 - cx = a\sqrt{(x-c)^2 + y^2}$.   ②

两端平方，得 $a^4 - 2a^2cx + c^2x^2 = a^2x^2 - 2a^2cx + a^2c^2 + a^2y^2$.

整理，得 $(a^2 - c^2)x^2 + a^2y^2 = a^2(a^2 - c^2)$.

再作变量代换，令 $b^2 = a^2 - c^2$ ，得标准方程 $\dfrac{x^2}{a^2} + \dfrac{y^2}{b^2} = 1$.

（1）如果想不到移项，能否化简出标准方程？可以！

对于 $\sqrt{(x+c)^2 + y^2} + \sqrt{(x-c)^2 + y^2} = 2a$ ，

平方，得 $2(x^2 + y^2 + c^2) + 2\sqrt{(x+c)^2 + y^2}\sqrt{(x-c)^2 + y^2} = 4a^2$ ，

即 $\sqrt{(x+c)^2 + y^2}\sqrt{(x-c)^2 + y^2} = 2a^2 - (x^2 + y^2 + c^2)$.

到此，根式分离在等式的一端就成了自然的事了.

平方，得 $[x^2 + y^2 + c^2 + 2cx][x^2 + y^2 + c^2 - 2cx] = [2a^2 - (x^2 + y^2 + c^2)]^2$ ，

即 $(x^2 + y^2 + c^2)^2 - 4c^2x^2 = 4a^4 - 4a^2(x^2 + y^2 + c^2) + (x^2 + y^2 + c^2)^2$.

再化简就与课本一致了.

上面的过程第二次平方前，必须移项，即将根式分离在等式的一端，从而使方程简化，这一分离根式的思想提前，就是课本上的方法. 我们可得到经验：分离根式于等式两端对化简有利.

（2）有无更快、更好的化简方法？有！

由 $\sqrt{(x+c)^2 + y^2} + \sqrt{(x-c)^2 + y^2} = 2a$ ，   ③

发现 $\left[\sqrt{(x+c)^2 + y^2}\right]^2 - \left[\sqrt{(x-c)^2 + y^2}\right]^2 = 4cx$.   ④

④÷③，得 $\sqrt{(x+c)^2 + y^2} - \sqrt{(x-c)^2 + y^2} = \dfrac{2cx}{a}$.   ⑤

③+⑤，得 $\sqrt{(x+c)^2 + y^2} = a + \dfrac{cx}{a}$.

平方，得 $x^2 + y^2 + c^2 + 2cx = a^2 + 2cx + \dfrac{c^2x^2}{a^2}$.

化简，得 $\dfrac{x^2}{a^2} + \dfrac{y^2}{b^2} = 1$.

这里，也是运用了"一变二"的思想.

四、椭圆方程是否是完备的

要考查椭圆方程的完备性，只需分析方程的推导过程中是否有增根产生. 在推导过程中，第一次平方（对①两端）所加进去的"增根" $2a - \sqrt{(x-c)^2 + y^2} < 0$ 中的 (x, y) ，而当时 $2a - \sqrt{(x-c)^2 + y^2} < 0$ 时，①的解集是空集，即本质上没有产生增根. 第二次平方（对②两端）所加进去的增根是 $a^2 - cx < 0$ 所产生的结

果，而当 $a^2 - cx < 0$ 时，②的解集是空集，又无增根. 所以，椭圆方程的推导过程是等价变形，即方程是完备的.

进一步我们对增根的产生应该有清楚的认识：

在实数范围内，对于方程 $x = 2$，平方得 $x^2 = 4$. 解得 $x = 2$ 或 $x = -2$. 产生了增根 $x = -2$，为什么？

平方时将 $x = -2$ 加进去了，而 $x = -2$ 在 **R** 内是单独有意义的.

对于方程 $x^2 = 2$，平方，得 $x^4 = 4$. 解得 $x^2 = 2$ 或 $x^2 = -2$. 虽然平方产生了 $x^2 = -2$，但在 **R** 内 $x^2 = -2$ 无解，所以仍然没产生增根.

所以，产生不产生增根，在于变形过程中所增加的式子在实数中是否有意义，即是否扩大了范围.

五、形式与内容的统一

试看以下问题：动点 M (x, y) 满足 $\sqrt{(x-4)^2 + y^2} + \sqrt{(x+4)^2 + y^2} = 6$，求点 M 的轨迹.

好像符合椭圆定义，仿照椭圆方程的推导过程推导如下：

$$\sqrt{(x-4)^2 + y^2} + \sqrt{(x+4)^2 + y^2} = 6,$$

移项，得 $\sqrt{(x-4)^2 + y^2} = 6 - \sqrt{(x+4)^2 + y^2}$.

平方、化简、移项，得 $3\sqrt{(x+4)^2 + y^2} = 4x + 9$.

平方、化简，得 $\dfrac{x^2}{9} - \dfrac{y^2}{7} = 1$. 怎么是双曲线方程呢？

用椭圆定义计算，得 $a = 3$，$c = 4$. a 小于 c，显然不对.

分析：已知中的式子看似符合椭圆定义，其实椭圆的定义中有个隐含条件 $|F_1 F_2| < 2a$. 而在本题中，$|F_1 F_2| > 2a$，这样的点 M 是不存在的，所以无轨迹. 上面的推导中，两次平方，不是恒等变形，最后所得方程的曲线全是增根的集合.

我们一定要注意代数的形式与现实（几何）内容的统一.

六、代数形式的演变

（1）从以上对椭圆的引入我们得到：一个圆锥被一个不过顶点的平面所截，此平面与圆锥底面不平行且与圆锥的每一条母线都相交，则截线为椭圆. 如果此截面与底面的夹角改变，又可得以下结论：

Ⅰ. 一个圆锥被一个平面所截，此平面不过顶点且与圆锥底面平行，则截线为圆.

Ⅱ. 一个圆锥被一个平面所截，此平面不过顶点且只与圆锥的一条母线平行，则截线为抛物线.

Ⅲ. 对顶的圆锥被一个平面所截，此平面不过顶点与两部分圆锥都相交，则截线为双曲线.

这些都可以仿照上面处理椭圆的方法（在圆锥中放球）证明是成立的. 所以我们得到圆锥曲线有四种：圆、椭圆、双曲线和抛物线.

如果截圆锥的平面过圆锥的顶点，得到点、直线、相交线等.

（2）椭圆的定义是：平面内到两定点的距离和等于定长的点的轨迹. 从这种运算的形式分析，我们可提出以下问题：

Ⅰ. 平面内到两定点的距离差等于定长的点的轨迹是什么？

Ⅱ. 平面内到两定点的距离积等于定长的点的轨迹是什么？

Ⅲ. 平面内到两定点的距离商等于定值的点的轨迹是什么？

还可提出以下问题：

Ⅳ. 平面内到三个定点距离和等于定长的点的轨迹是什么？

问题Ⅰ是双曲线；问题Ⅲ是圆，叫阿波罗尼斯圆；问题Ⅱ叫卡西尼卵形线；问题Ⅳ是更复杂的曲线，值得我们研究.

一个新问题是：这种方法中，抛物线没有得到，为什么？那么，怎么得到抛物线呢？这条路看来不通.

七、椭圆的第二定义

（1）椭圆的第二定义是：平面内一动点到一定点与到一定直线的距离（定点不在定直线上）的比为常数 e，当 $0 < e < 1$ 时，动点的轨迹是椭圆. 这是怎么发现的？

对于椭圆 $\dfrac{x^2}{a^2} + \dfrac{y^2}{b^2} = 1$，我们研究了它的焦半径，即椭圆上任一点 P 到一个焦点 F 的距离.

设 $P(x, y)$，$F_1(-c, 0)$，

$$d = |PF_1| = \sqrt{(x+c)^2 + y^2} = \frac{c}{a}x + a \tag{⑥}$$

$$d = \frac{c}{a}x + a = \frac{c}{a}\left(x + \frac{a^2}{c}\right) = e\left[x - \left(-\frac{a^2}{c}\right)\right], \tag{⑦}$$

$$\frac{d}{x - \left(-\dfrac{a^2}{c}\right)} = e = \frac{|PF_1|}{x - \left(-\dfrac{a^2}{c}\right)}. \tag{⑧}$$

由⑥看到，焦半径是 x 的一次函数，具有 $d = kx + h$ 的形式，单调性确定. 而在椭圆中，$\dfrac{c}{a} < 1$，即 $k < 1$. 如果 $k > 1$，$k = 1$ 呢？可得到双曲线与抛物线. 抛物线

的定义由此引出.

⑥的形式可变为⑦，⑦又可变为⑧，到此，准线就出来了.

由⑥的形式又可想到，如果 $|PF| = ax^2 + bx + c$，即"焦半径"为 x 的二次函数时，点 P 的轨迹是什么曲线？可继续研究.

（2）对 e 的取值进行讨论，可得：

Ⅰ．平面内一动点到一定点与到一定直线的距离（定点不在定直线上）的比为常数 e，当 $e > 1$ 时，动点的轨迹是双曲线.

Ⅱ．平面内一动点到一定点与到一定直线的距离（定点不在定直线上）的比为常数 e，当 $e = 1$ 时，动点的轨迹是抛物线.

对此定义进行分析，又有新的问题：

1）这个定义中，由 e 的分类只得到三种曲线：椭圆、双曲线和抛物线. 圆不在这个定义中，为什么？

2）在椭圆中，e 的值决定椭圆的形状（扁平程度），而所有的抛物线，$e = 1$，就是说，所有的抛物线形状一样（相似）吗？如何理解？（可证明此结论正确）

八、再向前走一步

在椭圆中，$0 < e < 1$. 当 e 趋向于 1 时，椭圆趋向于线段，极限为一线段. 在双曲线中，当 e 趋向于 1 时，双曲线趋向于两射线，极限为两射线. 而当 $e = 1$ 时，曲线为抛物线. 即从 1 的左边走近 1、从 1 的右边走近 1 和本来就在 1，三者不同. 这就是左极限、右极限和极限.

思考与研究

（1）对于椭圆方程 $\dfrac{x^2}{a^2} + \dfrac{y^2}{b^2} = 1$，还可变形为 $\dfrac{y}{x-a} \cdot \dfrac{y}{x+a} = -\dfrac{b^2}{a^2}$，试分析其几何意义，双曲线怎样？试归纳圆锥曲线的共同特点.

（2）试研究平面内到两定点的距离积等于定长的点的轨迹问题.

（3）试研究平面内到三个定点的距离和等于定长的点的轨迹问题.

19. 对直线 $x_0 x + y_0 y = r^2$ 与圆 $x^2 + y^2 = r^2$ 的几何关系的探讨

要认识一个数学问题的本质，我们可从它的特殊性与普遍性的辩证关系去分析，而特殊性与普遍性的关系往往联系着"数"与"形"的转化. 从代数形式寻找数学的几何内容，这无疑也是数学发展的一条道路，也是学懂数学、认识数学的最好思想方法之一.

已知 a_1，a_2，$\cdots$，a_n；b_1，b_2，$\cdots$，b_n（n 是正整数），则 $a_1 b_1 + a_2 b_2 + \cdots + a_n b_n$ 表示图 1 中的矩形的面积和. 若令 $L_1 = b_1 + b_2 + \cdots + b_n$，$L_2 = b_2 + b_3 + \cdots + b_n$，$\cdots$，$L_n = b_n$；$c_2 = a_2 - a_1$，$c_3 = a_3 - a_2$，$\cdots$，$c_n = a_n - a_{n-1}$. 则 $a_1 L_1 + c_2 L_2 + c_3 L_3 + \cdots + c_k L_k + \cdots + c_n L_n$ 也为图 1 中的矩形的面积和. 由此得到恒等式：

$$a_1 b_1 + a_2 b_2 + \cdots + a_n b_n = a_1 L_1 + c_2 L_2 + c_3 L_3 + \cdots + c_k L_k + \cdots + c_n L_n.$$

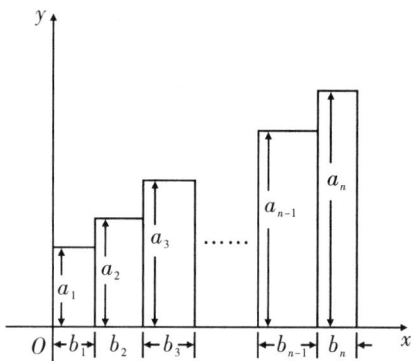

图 1

这个恒等式叫"阿贝尔变换"，我们用此思想研究课本问题.

1. 问题的提出

高中数学课本上有一个重要结论：

结论 1：过圆 $x^2 + y^2 = r^2$ 上一点 P_0（x_0，y_0）的切线方程为 $x_0 x + y_0 y = r^2$.

此切线方程 $x_0 x + y_0 y = r^2$ 好像是在已知的圆方程 $x^2 + y^2 = r^2$ 中作以下置换：$x^2 \to x_0 x$，$y^2 \to y_0 y$ 而得到. 那么当点 P_0（x_0，y_0）不在已知圆上时同样可以置换出直线 l：$x_0 x + y_0 y = r^2$，请问这时的直线 l：$x_0 x + y_0 y = r^2$ 与圆 O：$x^2 + y^2 = r^2$ 有什么几何关系？

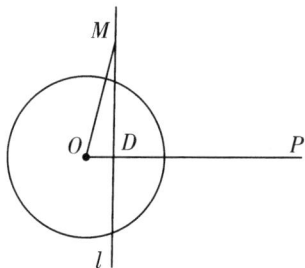

图 2

2. 探索问题

（1）当点 P（x_0，y_0）在圆 O 外时.

首先我们分析直线 l 与圆 O 的位置关系：因为圆心 O（0，0）到直线 l：$x_0x+y_0y=r^2$ 的距离 $d=\dfrac{r^2}{\sqrt{x_0^2+y_0^2}}<r$，即直线与圆相交.

又发现直线 l 与直线 OP 垂直

$(k_{OP}=\dfrac{y_0}{x_0}$，$k_l=-\dfrac{x_0}{y_0}$，$k_{OP}\cdot k_l=-1)$.

设此直线 l 上任一点为 M（x，y），l 与 OP 的交点为 D，如图 2，$x_0x+y_0y=r^2\Leftrightarrow r^2=(x_0,y_0)\cdot(x,y)=\overrightarrow{OP}\cdot\overrightarrow{OM}=|\overrightarrow{OP}|\cdot|\overrightarrow{OM}|\cos\angle MOD=|OP|\cdot|OD|$，即 $|OP|\cdot|OD|=r^2$.

（2）当点 P（x_0，y_0）在圆 O 内时（非圆心）.

首先我们分析直线 l 与圆 O 的位置关系：因为圆心 O（0，0）到直线 $x_0x+y_0y=r^2$ 的距离 $d=\dfrac{r^2}{\sqrt{x_0^2+y_0^2}}>r$，即直线与圆相离.

又发现直线 l 与直线 OP 垂直

$(k_{OP}=\dfrac{y_0}{x_0}$，$k_l=\dfrac{x_0}{y_0}$，$k_{OP}\cdot k_l=-1)$.

图 3

设此直线上任一点为 M（x，y），l 与 OP 的交点为 D，如图 3，$x_0x+y_0y=r^2\Leftrightarrow r^2=(x_0,y_0)\cdot(x,y)=\overrightarrow{OP}\cdot\overrightarrow{OM}=|\overrightarrow{OP}|\cdot|\overrightarrow{OM}|\cos\angle MOD=|OP|\cdot|OD|$.

得出与（1）同样的关系式：$|OP|\cdot|OD|=r^2$.

3. $|OP|\cdot|OD|=r^2$ 的作图

上面的问题都归到"已知圆 O 的半径 r 和 $|OP|$，在 OP 上求作点 D 满足 $|OP|\cdot|OD|=r^2$"的问题.

设 l 与 $\odot O$ 的交点为 A，B，连 OA，AP，由 $|OP|\cdot|OD|=r^2$，得 $|OP|\cdot|OD|=|OA|^2\Leftrightarrow=\dfrac{|OP|}{|OA|}=\dfrac{|OA|}{|OD|}$.

而在 $\triangle ODA$ 与 $\triangle OAP$ 中（如图 4），$\angle AOD=\angle POA$，

$\therefore \triangle ODA\backsim\triangle OAP$.

$\therefore \angle OAP=\angle ODA=90°$.

$\therefore PA$ 为 $\odot O$ 的切线，A 为切点.

（点 D 与点 P 互为反演点，由一个可得另一个）

由此得到直线 l 的几何意义及作图方法：

（1）若 P 在 $\odot O$ 外，自 P 向圆作两切线，连两切点的直线就是直线 l：x_0x+

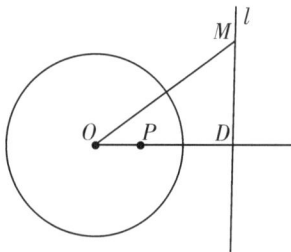

$y_0 y = r^2$.

（2）若 P 在 $\odot O$ 内，过 P 作 OP 的垂线，与圆交于点 A，B，过点 A 作圆的切线与 OP 延长线交于点 D，过点 D 作 OP 垂线，此线就是 l：$x_0 x + y_0 y = r^2$.

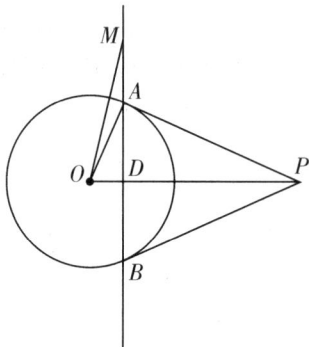

图4

4. 重要结论

由以上的分析，我们可得以下结论：

结论2：已知圆 $x^2 + y^2 = r^2$ 外一点 P（x_0，y_0），过 P 作该圆的两条切线，设切点为 A，B，则过切点 A，B 的直线方程为 $x_0 x + y_0 y = r^2$.

结论3：已知圆 O：$x^2 + y^2 = r^2$ 内一点 P（x_0，y_0），过 P 作 OP 的垂线交圆 O 于 A，B，过 A 作圆的切线交 OP 直线于 D，过 D 作直线 $l \perp OD$，则直线 l 的方程为 $x_0 x + y_0 y = r^2$.

结论2还可用解析法证明如下：

证明：设两切点的坐标为 A（x_1，y_1），B（x_2，y_2），如图5.

由结论1可知 l_{AP}：$x_1 x + y_1 y = r^2$，

l_{BP}：$x_2 x + y_2 y = r^2$

而 l_{AP}，l_{BP} 交于 P（x_0，y_0），即

$x_1 x_0 + y_1 y_0 = r^2$

$x_2 x_0 + y_2 y_0 = r^2$

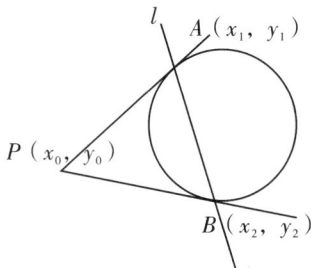

图5

观察以上两式，我们发现相当于在 $x_0 x + y_0 y = r^2$ 中将（x_1，y_1），（x_2，y_2）代入得到的两式，而 $x_0 x + y_0 y = r^2$ 是一条直线，说明 $x_0 x + y_0 y = r^2$ 过 A，B 两点.

$\therefore AB$ 所在的直线方程为 $x_0 x + y_0 y = r^2$.

5. 用轨迹思想分析以上结论

以上结论可以说都是平凡的结论，更本质的结论我们将通过轨迹思想进行分析. 先引进极点、极线的概念.

对于一个圆 O：$x^2 + y^2 = r^2$ 和一个点（非圆心）P（x_0，y_0），得到直线 l：$x_0 x + y_0 y = r^2$. 我们称圆 O 为基圆，点 P 为极点，直线 l 为极线.

对于极点与极线，有下面的结论：

结论4：过圆 $x^2 + y^2 = r^2$ 内一点 P（x_0，y_0）（非圆心）任作该圆的弦，则过该圆的每一条弦的两端点的两切线的交点的轨迹方程为 $x_0 x + y_0 y = r^2$. 反之由直线 $x_0 x + y_0 y = r^2$ 上任一点向圆 $x^2 + y^2 = r^2$ 作两切线，切点弦必交于一点 P（x_0，y_0）.

证明：过 P（x_0，y_0）作一弦与圆 $x^2 + y^2 = r^2$ 交于 A，B，设 A（x_1，y_1），

B (x_2, y_2). 分别过 A, B 作圆的两切线, 设两切线交于 M (x', y'). 由结论 1 和结论 2 可知: A, B 所在直线方程为

$$x'x + y'y = r^2$$

点 P (x_0, y_0) 满足上式, 即 $x'x_0 + y'y_0 = r^2$.

这是 M 点的坐标 (x', y') 满足的关系式, 即为 M 点的轨迹方程. 若设 M 点的坐标为 (x, y), 则 M 点的轨迹方程为 $x_0x + y_0y = r^2$.

反之同理证明.

结论 5: 过圆 $x^2 + y^2 = r^2$ 外一点 P (x_0, y_0) 任作该圆的割线, 再过两交点作该圆的切线, 两切线交点所在的轨迹方程为 $x_0x + y_0y = r^2$. 反之由直线 $x_0x + y_0y = r^2$ 上任一点向圆 $x^2 + y^2 = r^2$ 作两切线, 切点连线交于一点 P (x_0, y_0).

证明略.

其实结论 4 与结论 5 可以统一为一个结论:

结论 6: 过点 P (x_0, y_0) 作线与圆 $x^2 + y^2 = r^2$ 相交, 过每对交点作圆的切线, 两切线的交点的轨迹为直线 $x_0x + y_0y = r^2$; 过线 $x_0x + y_0y = r^2$ 上任一点作圆 $x^2 + y^2 = r^2$ 的两切线 (存在的话), 切点弦交于点 P (x_0, y_0).

从这儿可以看到极点与极线的相互确定性: 极点产生极线, 极线产生极点.

6. 向圆锥曲线推广

在圆中得到的这些结论都可以推广到圆锥曲线中.

结论 7: 过二次曲线 $Ax^2 + Bxy + Cy^2 + Dx + Ey + F = 0$ 上一点 M (x_0, y_0) 的切线方程为

$$Ax_0x + B\frac{x_0y + y_0x}{2} + Cy_0y + D\frac{x_0 + x}{2} + E\frac{y_0 + y}{2} + F = 0.$$

置换规律为

$$x^2 \rightarrow x_0x, \quad y^2 \rightarrow y_0y, \quad x \rightarrow \frac{x_0 + x}{2}, \quad y \rightarrow \frac{y_0 + y}{2}, \quad xy \rightarrow \frac{x_0y + y_0x}{2}.$$

结论 8: 过圆锥曲线 $Ax^2 + Bxy + Cy^2 + Dx + Ey + F = 0$ 内一点 M (x_0, y_0) 的诸弦端点处切线交点的轨迹方程为

$$Ax_0x + B\frac{x_0y + y_0x}{2} + Cy_0y + D\frac{x_0 + x}{2} + E\frac{y_0 + y}{2} + F = 0.$$

结论 9: 过二次曲线 $Ax^2 + Bxy + Cy^2 + Dx + Ey + F = 0$ 外的直线 $Ax_0x + B\frac{x_0y + y_0x}{2} + Cy_0y + D\frac{x_0 + x}{2} + E\frac{y_0 + y}{2} + F = 0$ 上任一点作曲线的切线 (可作两切线), 则切点连线都交于一点 M (x_0, y_0).

我们同样把点 M (x_0, y_0) 称为圆锥曲线 $Ax^2 + Bxy + Cy^2 + Dx + Ey + F = 0$ 的极点, 直线 $Ax_0x + B\frac{x_0y + y_0x}{2} + Cy_0y + D\frac{x_0 + x}{2} + E\frac{y_0 + y}{2} + F = 0$ 称为圆锥曲线的极

线．极点与极线是一个统一体，相辅相成，互相确定．

7．特殊化

如果取圆锥曲线的焦点或准线，可得到以下一个特殊结论：

结论 10： 以圆锥曲线的焦点为极点的极线是该焦点所对应的准线．反之亦真．

我们以抛物线为例来说明：

【例】 设 AB 是抛物线 $y^2 = 2px$ 的一条过焦点 $\left(\dfrac{p}{2}, 0\right)$ 的弦，A，B 在抛物线上，TA，QB 为其切线，则 TA，QB 的交点 P 在准线 $l: x = -\dfrac{p}{2}$ 上．

证明：设 $A(x_1, y_1)$，$B(x_2, y_2)$，则切线的方程与准线方程为

$$l_{AT}: y_1 y = p(x + x_1) \qquad\qquad ①$$

$$l_{BQ}: y_2 y = p(x + x_2) \qquad\qquad ②$$

$$l: x = -\dfrac{p}{2}. \qquad\qquad ③$$

将③代入①，得

$$y = \frac{p}{y_1}\left(x_1 - \frac{p}{2}\right) = \frac{1}{y_1}\left(\frac{2px_1 - p^2}{2}\right) = \frac{1}{y_1}\left(\frac{y_1^2 + y_1 y_2}{2}\right) = \frac{y_1 + y_2}{2}$$

将③代入②，得

$$y = \frac{p}{y_2}\left(x_2 - \frac{p}{2}\right) = \frac{1}{y_2}\left(\frac{2px_2 - p^2}{2}\right) = \frac{1}{y_2}\left(\frac{y_2^2 + y_1 y_2}{2}\right) = \frac{y_1 + y_2}{2}$$

即 l_{AT} 与 l_{BQ} 相交于准线上的一点 $\left(-\dfrac{p}{2}, \dfrac{y_1 + y_2}{2}\right)$．得证．

由此可得到以下结论：

结论 11： 当焦点弦 AB 绕焦点 F 运动时，过弦的端点 A，B 的两切线的交点轨迹为抛物线的准线；过抛物线准线上的点作抛物线的两切线，切点弦交于抛物线的焦点．

我们从课本上的一个例题的形式分析出这么多内容，难道别的题目就没有隐含的内容吗？数学的美就是这种形式与内容的统一．当然这些问题还可以继续探索，如在结论 11 中将"焦点弦 AB 绕焦点 F"改为非焦点的一点的弦，又将得到什么结论呢？

参考文献

[1] 许卫华．圆的切线方程的教学尝试 [J]．数学通报，2000（6）

[2] 宋宝琴．巧用向量法探究直线的实质 [J]．数学通报，2007（3）

[3] 梁绍鸿．初等数学复习及研究（平面几何）[M]．北京：人民教育出版社，1980

附：结论 7 的证明

证明：对 $Ax^2+Bxy+Cy^2+Dx+Ey+F=0$ 求微分（也可设切线方程与曲线联立，由 $\Delta=0$ 得到切线斜率），得

$$2Axdx+Bydx+Bxdx+2Cydx+Ddx+Edy=0.$$

当 $Bx_0+2Cy_0+E\neq0$ 时，

$$\frac{dy}{dx}=-\frac{2Ax+By+D}{Bx+2Cy+E},\quad k_{(x_0,y_0)}=-\frac{2Ax_0+By_0+D}{Bx_0+2Cy_0+E},$$

切线方程为 $y-y_0=k\ (x-x_0)$，

即 $(y-y_0)(Bx_0+2Cy_0+E)+(x-x_0)(2Ax_0+By_0+D)=0$，

$2Ax_0x+B\ (x_0y+y_0x)+2Cy_0y+D\ (x_0+x)+E\ (y_0+y)-2\ (Ax_0^2+Bx_0y_0+Cy_0^2+Dx_0+Ey_0)=0$，

即 $Ax_0x+B\dfrac{x_0y+y_0x}{2}+Cy_0y+D\dfrac{x_0+x}{2}+E\dfrac{y_0+y}{2}+F=0.$

当 $Bx_0+2Cy_0+E=0$ 时，可验证成立.

由此证得结论 7 成立.

思考与研究

已知点 $P\ (x_0，y_0)$ 及曲线 $Ax^2+Bxy+Cy^2+Dx+Ey+F=0$，那么曲线 $Ax^2+Bxy+Cy^2+Dx+Ey+F=Ax_0^2+Bx_0y_0+Cy_0^2+Dx_0+Ey_0+F$ 与原曲线有何关系？试从圆开始探究.

20. 对两个抛物线问题的分析与推广

我们学汉字是一个一个死记硬背的，而学习数学却不能这样，要深刻理解、由点到面、举一反三；注意代数形式与几何内容的统一；注意普遍性与特殊性之间的联系. 以下我们从对两个常见问题的分析与研究入手，认真体会数学的学习方法、体会数学的发展变化规律. 从而更好地学习数学、应用数学.

高中解析几何的抛物线部分有如下的题目：

问题 1：过抛物线的焦点的一条直线与它交于两点 A，B，通过点 A 和抛物线顶点的直线交准线于点 M，求证：直线 MB 平行于抛物线的对称轴.

翻译成数学语言就是：过抛物线 C：$y^2 = 2px$ 的焦点 F $\left(\dfrac{p}{2}, 0\right)$ 的一条直线与抛物线交于两点 A，B，通过点 A 和抛物线顶点 O 的直线交准线 l：$x = \dfrac{p}{2}$ 于点 M（如图 1），求证：直线 $MB /\!/ x$ 轴.

探究 1：该命题的逆命题有两种形式：

(1) $\left.\begin{array}{l} M \in l,\ B \in C \\ MB /\!/ x \text{ 轴} \\ B \text{ 与 } F \text{ 连线交抛物线于 } A \end{array}\right\} \Rightarrow$ 三点 A，O，M 共线.

(2) $\left.\begin{array}{l} M \in l,\ B \in C \\ MB /\!/ x \text{ 轴} \\ M \text{ 与 } O \text{ 连线交抛物线于 } A \end{array}\right\} \Rightarrow$ 直线 AB 过抛物线的

焦点 F.

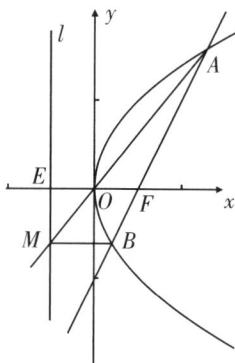

图 1

由于原命题本质是充要条件的命题，所以两个逆命题都为真命题，也可以说是原命题的另两种等价形式.

等价形式（1）就为 2001 年全国高考题："抛物线 $y^2 = 2px$（$p > 0$）的焦点为 F，经过点 F 的直线交抛物线于 A，B 两点，点 C 在抛物线的准线上且 $BC /\!/ x$ 轴，证明直线 AC 经过原点 O."

探究 2：一种圆锥曲线有某种性质，别的圆锥曲线往往也具有此性质. 上面的抛物线的性质能否推广到椭圆与双曲线中呢？

若将原抛物线换为椭圆，可得：

（3）已知椭圆$\dfrac{x^2}{a^2}+\dfrac{y^2}{b^2}=1$的左准线$l$与$x$轴相交于点$E$，

过椭圆的左焦点F的直线与椭圆相交于A，B两点，点C在左准线l上且$BC /\!/ x$轴，则直线AC经过椭圆的左顶点.

认真推算，发现直线AC并不经过椭圆的左顶点. 这种推广不对，是不能推广还是推广的方向弄错呢？

要注意原题中的元素的多重性质，点O既是抛物线的顶点也是线段EF的中点，所以还有别的形式：

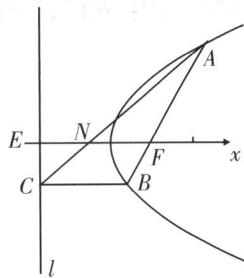

图2

（4）已知椭圆$\dfrac{x^2}{a^2}+\dfrac{y^2}{b^2}=1$的左准线$l$与$x$轴相交于点$E$，

过椭圆的左焦点F的直线与椭圆相交于A，B两点，点C在左准线l上且$BC /\!/ x$轴，则直线AC经过线段EF的中点.

可知（4）是正确的，（3）不正确.“点O是线段EF的中点”才是原题的本质，“点O是抛物线的顶点”只是表面现象. 至此可得双曲线中相应的命题：

（5）已知双曲线$\dfrac{x^2}{a^2}-\dfrac{y^2}{b^2}=1$的右准线$l$与$x$轴相交于点$E$，过双曲线的右焦点$F$的直线与双曲线相交于$A$，$B$两点，点$C$在右准线$l$上且$BC /\!/ x$轴，则直线$AC$经过线段$EF$的中点（如图2）.

探究3：既然三种曲线都具有类似的性质，而三种曲线又有统一定义和统一的方程（极坐标方程），那么应该有统一的证明方法吧！

证明：取F为极点，Fx为极轴，建立极坐标系，设$\angle AFx=\theta$，$A(\rho_1,\ \theta)$，$B(\rho_2,\ \theta+\pi)$，则$\rho_1=FA=\dfrac{ep}{1-e\cos\theta}$，

（如图3，上式可在直角坐标系中证明：$FD=\rho_1\cos\theta$，

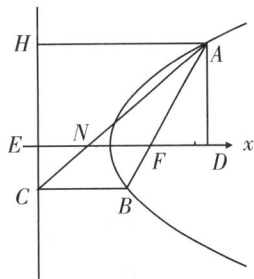

图3

$EF+FD=p+\rho_1\cos\theta=AH=\dfrac{1}{e}AF=\dfrac{1}{e}\rho_1$，$\therefore\rho_1=FA=\dfrac{ep}{1-e\cos\theta}$）

$$\rho_2=BF=\dfrac{ep}{1-e\cos(\theta+\pi)}=\dfrac{ep}{1+e\cos\theta}.$$

因为$NF /\!/ CB$，所以$\dfrac{|AF|}{|AB|}=\dfrac{|NF|}{|CB|}$.

根据圆锥曲线的第二定义，有$e=\dfrac{|BF|}{|BC|}$.

所以 $|NF| = \dfrac{|AF| \cdot |CB|}{|AB|} = \dfrac{|AF| \cdot |CB|}{|AF| + |FB|} = \dfrac{\frac{1}{e}|AF| \cdot |BF|}{|AF| + |FB|}$.

所以 $|NF| = \dfrac{\frac{1}{e} \cdot \frac{e^2 p^2}{1 - e^2 \cos^2\theta}}{\frac{2ep}{1 - e^2\cos^2\theta}} = \dfrac{p}{2}$.

又 $p = |EF|$，所以 N 是 EF 的中点.

这是一个一般性的结论与一般性的证明. 一个特殊例子就是：

（6）（2001 年广东高考题）已知椭圆 $\dfrac{x^2}{2} + y^2 = 1$ 的右准线 l 与 x 轴相交于点 E，过椭圆右焦点 F 的直线与椭圆相交于 A、B 两点，点 C 在右准线 l 上，且 $BC /\!/ x$ 轴. 求证直线 AC 经过线段 EF 的中点（所给椭圆关于 y 轴对称，由以上结论立即得证）.

问题 2：过抛物线 $y^2 = 2px$ 的顶点任意作两条互相垂直的弦 OM 和 ON，则 M，N 所在直线总通过一定点，并求此定点.

证明：设 $M(x_1, y_1)$，$N(x_2, y_2)$，显然 $y_1 \neq y_2$，如图 4.

由 $OM \perp ON$，得

$\dfrac{y_1}{x_1} \cdot \dfrac{y_2}{x_2} = -1 \Leftrightarrow y_1 y_2 = -x_1 x_2 = -\dfrac{y_1^2}{2p} \cdot \dfrac{y_2^2}{2p}$

$\therefore y_1 y_2 = -4p^2$，$x_1 x_2 = 4p^2$.

当 $x_1 \neq x_2$ 时，

直线 MN 的方程为 $\dfrac{y - y_1}{y_2 - y_1} = \dfrac{x - x_1}{x_2 - x_1}$.

而 $\dfrac{x - x_1}{x_2 - x_1} = \dfrac{x - \frac{y_1^2}{2p}}{\frac{y_2^2}{2p} - \frac{y_1^2}{2p}} = \dfrac{2px - y_1^2}{(y_1 + y_2)(y_2 - y_1)}$

$\Leftrightarrow (y_1 + y_2)y - (y_1 + y_2)y_1 = 2px - y_1^2$

$\Leftrightarrow (y_1 + y_2)y = 2px + y_1 y_2$

$\therefore$ 直线 MN 的方程为 $(y_1 + y_2)y = 2px - 4p^2 = 2p(x - 2p)$.

显然直线 MN 过定点 $(2p, 0)$.

当 $x_1 = x_2$ 时，由 $OM \perp ON$，知 $MN \perp x$ 轴，直线 OM 的方程为 $y = x$. 与抛物线方程联立可得点 $M(2p, 2p)$，这时直线 MN 也过点 $(2p, 0)$.

所以直线 MN 过定点 $(2p, 0)$.

探究 1：由以上问题我们想到圆的性质：半圆上的圆周角是直角，即过圆上任

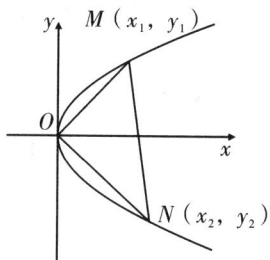

图 4

一点 P，作两条互相垂直的弦 PM 和 PN，则 M，N 所在直线总通过一定点，此定点就是圆心．那么上面的抛物线性质能否对抛物线上任一点成立呢？我们有以下结论：

结论 1：过抛物线 $y^2 = 2px$ 上任一点 $P_0\ (x_0,\ y_0)$，作两条互相垂直的弦 P_0M，P_0N，则 MN 直线过定点 $(2p + x_0,\ -y_0)$．

证明：设 $M\ (x_1,\ y_1)$，$N\ (x_2,\ y_1)$，显然 $y_1 \neq y_2$．

由 $OM \perp ON$，得 $\dfrac{y_1 - y_0}{x_1 - x_0} \cdot \dfrac{y_2 - y_0}{x_2 - x_0} = -1 \Leftrightarrow 4p^2 \cdot \dfrac{1}{y_1 + y_0} \cdot \dfrac{1}{y_2 + y_0} = -1$

$\Leftrightarrow -4p^2 = y_1 y_2 + y_0^2 + (y_1 + y_2)\ y_0.$ ①

直线 MN 的斜率 $k = \dfrac{y_2 - y_1}{x_2 - x_1} = 2p\ \dfrac{(y_2 - y_1)}{(y_2^2 - y_1^2)} = \dfrac{2p}{y_2 + y_1},$

直线 MN 的方程为 $(y - y_1)\ = \dfrac{2p}{y_2 + y_1}\ (x - x_1).$

因为 $y_1^2 = 2px_1,$

上式为 $(y_1 + y_2)\ y = 2px + y_1 y_2.$ ②

由①②，可得直线 MN 的方程为 $(y_1 + y_2)\ (y + y_0)\ = 2p\ (x - 2p - x_0),$

过点 $(2p + x_0,\ -y_0)$．

探究 2：圆与抛物线的性质能否推广到椭圆与双曲线中？我们有以下结论：

结论 2：设 $P\ (x_0,\ y_0)$ 是椭圆 $\dfrac{x^2}{a^2} + \dfrac{y^2}{b^2} = 1$ $(a > b > 0)$ 上的定点，A，B 是椭圆上两点，且满足 $PA \perp PB$ 则 AB 恒过定点 $\left(\dfrac{a^2 - b^2}{a^2 + b^2} x_0,\ \dfrac{b^2 - a^2}{a^2 + b^2} y_0 \right)$．

证明：设 $P\ (a\cos\theta,\ b\sin\theta)\ = P\ (x_0,\ y_0)$，$A\ (a\cos\alpha_1,\ b\sin\alpha_1)$，$B\ (a\cos\alpha_2,\ b\sin\alpha_2)$

则 AB 所在直线的两点式方程为

$(x - a\cos\alpha_1)\ (b\sin\alpha_1 - b\sin\alpha_2)\ = (y - b\sin\alpha_1)\ (a\cos\alpha_1 - a\cos\alpha_2).$

展开得到 $b\ (\sin\alpha_1 - \sin\alpha_2)\ x - a\ (\cos\alpha_1 - \cos\alpha_2)\ y + ab\sin\ (\alpha_2 - \alpha_1)\ = 0$，

即 $2b\cos\dfrac{\alpha_1 + \alpha_2}{2} \sin\dfrac{\alpha_1 - \alpha_2}{2} x + 2a\sin\dfrac{\alpha_1 + \alpha_2}{2} \sin\dfrac{\alpha_1 - \alpha_2}{2} y - 2ab\sin\dfrac{\alpha_1 - \alpha_2}{2} \cos\dfrac{\alpha_1 - \alpha_2}{2}$

$= 0.$

又 $\alpha_1 \neq \alpha_2$，

$b\cos\dfrac{\alpha_1 + \alpha_2}{2} x + a\sin\dfrac{\alpha_1 + \alpha_2}{2} y - ab\cos\dfrac{\alpha_1 - \alpha_2}{2} = 0$ ③

又 $k_{AP} = \dfrac{b\ (\sin\theta - \sin\alpha_1)}{a\ (\cos\theta - \cos\alpha_1)} = -\dfrac{b}{a}\cot\dfrac{\theta + \alpha_1}{2},$

同理 $k_{BP} = -\dfrac{b}{a}\cot\dfrac{\theta + \alpha_2}{2}.$

因为 $BP \perp AP$，所以 $k_{AP} \cdot k_{BP} = -1 = \left(-\dfrac{b}{a}\cot\dfrac{\theta+\alpha_1}{2} \right) \cdot \left(-\dfrac{b}{a}\cot\dfrac{\theta+\alpha_2}{2} \right)$. 则有

$$b^2 \cos\frac{\theta+\alpha_1}{2}\cos\frac{\theta+\alpha_2}{2} + a^2\sin\frac{\theta+\alpha_1}{2}\sin\frac{\theta+\alpha_2}{2} = 0,\quad 即$$

$$b^2\left[\cos\left(\frac{\alpha_1+\alpha_2}{2}+\theta \right) + \cos\frac{\alpha_1-\alpha_2}{2} \right] + a^2\left[\cos\frac{\alpha_1-\alpha_2}{2} - \cos\left(\frac{\alpha_1+\alpha_2}{2}+\theta \right) \right] = 0.$$

将上式展开合并，得

$$(b^2-a^2)\cos\frac{\alpha_1+\alpha_2}{2}\cos\theta + (a^2-b^2)\sin\frac{\alpha_1+\alpha_2}{2}\sin\theta + (a^2+b^2)\cos\frac{\alpha_1-\alpha_2}{2} = 0$$

上式两边同乘以 $-\dfrac{ab}{a^2+b^2}$，得

$$b\cos\frac{\alpha_1+\alpha_2}{2}\left(\frac{a^2-b^2}{a^2+b^2}a\cos\theta \right) + a\sin\frac{\alpha_1+\alpha_2}{2}\left(\frac{b^2-a^2}{a^2+b^2}b\sin\theta \right) - ab\cos\frac{\alpha_1+\alpha_2}{2} = 0 \qquad ④$$

比较③与④，可知点 $\left(\dfrac{a^2-b^2}{a^2+b^2}a\cos\theta,\ \dfrac{b^2-a^2}{a^2+b^2}b\sin\theta \right)$ 在直线 AB 上，即 AB 恒过定点 $\left(\dfrac{a^2-b^2}{a^2+b^2}x_0,\ \dfrac{b^2-a^2}{a^2+b^2}y_0 \right)$（当 $a=b$ 时就是圆心在原点的特殊情况）.

至此很自然可以推广到双曲线中.

结论3：设 $P(x_0,y_0)$ 是双曲线 $\dfrac{x^2}{a^2} - \dfrac{y^2}{b^2} = 1$（$a>0$，$b>0$ 且 $a\neq b$）上的定点，A，B 是双曲线上两点且满足 $PA \perp PB$，则 AB 恒过顶点 $\left(\dfrac{a^2+b^2}{a^2-b^2}x_0,\ \dfrac{b^2+a^2}{b^2-a^2}y_0 \right)$.

仿结论2同理可证结论3.

探究3：由问题1的探讨我们得到启示：要注意问题的多重性，在问题2中我们将两条互相垂直的线理解为斜率之积为 -1 的线，这样又可发现一类问题.

由原问题2的推证可以得到以下等价形式：

结论4：过抛物线 $y^2 = 2px$ 的顶点任意作两条弦 OM 和 ON，若 OM 和 ON 的斜率之积为常数 -1（$k_{OM} \cdot k_{ON} = -1$），则直线 MN 总通过一定点 $(2p, 0)$.

结论5：已知抛物线 $y^2 = 2px$，过点 $(2p, 0)$ 作一直线与抛物线交于 M，N 两点，则 OM 和 ON（O 为抛物线的顶点）的斜率之积为常数，此常数为 -1.

在圆中，结论5有同样的叙述，这时 M，N 是任一直径的端点，O 则为圆上任意一点. 这一说法很自然可以推广到椭圆中.

结论6：P 为椭圆 $\dfrac{x^2}{a^2} + \dfrac{y^2}{b^2} = 1$（$a>b>0$）上任意一点，$A$，$B$ 为椭圆长轴的端点，则 $k_{PA} \cdot k_{PB} = -\dfrac{b^2}{a^2}$（定值）.

进一步可得

结论7：P 为椭圆 $\dfrac{x^2}{a^2} + \dfrac{y^2}{b^2} = 1$ $(a > b > 0)$ 上任意一点，M，N 为椭圆上关于原点对称的点，则 $k_{PM} \cdot k_{PN} = -\dfrac{b^2}{a^2}$（定值）.

略证：由题意，设 M (x_1, y_1)，P (x, y) 则 N $(-x_1, -y_1)$.

$\because \left(\dfrac{y}{b}\right)^2 = 1 - \left(\dfrac{x}{a}\right)^2$,

$\therefore k_{PM} \cdot k_{PN} = \dfrac{y - y_1}{x - x_1} \cdot \dfrac{y + y_1}{x + x_1} = \dfrac{y^2 - y_1^2}{x^2 - x_1^2} = \dfrac{b^2}{a^2} \cdot \dfrac{\left(\dfrac{y}{b}\right)^2 - \left(\dfrac{y_1}{b}\right)^2}{\left(\dfrac{x}{a}\right)^2 - \left(\dfrac{x_1}{a}\right)^2} = -\dfrac{b^2}{a^2}$

结论8：若 P 为椭圆 $\dfrac{x^2}{a^2} + \dfrac{y^2}{b^2} = 1$ $(a > b > 0)$ 上任意一点，直线 l_1，l_2 与椭圆相交于 M，N 两点且直线 l_1，l_2 的斜率满足 $k_{l_1} \cdot k_{l_2} = -\dfrac{b^2}{a^2}$，则直线 MN 必过椭圆中心 O.

结论9：双曲线 $\dfrac{x^2}{a^2} - \dfrac{y^2}{b^2} = 1$ $(a, b > 0)$ 也有类似的性质 $\left($ 只不过定值为 $\dfrac{b^2}{a^2}\right)$.

至此，已得到许多重要的结论，从以上两例我们可有以下体会：在数学中一个特殊的问题往往在同类、不同类中有更一般的结论或形式，推广、探讨的基本思想首先是直接类比，其次是重新审视原问题，找到原问题的不同形式的等价问题，再类比推广，要善于透过现象看本质，注意问题的普遍性与特殊性，真正学得更本质的知识.

思考与探究

（1）过抛物线 $y^2 = 2px$ 上任一点 P (x_0, y_0)，作两条弦 PM，PN，若其斜率之积 $k_{PM} \cdot k_{PN} = \lambda$，则 MN 恒过定点 $\left(x_0 - \dfrac{2p}{\lambda}, -y_0\right)$.

（2）设 A_1，A_2 是一个圆的直径的两个端点，$P_1 P_2$ 是与 $A_1 A_2$ 垂直的弦.
① 求直线 $A_1 P_1$ 与 $A_2 P_2$ 的交点的轨迹方程；
② 将此问题推广到椭圆、抛物线中，结论如何？

提示：若 $A_1 A_2$ 是椭圆 $\dfrac{x^2}{a^2} + \dfrac{y^2}{b^2} = 1$ $(a > b > 0)$ 的长轴，$P_1 P_2$ 是与 $A_1 A_2$ 垂直的弦，则直线 $A_1 P_1$ 与 $A_2 P_2$ 的交点 P 的轨迹方程为 $\dfrac{x^2}{a^2} - \dfrac{y^2}{b^2} = 1$ $(a > b > 0)$. 反之亦真.

A_1 是抛物线 $y^2 = 2px$ $(p > 0)$ 的顶点（另一个顶点 A_2 在轴上无穷远处），P_1P_2 是与抛物线的对称轴垂直的弦，过 P_2 作对称轴的平行线 A_2P_2 交直线 A_1P_1 于点 P，则点 P 的轨迹为 $y^2 = -2px$.

21. 集合、排列、组合及多项式定理

在学习三棱锥时，我们很自然想到一个问题：三棱锥的四个面将空间分成多少个部分？推而广之就是：空间 n 个平面将空间最多分成多少个部分？

简单归纳为

表 1

平面数	1	2	3	4
分空间部分数	2	4	8	?

很容易看出表中的前 3 项成等比数列，从而归纳出：四个平面最多将空间分成 16 个部分. 对不对呢？不对，实际上应是 15，到底有何规律？

如果将类似的问题放在一起归纳，列出下表：

表 2

点（线，面）数 n	点分直线的段数 a_n	直线分平面的区域数 b_n	平面分空间部分数 c_n	类比的新问题
1	$a_1 = 2$	$b_1 = 2$	$c_1 = 2$	2
2	$a_2 = 3$	$b_2 = 4$	$c_2 = 4$	4
3	$a_3 = 4$	$b_3 = 7$	$c_3 = 8$	8
4	$a_4 = 5$	$b_4 = 11$	$c_4 = 15$	16
5	$a_5 = 6$	$b_5 = 16$	$c_5 = 26$	31

可以发现它们的联系和规律：$a_n + b_n = b_{n+1}$；$b_n + c_n = c_{n+1}$. 很自然，$c_4 = b_3 + c_3 = 7 + 8 = 15$. 可得到通项公式为：

$$a_n = n + 1$$

$$b_n = \frac{n^2 + n + 2}{2}$$

$$c_n = \frac{n^3 + 5n + 6}{6}$$

此表继续下去是什么?

2,4,8,16,31,…

我们进一步可找到统一表达式:

$$d_n = C_n^0 + C_n^1 + C_n^2 + \cdots + C_n^k$$

($k = 1$ 时,$d_n = C_n^0 + C_n^1 = n + 1 = a_n$;$k = 2$ 时,$d_n = C_n^0 + C_n^1 + C_n^2 = 1 + n + \frac{n(n-1)}{2} = \frac{n^2 + n + 2}{2} = b_n$;…)

为什么前面几项是等比数列呢? 因为有二项式定理:

$$2^n = (1 + 1)^n = C_n^0 + C_n^1 + C_n^2 + \cdots + C_n^k + \cdots$$

从此例我们可以看到,对于数学,解决一类问题往往比解决一个问题更容易. 因为一类问题比一个问题更容易发现数学的本质和规律.

集合是最原始、最直观的问题,但我们分析它内部的关系及与其他知识的联系时会发现它有更广泛的内容,生动有趣、奥妙无穷.

一、集合的子集个数

【例1】分别写出集合 $A = \{a\}$,$B = \{a, b\}$ 的所有子集,并分析它们的子集之间的关系.

解:集合 A 的子集:Φ,$\{a\}$.

集合 B 的子集:Φ,$\{a\}$,$\{b\}$,$\{a, b\}$.

进一步可立即写出集合 $C = \{a, b, c\}$ 的子集:Φ,$\{a\}$,$\{b\}$,$\{a, b\}$,$\{c\}$,$\{a, c\}$,$\{b, c\}$,$\{a, b, c\}$.

类推归纳得到以下结论:

(1)集合的元素每增加一个,子集增加一倍且新增子集恰是原子集并入新元素.

(2)集合的元素每减少一个,子集减少一半.

(3)集合的含某个元素的子集是全体子集的一半.

(4)n 个元素的子集数目为 2^n,其中真子集为 $2^n - 1$ 个.

(5)子集按所含元质数目的多少分类,符合杨辉三角形,即

$$C_n^0 + C_n^1 + C_n^2 + \cdots + C_n^n = 2^n$$

$$C_n^m = \frac{n!}{m!(n-m)!}, \quad n! = n(n-1)(n-2)\cdots \times 2 \times 1.$$

【**例 2**】 求满足下式 $\{a, b\} \subseteq X \subsetneqq \{a, b, c, d\}$ 的集合 X 的个数.

解: $\{a, b, c, d\}$ 的子集共 2^4 个, 含元素 a 的 8 个子集中又含 b 的有 4 个, 而 $X \subsetneqq \{a, b, c, d\}$, 所以这样的 X 有 3 个.

相当于在 $\{a, b\} \subseteq X \subsetneqq \{a, b, c, d\}$ 的两端约去 $\{a, b\}$ 为 $\Phi \subseteq X \subsetneqq \{c, d\}$, 即满足 $X \subsetneqq \{c, d\}$ 的集合 X 的个数.

二、集合中元素的数目

1. 集合的关系

$C_U(A \cup B) = C_U A \cap C_U B; \quad C_U(A \cap B) = C_U A \cup C_U B.$

2. 容斥原理 (逐层分解)

记有限集合 M 的元素个数为 $n(M)$, 全集为 U.

对于 2 个集合, 有

(1) $n(U) = n[C_U(A \cup B)] + n(A \cup B)$;

(2) $n(A \cup B) = n(A) + n(B) - n(A \cap B)$; (至少有一个)

(3) $n[C_U(A \cup B)] = n(U) - n(A \cup B) = n(U) - n(A) - n(B) + n(A \cap B)$; (都不)

对于三个集合, 有

(4) $n(U) = n[C_U(A \cup B \cup C)] + n(A \cup B \cup C)$;

(5) $n(A \cup B \cup C) = n(A) + n(B) + n(C) - n(A \cap B) - n(B \cap C) - n(A \cap C) + n(A \cap B \cap C)$;

(6) $n[C_U(A \cup B \cup C)]$

$= n(U) - n(A \cup B \cup C)$

$= n(U) - n(A) - n(B) - n(C) + n(A \cap B) + n(B \cap C) + n(A \cap C) - n(A \cap B \cap C)$.

在 (6) 中, 若 $n(A) = n(B) = n(C)$ 且 $n(A \cap B) = n(B \cap C) = n(A \cap C)$, 则

(7) $n[C_U(A \cup B \cup C)] = n(U) - n(A \cup B \cup C)$

$= C_3^0 n(U) - C_3^1 n(A) + C_3^2 n(A \cap B) - C_3^3 n(A \cap B \cap C).$

一般地, n 个有限集合的并集或并集的补集的元素个数的类似公式成立, 称该结论为容斥原理 (每次只管一类, 由不纯净逐步到纯净).

【**例 3**】 从 1 到 100 的自然数中, 不能被 2, 3, 5 整除的数有多少?

解: 设 $I = \{1$ 到 100 的自然数$\}$,

$A = \{I$ 中能被 2 整除的数$\}$, $B = \{I$ 中能被 3 整除的数$\}$, $C = \{I$ 中能被 5 整除的数$\}$, 则

$n(I) = 100$; $n(A) = \dfrac{100}{2}$; $n(B) = \dfrac{100}{3}$ 的整数部分 = 33; $n(C) = \dfrac{100}{5}$

的整数部分 $=20$；$n (A\cap B) = \dfrac{100}{6}$ 的整数部分 $=16$；$n (B\cap C) = \dfrac{100}{15}$ 的整数部

分 $=6$；$n (C\cap A) = \dfrac{100}{10}$ 的整数部分 $=10$；$n (A\cap B\cap C) = \dfrac{100}{30}$ 的整数部分 $=3$.

得 $n [C_I (A\cup B\cup C)] = 100 - (50+33+20) + (16+6+10) - 3 = 26$.

∴ 不能被 2，3，5 整除的数有 26 个.

三、错位排列

所谓错位排列问题是：将编号为 1，2，3，$\cdots$，n 的 n 个元素排成一列，要求全不对号（即第 i 号元素不能在第 i 个位置），这样的排列有多少种？

我们记 A_k 为 k 号元素对号的所有排列，此时的排列种数为 $n(A_k) = (n-1)!$，$A_k\cap A_m$ 即为 k 号与 m 号元素对号的所有排列，$n(A_k\cap A_m) = (n-2)!$，依次类推，$C_U(A_1\cup A_2\cup \cdots\cup A_n)$ 即表示全不对号的所有排列. $C_n^k n(A_1\cap A_2\cap \cdots\cap A_k)$ $= C_n^k A_{n-k}^{n-k} = C_n^k (n-k)! = \dfrac{n!}{k!}$；$U$ 表示 n 个元素的全排列集合，$n(U) = n!$.

由容斥原理可得 n 个元素全错位的排列数为

$n [C_U(A_1\cup A_2\cup \cdots\cup A_n)]$

$= n(U) - C_n^1 n(A_1) + C_n^2 n(A_1\cap A_2) - C_n^3 n(A_1\cap A_2\cap A_3) + \cdots + (-1)^n n(A_1\cap A_2\cap \cdots\cap A_n)$

$= n! - \dfrac{n!}{1!} + \dfrac{n!}{2!} - \dfrac{n!}{3!} + \cdots + (-1)^n \dfrac{n!}{n!}$

$= n! \left[1 - \dfrac{1}{1!} + \dfrac{1}{2!} - \dfrac{1}{3!} + \cdots + (-1)^n \dfrac{1}{n!} \right]$

$= n! \left[\dfrac{1}{2!} - \dfrac{1}{3!} + \cdots + (-1)^n \dfrac{1}{n!} \right]$.

$N_n = n! \left[\dfrac{1}{2!} - \dfrac{1}{3!} + \cdots + (-1)^n \dfrac{1}{n!} \right]$.

由此可得出至少有一个对号的公式为

$n(A_1\cup A_2\cup \cdots\cup A_n)$

$= \dfrac{n!}{1!} - \dfrac{n!}{2!} + \dfrac{n!}{3!} + \cdots + (-1)^{n+1} \dfrac{n!}{n!}$

$= n! \left[1 - \dfrac{1}{2!} + \dfrac{1}{3!} + \cdots + (-1)^{n+1} \dfrac{1}{n!} \right]$

【例4】同室 4 人各写一张贺年卡，先集中起来，然后每人从中拿 1 张别人送出的贺年卡，则 4 张贺年卡不同的分配方式有_____种.

解法一：用公式 $N_4 = 4! \left(\dfrac{1}{2!} - \dfrac{1}{3!} + \dfrac{1}{4!} \right) = 9$.

解法二：按不对号一一列举，可得 9 种.

不对号数列的前几项为

0，1，2，9，44，…

（若让你归纳通项公式，如何归纳？该公式如何用数学归纳法证明？）

四、映射的个数

问题：集合 $A = \{a_1, a_2, a_3, \cdots, a_n\}$ 中有 n 个元素，集合 $B = \{b_1, b_2, b_3, \cdots, b_m\}$ 中有 m 个元素，那么从集合 A 到集合 B 可建立多少个映射？

分析：根据映射的定义，A 中的每一个元素在 B 中要有唯一的象，即与 B 中的某个元素对应，对于元素 a_1，对应到 B 中元素有 m 种方法，对于元素 a_2，对应到 B 中元素也有 m 种方法……对于元素 a_n，对应到 B 中元素也有 m 种方法.

所以，集合 $A = \{a_1, a_2, a_3, \cdots, a_n\}$ 中有 n 个元素，集合 $B = \{b_1, b_2, b_3, \cdots, b_m\}$ 中有 m 个元素，那么从集合 A 到集合 B 可建立 m^n 个映射.

由一一映射的定义，我们又可得到

集合 $A = \{a_1, a_2, a_3, \cdots, a_n\}$ 中有 n 个元素，集合 $B = \{b_1, b_2, b_3, \cdots, b_n\}$ 中有 n 个元素，那么从集合 A 到集合 B 可建立 $A_n^n = n!$（个）一一映射.

【例 5】已知集合 $A = \{a, b, c, d, e\}$，$B = \{-1, 0, 1\}$，则从 A 到 B 的不同映射的有_____个.

答案：3^5

五、分书问题与排列组合

（1）n 本不同的书，分给 n 个人，每人 1 本，有多少种分法？

（2）n 本的书，其中有 $n-m$ 本是相同的数学书，分给 n 个人，每人 1 本，有多少种分法？

（3）n 本的书，其中 m 本是相同的数学书，剩下 $n-m$ 本是相同的语文书，分给 n 个人，每人 1 本，有多少种分法？

（4）n 本的书，其中 m 本是相同的数学书，k 本是相同的英语书，剩下 $n-m-k$ 本是相同的语文书，分给 n 个人，每人 1 本，有多少种分法？

分析：

（1）相当于 n 个不同元素取出 n 个元素的排列，即为 $A_n^n = n!$.

（2）先将书当成全不相同的，则有 $n!$ 种，在这 $n!$ 种中每确定的人拿相同数学书的计算了 $(n-m)!$ 种，实际只有一种，所以分法为 $\dfrac{n!}{(n-m)!} = A_n^m$.

（3）先将书当成全不相同的，则有 $n!$ 种，在这 $n!$ 种中每确定的人拿相同数学书的计算了 $m!$ 种，每确定的人拿相同语文书的人计算了 $(n-m)!$ 种，实际只有一种，所以分法为 $\dfrac{n!}{m!\ (n-m)!}=C_n^m$.

（4）仿以上分析，得 $\dfrac{n!}{m!\ k!\ (n-m-k)!}$.

由此得到：全排列、选排列、组合以及新的问题都是分书给人的问题中书的相同与否的问题.

对于 $\dfrac{n!}{(n-m)!}=A_n^m$，还可理解为 m 个人与（$n-m$）个假设的空人坐 n 个座位，每人 1 个座位的安排方法数.

【例6】某市棋盘形街道，东西方向有 6 条，南北方向有 5 条，从西南角的 A 点到东北角的 B 点，经最短路程有几种不同的走法？

分析：不同的走法相当于 4 个横线段与 5 个竖线段的各种排列（相当于两类书的分法）. 共有 $\dfrac{9!}{5!\ 4!}=C_9^5=126$（种）.

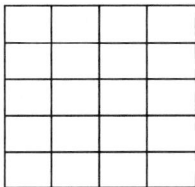

六、二项式定理与多项式定理

1. 对二项式定理的理解

$(a+b)^n=C_n^0 a^n+C_n^1 a^{n-1}b^1+C_n^2 a^{n-2}b^2+\cdots+C_n^r a^{n-r}b^r+\cdots+C_n^n b^n$.

对于项 $T_{r+1}=C_n^r a^{n-r}b^r$，可这样理解：标号为 1，2，$\cdots$，n 的 n 个袋子，每个袋子中都有 1 个 a 球和 1 个 b 球，从中选出 r 个袋子取 b 球，剩下的袋子取 a 球，这种不同的取法的为 C_n^r，r 个 b 球，$n-r$ 个 a 球对应二项式的项 $a^{n-r}b^r$，而 $C_n^r=\dfrac{n!}{r!\ (n-r)!}$. 所以二项式定理又可写成

$$(a+b)^n=\sum_{m=0}^{n}\dfrac{n!}{m!\ (n-m)!}a^{n-m}b^m$$

由此发现项与系数的对应关系 $a^{n-r}b^r\rightarrow\dfrac{n!}{r!\ (n-r)!}$.

（同分异构体的数目也应具有这种确定性，试探索）.

2. 多项式定理

$$(a+b+c)^n=\sum_{m=0}^{n}\sum_{k=0}^{n}\dfrac{n!}{m!\ k!\ (n-m-k)!}a^m b^k c^{n-m-k}$$

m，k 取 0，1，2，$\cdots$，n 的整数，所有的取法组成所有的项.

（（1）有无类似与杨辉三角形的形式；（2）三项式展开有多少项？试探索）

【例7】6 封不同的信放入 4 个不同的信箱，要求每个信箱不空，有多少种放法？

分析：构造多项式 $(a+b+c+d)^6$，信箱不空对应多项式展开后的项必全有 $abcd$，它的次方只有（3，1，1，1）或（2，2，1，1）两种方式，每项的系数对应放信的方法．所以放信的方法数为

$$C_4^1 \frac{6!}{3! \ 1! \ 1! \ 1!} + C_4^2 \frac{6!}{2! \ 2! \ 1! \ 1!} = 1\ 560$$

3. 组合恒等式证明

（1）$C_n^1 + 2C_n^2 + 3C_n^3 + 4C_n^4 + 5C_n^5 + \cdots + nC_n^n = n \cdot 2^{n-1}$；

（2）$C_n^0 + 2C_n^1 + 2^2 C_n^2 + 2^3 C_n^3 + \cdots + 2^n C_n^n = 3^n$；

（3）$C_{n+m}^k = C_n^0 C_m^k + C_n^1 C_m^{k-1} + C_n^2 C_m^{k-2} + C_n^3 C_m^{k-3} + \cdots + C_n^k C_m^0$．

七、名额分配问题与不定方程的解

【例8】 某校准备组建一支 18 人的足球队，这 18 人由高一年级 10 个班的学生组成，每个班级至少 1 人，名额分配方案共有_____种．

分析：构造一个隔板模型，取 18 枚棋子排成一列，在相邻的每两枚棋子形成的 17 个间隙中选取 9 个插入隔板，将 18 枚棋子分隔成 10 个区间，第 i（$1 \leq i \leq 10$）个区间的棋子数对应第 i 个班级学生的名额，因此名额分配方案的种数与隔板插入数相等，因隔板插入数为 C_{17}^9，故名额分配方案共有 C_{17}^9 种．

以上方法我们称"隔板模型"，它可使一些问题明了易解．与上面问题类似的还有如下的问题：

【例9】 三项式 $(a+b+c)^n$ 的展开式共有多少项？

分析：项的组成是 $a^i b^j c^k$，$i+j+k=n$，$0 \leq i$，j，$k \leq n$；i，j，k，$n \in \mathbf{N}^*$，等价于 n 个相同小球排在一条直线上，用 2 个隔板隔成 3 部分（两隔板可以相邻），每部分的小球数目按次序对应 i，j，k．所以结果应为 $\frac{(n+2)!}{n! \ 2!} = C_{n+2}^2$，即三项式的展开式共有 C_{n+2}^2 项．

【例10】 已知方程 $x+y+z+w=100$，求这个方程的正整数解的个数．

分析：100 为 100 个 1 的和，设想，把这 100 个 1 个接 1 个排起来，即

1，1，1，1，…，1

然后用 3 个隔板把这 100 个 1 隔成 4 组，显然隔板只能加在 100 个 1 之间的 99 个位置，而且相邻两个 1 之间至多只能加 1 个隔板．这样每次划分之后，被分成的 4 组包含 1 的个数即为方程相应的一组解，所以方程的正整数解有 $C_{99}^3 = 156\ 849$（组）．

引申：

（1）已知方程 $x+y+z+w=100$，求这个方程的非负整数解的个数．（C_{103}^3）

（2）用数学归纳法证明不定方程 $x_1 + x_2 + \cdots + x_m = n$（$n$，$m$ 为正整数）的非

负整数解的组数为 $\dfrac{(n+m-1)!}{n!\,(m-1)!}$.

［验证两个 $P(1,m)$，$P(n,1)$；假设两个 $P(n+1,m)$，$P(n,m+1)$；推出 $P(n+1,m+1)$］

八、分步组合隐含排列

一个简单的问题是"从 10 个人中选 2 人去开会，有多少种选派方法？"显然有 $C_{10}^2=45$（种）选派方法. 若从 10 人中先选 1 人去，再从剩余 9 人中选 1 人去，则得 $C_{10}^1 C_9^1=90=A_{10}^2$（种），显然错了. 这种错误也叫组合的"二次取"或"二次放"问题. 我们可总结出经验："分步组合意味排列."

【例 11】4 个不同小球放入编号为 1，2，3 的三个盒子中，则每个盒子不空的放法有_____种.

一种错误的方法是：先选 3 球放入 3 个盒子有 A_4^3 种，再将剩下 1 球随便投入 1 个盒子，有 C_3^1 种方法. 所以满足条件的放法共有 $A_4^3 C_3^1=72$（种）.

这种方法的错误就在于：若设 4 个球为 a，b，c，d，一种放法是 (ab,c,d)，而在上面的方法中算成了先 (a,c,d) 再将 b 放在第一个盒中（与 a 在同一个盒中）或先 (b,c,d) 再将 a 放在第一个盒中（与 b 在同一个盒中），多算了 1 次.

有一个盒子需放 2 个球要同时放进去，而在此方法中分开放进去了，意味排列.

正确的解法是：由题意知，必有一个盒子要放 2 个球. 故可分两步进行：第一步先从 4 个球中任选 2 个球，有 C_4^2 种选法；第二步把选出的 2 个球视为一个元素，与其余的 2 个球共 3 个元素对 3 个盒子作全排列，有 A_3^3 种排法. 所以满足条件的放法共有 $C_4^2 A_3^3=36$（种）.

【例 12】有 100 件产品，其中含次品 5 件，从中取 3 件，求至少含 1 件次品的取法数.

错误的方法：先从次品中取 1 件（保证有次品），有 C_5^1 种，再从剩余的 99 个元素中取 2 件，有 C_{99}^2 种，所以共有 $C_5^1 C_{99}^2$ 种.

这种方法的错误在于：若刚好取到 2 件次品是 a，b，1 件正品是 c，应该算一种取法，而在 $C_5^1 C_{99}^2$ 中，算成了 (a,bc) 和 (b,ac) 两种了.

正确答案：用直接法，得 $C_5^1 C_{95}^2+C_5^2 C_{95}^1+C_5^3$.

用间接法，得 $C_{100}^3-C_{95}^3$.

两种方法结果相等，形式不同，由此可得公式：

$$C_{n+m}^k=C_n^0 C_m^k+C_n^1 C_m^{k-1}+C_n^2 C_m^{k-2}+C_n^3 C_m^{k-3}+\cdots+C_n^k C_m^0.$$

我们又有经验："同类元素一次取，不同类问题分步取."

九、元素分堆问题与分步组合问题不等价

分堆问题又是易弄错的一类问题. 如 "将 a, b 两个元素分两堆, 一堆一个, 有多少种分法?" 很容易得到 $C_2^1 C_1^1 = 2$ （种）. 实际只有 1 种分法. 由于分步组合意味着排列, 在这里真正意味着给分的两堆编了号, 而我们的分法只是分开而已. 所以应这样来算 $\dfrac{C_2^1 C_1^1}{A_2^2} = 1$.

【例 13】6 个不同的小球按以下要求分堆, 各有多少种分法?

（1）分三堆, 一堆 1 个, 一堆 2 个, 一堆 3 个;

（2）分三堆, 每堆各 2 个;

（3）分三堆, 一堆 4 个, 另两堆各 1 个.

分析:（1）先从 6 个中任取 1 个为第一堆, 再从剩下 5 个中取 2 个为第二堆, 剩下 3 个为第三堆. 共有分法 $C_6^1 C_5^2 C_3^3$ 种.

（2）如果三堆有编号, 先从 6 个中任取 2 个为第一堆, 再从剩下 4 个中取 2 个为第二堆, 剩下 2 个为第三堆, 得到 $C_6^2 C_4^2 C_2^2$ 种. 有编号相当于将分好的三堆进行了一次全排列, 共有 $\dfrac{C_6^2 C_4^2 C_2^2}{A_3^3}$ 种分堆方法.

（3）同（2）分析, 可得共有 $\dfrac{C_6^4 C_2^1 C_1^1}{A_2^2}$ 种分堆方法.

解题经验: ①分堆问题中给每堆编号, 则分法就是分步组合; ②在非均匀分堆中, 有编号分堆与无编号分堆分法数相等, 都是分步组合; ③在均匀分堆中, 有编号分堆与无编号分堆分法数不相等, 有编号分堆的数目除以有相等数目堆数的阶乘为无编号分堆分法数.

研究问题 1: n 个相同的球分成 m 堆, 有多少种分法?

十、代数形式的演变

把排列、组合、二项式定理作为一种代数形式看待, 我们会发现更深刻的内容.

1. 在虚数中用二项式定理

（1）$(1 + i)^n$ 的两种展开式:

$$(1+i)^n = C_n^0 + C_n^1 i + C_n^2 i^2 + C_n^3 i^3 + C_n^4 i^4 + C_n^5 i^5 + C_n^6 i^6 + \cdots + C_n^r i^r + \cdots + C_n^n i^n$$

$$= C_n^0 + C_n^1 i - C_n^2 - C_n^3 i + C_n^4 + C_n^5 i - C_n^6 + \cdots + C_n^r i^r + \cdots + C_n^n i^n$$

$$= \left(C_n^0 - C_n^2 + C_n^4 - C_n^6 + \cdots \right) + \left(C_n^1 - C_n^3 + C_n^5 - C_n^7 + \cdots \right) i,$$

$$(1+i)^n = \left[\sqrt{2} \left(\cos \frac{\pi}{4} + i \sin \frac{\pi}{4} \right) \right]^n = (\sqrt{2})^n \left(\cos \frac{n\pi}{4} + i \sin \frac{n\pi}{4} \right),$$

$$\therefore C_n^0 - C_n^2 + C_n^4 - C_n^6 + \cdots = (\sqrt{2})^n \cos\frac{n\pi}{4},$$

$$C_n^1 - C_n^3 + C_n^5 - C_n^7 + \cdots = (\sqrt{2})^n \sin\frac{n\pi}{4}.$$

（2）用代数形式解题：在 $(\sqrt{x} + 2)^{2n+1}$ 的展开式中，含 x 的整数次幂的各项系数之和是_____.

解：$\because (\sqrt{x} + 2)^{2n+1} = (2 + \sqrt{x})^{2n+1}$

$$= 2^{2n+1} + C_{2n+1}^1 2^{2n}\sqrt{x} + C_{2n+1}^2 2^{2n-1} (\sqrt{x})^2 + \cdots$$

$$= a_0 + a_1\sqrt{x} + a_2 (\sqrt{x})^2 + \cdots$$

$\therefore$ 所求为奇数项的系数和 $= a_0 + a_2 + a_4 + \cdots$

令 $\sqrt{x} = 1$，得 $a_0 + a_1 + a_2 + a_3 + \cdots = 3^{2n+1}$.

令 $\sqrt{x} = -1$，得 $a_0 - a_1 + a_2 - a_3 + \cdots = 1$.

两式相加，得 $a_0 + a_2 + a_4 + \cdots = \dfrac{3^{2n+1} + 1}{2}$ 为所求.

在此解法中，令 $\sqrt{x} = -1$ 只是一种代数形式，它可以帮我们解决问题. 当然这种形式后面的内容值得我们去探究.

2. 排列数、组合数、二项式定理中的 n 可以是任意数.

（1）排列数的形式推广：$A_{-2}^3 = (-2)(-2-1)(-2-2) = -24$.

（2）二项式定理的形式推广：

① $(1+x)^{\frac{1}{2}} = 1 + C_{\frac{1}{2}}^1 x + C_{\frac{1}{2}}^2 x^2 + C_{\frac{1}{2}}^3 x^3 + \cdots$

$$= 1 + \frac{1}{2}x + \frac{\frac{1}{2}\left(\frac{1}{2}-1\right)}{2\times1}x^2 + \frac{\frac{1}{2}\left(\frac{1}{2}-1\right)\left(\frac{1}{2}-2\right)}{3\times2\times1}x^3 + \cdots$$

$$= 1 + \frac{1}{2}x - \frac{1}{8}x^2 + \frac{1}{16}x^3 - \frac{5}{128}x^4 + \cdots$$

② $(1-x)^{-1} = 1 + x + x^2 + x^3 + \cdots$

【例14】（上海高考题改编）规定 $C_x^m = \dfrac{x(x-1)(x-2)\cdots(x-m+1)}{m!}$，其中 $x \in \mathbf{R}$，m 是正整数且 $C_x^0 = 1$，这是组合数 C_n^m（n，m 是正整数且 $m \leqslant n$）的一种推广.

（1）求 C_{-15}^3 的值.

（2）设 $x > 0$，当 x 为何值时，$\dfrac{C_x^3}{(C_x^1)^2}$ 取最小值？

（3）组合的性质 $C_n^m = C_n^{n-m}$ 是否能推广到 C_x^m（$x \in \mathbf{R}$，m 为正整数）的情形？若能推广，请写出推广形式，并给出证明；若不能，请说明理由.

（4）已知组合数 C_n^m 是正整数，证明：当 $x \in \mathbf{Z}$，m 是正整数时，$C_x^m \in \mathbf{Z}$.

解：（1）$C_{-15}^3 = \dfrac{(-15)(-16)(-17)}{3!} = -680$.

（2） $\dfrac{C_x^3}{\left(C_x^1\right)^2}=\dfrac{x\,(x-1)\,(x-2)}{6x^2}=\dfrac{1}{6}\left(x+\dfrac{2}{x}-3\right),$

$\because x>0$ 时，$x+\dfrac{2}{x}\geqslant 2\sqrt{2}$

$\therefore x=\sqrt{2}$ 时，最小值为 $\dfrac{1}{6}\,(2\sqrt{2}-3).$

（3）不能推广，例如当 $x=\sqrt{2}$ 时，$C_{\sqrt{2}}^1$ 有意义，但 $C_{\sqrt{2}}^{\sqrt{2}-1}$ 无意义.

（4）证明：当 $x\geqslant m$ 时，组合数 $C_x^m\in\mathbf{Z}$，

当 $0\leqslant x<m$ 时，$C_x^m=0\in\mathbf{Z}$；

当 $x<0$ 时，$\because\ -x+m-1>0$，

$\therefore C_x^m=\dfrac{x\,(x-1)\,\cdots\,(x-m+1)}{m!}$

$\qquad =\,(-1)^m\dfrac{(-x+m-1)\,\cdots\,(-x+1)\,(-x)}{m!}$

$\qquad =\,(-1)^m C_{-x+m-1}^m\in\mathbf{Z}$

排列、组合有着丰富的内容，值得我们进一步研究.

思考与研究

书架上有 4 本不同的数学书，5 本不同的物理书，3 本不同的化学书，全部竖起排成一排，如果要使同类书不相邻，一共有多少种排法？

22. 杨辉三角形从二项式向多项式推广

可以说杨辉三角形产生于二项式定理，也可以说是纯粹的一种数学形式．它是数学的代数形式与几何结构完美结合的一个典型例子，凡遇到它的人无不为它的奇妙而折服．惊叹之余自然会想到三项式以及多项式有无此奇妙的性质．

一、二项式定理

1. 二项式 $(a+b)^n$ 的展开式

当 $n=2$ 时就是 $(a+b)^2 = a^2 + 2ab + b^2$；

当 $n=3$ 时就是 $(a+b)^3 = a^3 + 3a^2b + 3ab^2 + b^3$；

一般来说

$(a+b)^n = C_n^0 a^n + C_n^1 a^{n-1}b^1 + C_n^2 a^{n-2}b^2 + \cdots + C_n^r a^{n-r}b^r + \cdots + C_n^n b^n$

此式叫二项式定理．

2. 二项式定理的理解

对于二项式展开式的任一项（第 $r+1$ 项） $T_{r+1} = C_n^r a^{n-r}b^r$，可这样理解：标号为 1，2，$\cdots$，$n$ 的 n 个袋子，每个袋子中都有一个 a 球和一个 b 球，从中选出 r 个袋子取 b 球，剩下的袋子取 a 球，这种不同的取法为 C_n^r．r 个 b 球，$n-r$ 个 a 球，对应二项式的项为 $a^{n-r}b^r$，而系数 $C_n^r = \dfrac{n!}{r! \cdot (n-r)!}$．所以二项式定理又可写成

$$(a+b)^n = \sum_{r=0}^{n} \frac{n!}{r! \cdot (n-r)!} a^{n-r}b^r \ (r=0, 1, 2, \cdots, n)$$

由此发现项与系数的对应关系 $a^{n-r}b^r \rightarrow \dfrac{n!}{r! \cdot (n-r)!}$（结构形式决定数量）．

3. 二项式定理的基本规律

（1）二项式 $(a+b)^n$ 展开式中共有 $n+1$ 项，每项 a 与 b 的次方和为 n．a 降幂排列，b 升幂排列；a 的幂由 n 开始依次减 1 降到 0，b 的幂由 0 开始依次增 1 升到 n．

（2）二项式 $(a+b)^n$ 展开式的系数构成杨辉三角形．

$$1 \cdots\cdots\cdots\cdots\cdots\cdots\cdots\cdots\cdots\cdots\cdots C_0^0 \cdots\cdots (a+b)^0$$
$$1 \quad 1 \cdots\cdots\cdots\cdots\cdots\cdots\cdots\cdots\cdots C_1^0 \quad C_1^1 \cdots\cdots (a+b)^1$$
$$1 \quad 2 \quad 1 \cdots\cdots\cdots\cdots\cdots\cdots\cdots C_2^0 \quad C_2^1 \quad C_2^2 \cdots\cdots (a+b)^2$$
$$1 \quad 3 \quad 3 \quad 1 \cdots\cdots\cdots\cdots C_3^0 \quad C_3^1 \quad C_3^2 \quad C_3^3 \cdots (a+b)^3$$
$$1 \quad 4 \quad 6 \quad 4 \quad 1 \cdots\cdots C_4^0 \quad C_4^1 \quad C_4^2 \quad C_4^3 \quad C_4^4 \cdots (a+b)^4$$
$$1 \quad 5 \quad 10 \quad 10 \quad 5 \quad 1 \cdots C_5^0 \quad C_5^1 \quad C_5^2 \quad C_5^3 \quad C_5^4 \quad C_5^5 \cdots (a+b)^5$$

我们记第一个 1 为第 0 行，往下依次编号．

其中三角形左右两斜边上的数字均为 1，其他位置均为其两肩上的数之和，用组合数写出即为 $C_n^{r-1} + C_n^r = C_{n+1}^r$．

二、三项式定理

1. 三项式 $(a+b+c)^n$ 的展开式

分析：展开式中项的组成是 $a^i b^j c^k$，$i+j+k=n$；$0 \leqslant i, j, k \leqslant n$；$i, j, k, n \in \mathbf{N}$，等效于 n 个相同小球排在一条直线上，用 2 个隔板隔成三部分，每部分的小球数目按次序对应 i, j, k．所以结果应为

$$\frac{(n+2)!}{n! \cdot 2!} = C_{n+2}^2 = \frac{(n+1)(n+2)}{2}$$

例如：$(a+b+c)^3$ 的展开式共有 $C_5^2 = 10$ 项，即 a^3，b^3，c^3，$a^2 b$，$a^2 c$，$b^2 a$，$b^2 c$，$c^2 a$，$c^2 b$，abc．

2. 三项式定理

从三项式展开项的组成我们可知道是所有项 $a^i b^j c^k$（$i+j+k=n$；$0 \leqslant i, j, k \leqslant n$；$i, j, k, n \in \mathbf{N}$）之和，即

$$(a+b+c)^n = \sum \frac{n!}{i! \, j! \, k!} a^i b^j c^k (0 \leqslant i, j, k \leqslant n; \ i, j, k, n \in \mathbf{N}; \ i+j+k=n) \quad ①$$

又 $(a+b+c)^n$

$$= [a+(b+c)]^n$$
$$= C_n^0 a^n (b+c)^0 + C_n^1 a^{n-1}(b+c)^1 + C_n^2 a^{n-2}(b+c)^2 + \cdots + C_n^n a^0 (b+c)^n$$

$$\therefore \ (a+b+c)^n = \sum_{m=0}^n C_n^m a^{n-m} \sum_{k=0}^m C_m^k b^{m-k} c^k (0 \leqslant m, k \leqslant n; \ m, k, n \in \mathbf{N}) \quad ②$$

式①、②称为三项式定理．

发现三项式的项与系数的对应关系 $a^i b^j c^k \to \dfrac{(i+j+k)!}{i! \cdot j! \cdot k!}$ 依然成立（结构形式决定数量）．

数学探究与欣赏

3. 三项式 $(a+b+c)^n$ 展开的几何表示

$(a+b+c)^1 = a+b+c$

$(a+b+c)^2 = a^2+b^2+c^2+2ab+2bc+2ca$

$(a+b+c)^3 = a^3+b^3+c^3+3a^2b+3a^2c+3b^2a+3b^2c+3c^2a+3c^2b+6abc.$

$(a+b+c)^4 = a^4+b^4+c^4+4a^3b+6a^2b^2+4ab^3+4b^3c+6b^2c^2+4bc^3+4c^3a+$
$\qquad 6c^2a^2+4ca^3+12a^2bc+12ab^2c+12abc^2$

展开式各项的排布规律　　　　　　展开式对应项系数三角形

$n=1$

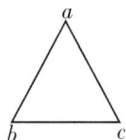

$n=2$

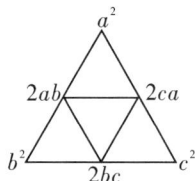

$n=3$

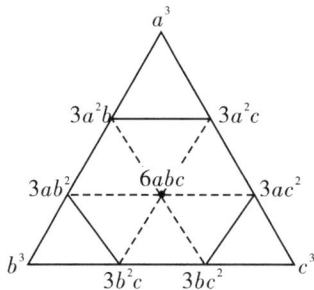

$n=4$

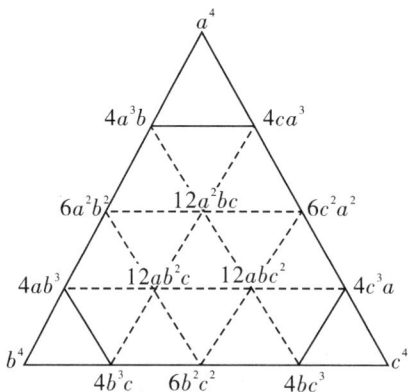

最后一个图就是 $(a+b+c)^4$ 展开式的几何表示，我们依此图为例来说明三项式的性质：

（1）三项式分布为一三角形（严格说为正三角形），结点数 $=1+2+3+4+5$ $=15=\dfrac{6\times5}{2}=\mathrm{C}_{4+2}^2$，对应 $(a+b+c)^4$ 展开式的项数；一般 $(a+b+c)^n$ 展开式的项数 $=1+2+3+\cdots+n+(n+1)=\dfrac{(n+2)(n+1)}{2}=\mathrm{C}_{n+2}^2$.

（2）每个结点所写代数式正是 $(a+b+c)^4$ 展开式中的项，全部加起来构成其展开式.

（3）结点上项的构成规律如下：

外三角形顶点为 a^4，b^4，c^4.

对外三角形每边（如 a^4—b^4 边）分成 4 等分，即 5 个点，每点对应 $(a+b)^4$ 展开的各项（按规律），每边都这样做.

将外三角形的边对应等分点连线（连线与外三角形边平行），得到新交点（结点），看 $4ab^3$—$4c^3a$ 这条线，它上面的点对应的项分别为（$4ab^3$，$12ab^2c$，$12abc^2$，$4c^3a$），提出 $4a$，规律为（$4ab^3$，$12ab^2c$，$12abc^2$，$4c^3a$）$=4a(b^3$，$3b^2c$，$3bc^2$，$c^3)$，是 $4a\times(b+c)^3$ 展开的各项，即三项式系数与杨辉三角有着以下对应关系：

$$
\begin{array}{ccc}
\begin{array}{ccccc}
&&1&&\\
&4&&4&\\
6&&12&&6\\
4&12&&12&4\\
1&4&6&4&1
\end{array}
&=&
\begin{array}{ccccc}
&&1&&\\
&1&&1&\\
1&&2&&1\\
1&3&&3&1\\
1&4&6&4&1
\end{array}
\quad
\begin{array}{l}
\times\mathrm{C}_4^0\\
\times\mathrm{C}_4^1\\
\times\mathrm{C}_4^2\\
\times\mathrm{C}_4^3\\
\times\mathrm{C}_4^4
\end{array}
\end{array}
$$

即三项式系数等于对应的杨辉三角与对应的二项式系数之积.

（4）如果把排在第 $m+1$ 行的第 $k+1$ 项记为 $T(m+1,k+1)$，则
$$T(m+1,k+1)=\mathrm{C}_n^m\mathrm{C}_m^k a^{n-m}b^{m-k}c^k$$

称 $T(m+1,k+1)$ 为三项式的通项，其对应系数为 $\mathrm{C}_n^m\mathrm{C}_m^k$（$m$，$k$ 取 0，1，2，3，$\cdots$，n 的整数）.

（5）三项式的杨辉三棱锥塔.

我们将三项式 $(a+b+c)^1$，$(a+b+c)^2$，$(a+b+c)^3$，$(a+b+c)^4$，$\cdots$ 的展开式的系数三角形叠摞在一起成为三棱锥（可以想象一堆球相外切叠堆成三棱锥，每个小球上的数字是三项式展开对应项的系数），最上方补上 1 $[=(a+b+c)^0]$，称为杨辉三棱锥塔. 可以发现以下性质：

①它的三个侧面的系数恰是杨辉三角.

②类比于杨辉三角形内任一位置数均为其两肩上的数之和,用组合数写出即为 $C_n^{r-1} + C_n^r = C_{n+1}^r$. 可以发现三棱锥塔内部任一个数字 $C_{n+1}^{m+1} C_{m+1}^{k+1}$ 恰是上一层中与之接触的三个小球的数字 $C_n^m C_m^k$, $C_n^m C_m^{k+1}$, $C_n^{m+1} C_{m+1}^{k+1}$ 和. 由此得组合恒等式:

$$C_n^m C_m^k + C_n^m C_m^{k+1} + C_n^{m+1} C_{m+1}^{k+1} = C_{n+1}^{m+1} C_{m+1}^{k+1}$$ （证明略）

如下图所示,中间第三层 $2+2+2=6$ 是第四层中间数.

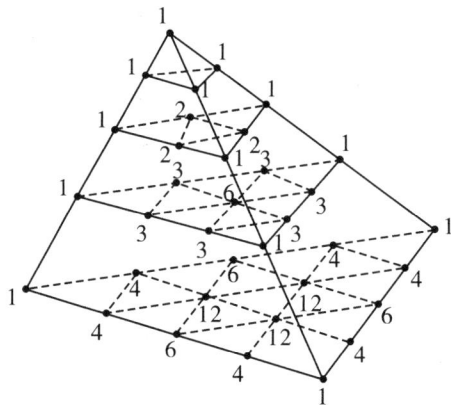

类比杨辉三角形的性质,从三棱锥塔中可得到更多的性质和组合恒等式,在此不赘述,有兴趣的读者可进一步研究.

到此,三项式 $(a+b+c)^n$ 问题的几何表示及杨辉三角形的推广就明白了,反过来我们根据杨辉三棱锥塔就可写出三项式的展开式.

三、四项式

有了上面三项式问题,四项式问题也可迎刃而解.

杨辉三角对应三角形,三项式也对应三角形,那么四项式对应什么? 是四边形吗? 不是.

二项式是直线型问题,三项式是平面问题(三角形),四项式应是立体问题(三棱锥). 例如:

$$(a+b+c+d)^3 = a^3 + b^3 + c^3 + d^3 + 3a^2b + 3a^2c + 3a^2d + 3b^2a + 3b^2c + 3b^2d +$$
$$3c^2a + 3c^2b + 3c^2d + 3d^2a + 3d^2b + 3d^2c + 6abc + 6acd + 6bcd$$

几何表示如下:

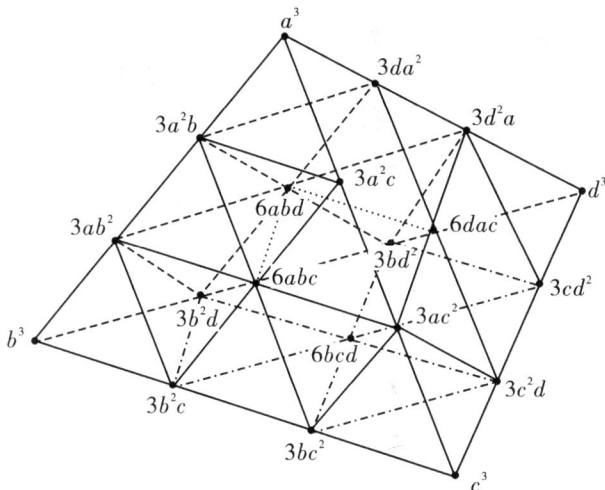

为一个三棱锥（严格说是正四面体），展开式的几何特点如下：

（1）每个侧面上都是三项式.

如三角形面"a^3—b^3—c^3"上各结点及对应项为

$(a+b+c)^3 = a^3+b^3+c^3+3a^2b+3a^2c+3b^2a+3b^2c+3c^2a+3c^2b+6abc.$

（2）每一分层的面也是三项式展开，每条线上是二项式展开.

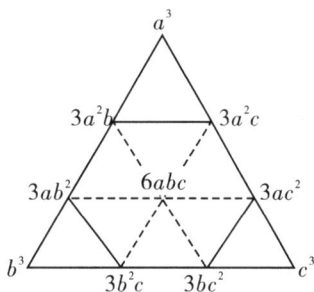

如三角形面"$3ab^2$—$3ac^2$—$3ad^2$"，

面$3ab^2+6abc+3ac^2+6acd+3ad^2+6abd$

$\quad = 3a(b^2+2bc+c^2+2dc+d^2+2bd)$

$\quad = 3a(b+c+d)^2$

三边分别是$3ab^2+6abc+3ac^2 = 3a(b^2+2bc+c^2) = 3a(b+c)^2$，$3ac^2+6acd+3ad^2 = 3a(c+d)^2$，$3d^2a+6abd+3ab^2 = 3a(d+b)^2$.

（3）仿三项式的三棱锥塔将四项式$(a+b+c+d)^0$，$(a+b+c+d)^1$，$(a+b+c+d)^2$，$(a+b+c+d)^3$，…的系数正四面体叠摞在一起，成为四维空间的超三棱锥，每个超侧面的数字是杨辉三棱锥数字，中间任一个数字$C_{n+1}^{m+1}C_{m+1}^{k+1}C_{k+1}^{h+1}$应是它"顶"上四个数$C_n^mC_m^kC_k^h$，$C_n^mC_m^kC_{k+1}^{h+1}$，$C_n^mC_{m+1}^{k+1}C_{k+1}^{h+1}$，$C_n^{m+1}C_{m+1}^{k+1}C_{k+1}^{h+1}$之和，即发现组合恒等式

$$C_n^mC_m^kC_k^h + C_n^mC_m^kC_k^{h+1} + C_n^mC_m^{k+1}C_{k+1}^{h+1}$$
$$+ C_n^{m+1}C_{m+1}^{k+1}C_{k+1}^{h+1} = C_{n+1}^{m+1}C_{m+1}^{k+1}C_{k+1}^{h+1}$$

（证明略）

到此，几何已到了很难想象的地步，用代数的形式就容易一些．我们已发现了研究的道路，数与形犹如灵魂与肉体，只有相结合的统一体才会是有血有肉有情感的生物．有兴趣的读者继续探究吧．

23. 对称不等式的证明策略

不等式中有一类是对称式. 对于此类不等式, 寻找证明思路的方向有三个, 我们以三元对称不等式为例来说明.

策略一: 以单个对称项为主

【例1】已知 x, y, $z \in \mathbf{R}^+$, 求证:

$$\sqrt{x^2+xy+y^2} + \sqrt{y^2+yz+z^2} + \sqrt{z^2+zx+x^2} > \frac{3}{2}(x+y+z).$$

分析: $\because \frac{3}{2}(x+y+z) = \frac{3}{4}(x+y) + \frac{3}{4}(y+z) + \frac{3}{4}(z+x)$,

欲证原不等式, 只需证 $\sqrt{x^2+xy+y^2} > \frac{3}{4}(x+y)$,

即 $16(x^2+xy+y^2) > 9(x^2+2xy+y^2)$,

即 $7(x^2+y^2) > 2xy$.

而 $x^2+y^2 \geqslant 2xy$ 且 $x^2+y^2 > 0$, 所以 $7(x^2+y^2) > 2xy$ 成立.

$\therefore \sqrt{x^2+xy+y^2} > \frac{3}{4}(x+y)$ 成立.

同理 $\sqrt{y^2+yz+z^2} > \frac{3}{4}(y+z)$, $\sqrt{z^2+zx+x^2} > \frac{3}{4}(z+x)$.

以上三式相加即为原不等式.

策略二: 以两个对称项为主

【例2】在 $\triangle ABC$ 中, 求证: $\cos A \cos B \cos C \leqslant \sin \frac{A}{2} \sin \frac{B}{2} \sin \frac{C}{2}$.

分析: 在 $\triangle ABC$ 中, 显然 $\cos A$ 与 $\sin \frac{A}{2}\left(或 \sin \frac{B}{2}\right)$ 的大小关系不确定. 这时我们可以考虑 $\cos A \cos B$ 与 $\sin^2 \frac{C}{2}$ 或者与 $\sin \frac{A}{2} \sin \frac{B}{2}$ 的大小关系.

证明: $\cos A \cos B = \frac{1}{2}\left[\cos(A+B) + \cos(A-B)\right]$

$$= \frac{1}{2}\left[\cos(A-B) - \cos C\right] \leqslant \frac{1}{2}(1-\cos C)$$

$$= \sin^2 \frac{C}{2}$$

同理可得 $\cos B \cos C \leqslant \sin^2 \dfrac{A}{2}$，$\cos C \cos A \leqslant \sin^2 \dfrac{B}{2}$.

当 $\triangle ABC$ 为锐角三角形时，以上三个不等式两端都为正. 三式相乘，可得 $\cos A \cos B \cos C \leqslant \sin \dfrac{A}{2} \sin \dfrac{B}{2} \sin \dfrac{C}{2}$.

当三角形为直角或钝角三角形时，不等式显然成立.

策略三：以整体为主

【例 3】 设两个有序数组 $a_1 \geqslant a_2 \geqslant a_3$，$b_1 \geqslant b_2 \geqslant b_3$.

求证：$a_1 b_2 + a_2 b_3 + a_3 b_1 \leqslant a_1 b_1 + a_2 b_2 + a_3 b_3$.

分析：由于 $a_1 b_2 \leqslant a_1 b_1$，但 $a_3 b_1 \geqslant a_3 b_3$，所以策略一无能为力. 显然 $a_1 b_1 + a_2 b_2$ 与 $2a_1 b_2$ 或 $a_1 b_2 + a_2 b_3$ 的关系也不明确. 所以我们从整体来分析.

$a_1 b_2 + a_2 b_3 + a_3 b_1 = b_2 (a_1 - a_2) + (b_2 + b_3)(a_2 - a_3) + (b_1 + b_2 + b_3) a_3 \leqslant b_1 (a_1 - a_2) + (b_1 + b_2)(a_2 - a_3) + (b_1 + b_2 + b_3) a_3 = a_1 b_1 + a_2 b_2 + a_3 b_3$

从而不等式得证. 这个证明方法的技巧是比较强的，我们还可以结合策略二、三得到下面的证明方法.

证明：$\because (a_2 - a_3)(b_1 - b_3) \geqslant 0$，

$\therefore a_3 b_3 + a_2 b_1 \geqslant a_3 b_1 + a_2 b_3$

$\therefore a_1 b_2 + a_2 b_3 + a_3 b_1 \leqslant a_1 b_2 + a_2 b_1 + a_3 b_3$ ①

$\because (a_1 - a_2)(b_1 - b_2) \geqslant 0$，

$\therefore a_1 b_1 + a_2 b_2 \geqslant a_1 b_2 + a_2 b_1$

$\therefore a_1 b_2 + a_2 b_1 + a_3 b_3 \leqslant a_1 b_1 + a_2 b_2 + a_3 b_3$.   ②

结合①②，原不等式得证.

理解以上的策略，对于一个题目，可以得到多种思路. 我们分析下面的问题：

问题：在锐角 $\triangle ABC$ 中，求证：$\cos A + \cos B + \cos C < \sin A + \sin B + \sin C$.

由于求证式关于角 A，B，C 轮换对称，因此由上面的策略一、二可以大胆猜想：若能证明下列诸式中的一个，原问题就易证了！

问题 1 已知 A，B，C 为锐角三角形的三内角，下列各式中有的不能成立，有的能成立. 试找出能够成立的，并予以证明：

①$\cos A < \sin A$；

②$\cos A < \sin B$；

③$\cos A < \dfrac{\sin B + \sin C}{2}$；

④$\dfrac{\cos A + \cos B}{2} < \sin C$；

⑤$\cos A < \dfrac{1}{3}$（$\sin A + \sin B + \sin C$）；

⑥$\dfrac{1}{3}$（$\cos A + \cos B + \cos C$）$< \sin A$；

⑦$\cos A + \cos B < \sin A + \sin B$；

⑧$\cos A + \cos B < \sin B + \sin C$.

事实上，上述中的②③④⑦⑧都是能够成立的，如何完成这些式子的证明呢？

（1）对于锐角三角形，有 $A + B = 180° - C > 90°$.

∴$A > 90° - B > 0$，$\cos A < \cos (90° - B) = \sin B$，

即②成立.

同理 $\cos A < \sin C$，$\cos B < \cos A$. ∴$\cos A < \dfrac{\sin B + \sin C}{2}$，

即③成立.

由于 A，B，C 对称，

∴$\cos A < \sin C$，$\cos B < \cos C$. ∴④式成立. ∴$\cos A + \cos B < \sin A + \sin B$

即⑦⑧成立.

（2）上述各式亦可以用别的方法推证. 比如

④$\dfrac{\cos A + \cos B}{2} = \cos \dfrac{A+B}{2} \cos \dfrac{A-B}{2} < 2\cos \dfrac{A+B}{2} \sin \dfrac{A+B}{2} = \sin C$

$\left(\text{因为} \cos \dfrac{A-B}{2} \leqslant 1 < \sqrt{2} < 2\sin \dfrac{A+B}{2}, \quad 45° < \dfrac{A+B}{2} < 90°\right)$.

（3）上述②③④⑦⑧五式之一成立，原不等式即易推得.

比如，由⑦证原式的步骤如下：

不妨设 $45° < C \leqslant 90°$. 于是 $\cos C < \sin C$.

又 $\cos A + \cos B < \sin A + \sin B$

两式相加，即得证.

或∵$\cos A + \cos B < \sin A + \sin B$，同理 $\cos B + \cos C < \sin B + \sin C$，$\cos C + \cos A < \sin C + \sin A$. 三式相加除以 2，即证.

由策略三，从整体分析证明不等式，常可借助于某个适当的"媒介"，比如找一个量 k，能证明 $\sin A + \sin B + \sin C > k$，$\cos A + \cos B + \cos C \leqslant k$，则原问题就得证了.

对于这样的 k，也可以边推导边猜想得到. 比如当 $A = B = C = 60°$ 时，$\cos A + \cos B + \cos C = \dfrac{3}{2}$，$\sin A + \sin B + \sin C = \dfrac{3\sqrt{3}}{2}$；而且当 $A = B = 45°$，$C = 90°$ 时，$\cos A + \cos B + \cos C = \sqrt{2}$，$\sin A + \sin B + \sin C = 1 + \sqrt{2}$，于是猜测得到下面的问题：

问题 2 对于锐角三角形的三个角，下述不等式能否成立？

①$\sin A + \sin B + \sin C > \dfrac{3}{2}$；②$\cos A + \cos B + \cos C \leqslant \dfrac{3}{2}$.

如能成立，请给出证明.

对于①，请读者自己完成，其实有 $\sin A + \sin B + \sin C > 2$.

对于②，有 $\cos A + \cos B + \cos C$

$$= 2\cos\frac{A+B}{2}\cos\frac{A-B}{2} + \left(1 - 2\cos^2\frac{A+B}{2}\right)$$

$$= 1 + 4\sin\frac{A}{2}\sin\frac{B}{2}\sin\frac{C}{2} \leqslant 1 + 4\times\frac{1}{8} = \frac{3}{2}.$$

这里用了一个不等式 $\sin\dfrac{A}{2}\sin\dfrac{B}{2}\sin\dfrac{C}{2} \leqslant \dfrac{1}{8}$.

本证法告诉我们：$(\sin A + \sin B + \sin C) - (\cos A + \cos B + \cos C) > \dfrac{1}{2}$.

还可以利用锐角三角形的外心在形内的特点证得. 这样又得到下面的问题：

问题 3 在锐角 $\triangle ABC$ 中，O 为外心，则

①$OA + OB + OC < AB + BC + CA$；

②$\sin A + \sin B + \sin C > \dfrac{3}{2}$.

由策略三，从整体分析证明不等式的另一个常用方法是作差比较法，也就是说，先作差 $\sin A + \sin B + \sin C - \cos A - \cos B - \cos C$，再化成易于说明它必大于 0 的适当形式，请注意，这样的形式有时不止一个.

问题 4 A，B，C 为锐角三角形的三个内角，求证：

① $\sin A + \sin B + \sin C - \cos A - \cos B - \cos C$

$$= \sqrt{2}\left[2\sin\frac{A+B-\frac{\pi}{2}}{2}\cos\frac{A-B}{2} + \sin\left(C-\frac{\pi}{4}\right)\right];$$

② $2\sin\dfrac{A+B-\frac{\pi}{2}}{2}\cos\dfrac{A-B}{2} + \sin\left(C-\dfrac{\pi}{4}\right) > 0$ 对于某些角 C 成立.

因为至少有一个锐角大于 $\dfrac{\pi}{4}$，设 $C > \dfrac{\pi}{4}$，又 $\dfrac{\pi}{2} < A + B < \pi$，所以②显然成立.

问题 5 在锐角 $\triangle ABC$ 中，求证：

①$(\sin A + \sin B + \sin C)^2 - (\cos A + \cos B + \cos C)^2 = -2(\cos^2 A + \cos^2 B + \cos^2 C) + 2(\cos A + \cos B + \cos C) + 3$；

②$\cos^2 A + \cos^2 B + \cos^2 C < \cos A + \cos B + \cos C$.

②很显然成立，因为有 $0 < \cos A$，$\cos B$，$\cos C < 1$. 至于①，左边展开，得左边 $= 1 - 2\cos^2 A + 1 - 2\cos^2 B + 1 - 2\cos^2 C - 2\cos(A+B) - 2\cos(B+C) - 2\cos(C+A) =$ 右边.

从问题 2 和问题 4，显然可见原问题可加强为：

问题 6　在锐角 $\triangle ABC$ 中，求证：$\sin A + \sin B + \sin C > 1 + \cos A + \cos B + \cos C$.

这是因为

$\sin A + \sin B + \sin C - \cos A - \cos B - \cos C$

$$= 2\cos\frac{C}{2}\cos\frac{A-B}{2} + 2\cos\frac{C}{2}\sin\frac{C}{2} - 2\sin\frac{C}{2}\cos\frac{A-B}{2} - 2\cos^2\frac{C}{2} + 1$$

$$= 1 + 2\left(\cos\frac{C}{2} - \sin\frac{C}{2}\right)\left(\cos\frac{A-B}{2} - \cos\frac{C}{2}\right) > 1.$$

问题 7　在锐角 $\triangle ABC$ 中，求证：$\cos\dfrac{A}{2}\cos\dfrac{B}{2}\cos\dfrac{C}{2} > \dfrac{1}{2} + \sin\dfrac{A}{2}\sin\dfrac{B}{2}\sin\dfrac{C}{2}$.

这是因为 $\cos A + \cos B + \cos C = 1 + 4\sin\dfrac{A}{2}\sin\dfrac{B}{2}\sin\dfrac{C}{2}$，$\sin A + \sin B + \sin C = $

$4\cos\dfrac{A}{2}\cos\dfrac{B}{2}\cos\dfrac{C}{2}$ 及有问题 6 成立.

你能用几何方法给出原问题的证明吗？

1978 年全国中学生数学竞赛有一道试题是这样的：

求证：顶点在单位圆上的锐角三角形的三个内角的余弦和小于该三角形周长之半.

这道试题和原问题是否为一回事？

当 $\triangle ABC$ 为直角三角形时，显然有 $\cos A + \cos B + \cos C < \sin A + \sin B + \sin C$ 成立；

当 $\triangle ABC$ 为钝角三角形时，是否有 $\cos A + \cos B + \cos C < \sin A + \sin B + \sin C$ 成立？

事实上，当 $\triangle ABC$ 为钝角三角形时，上式不一定成立. 如当 $A = \dfrac{5\pi}{6}$，$B = C = \dfrac{\pi}{12}$ 时，就不成立，你能想出是如何构造这个例子的吗？你还能给出其他的例子吗？

你能证明在钝角 $\triangle ABC$ 中 $\cos A + \cos B + \cos C < \sin A + \sin B + \sin C$ 永远不成立，即证明在钝角 $\triangle ABC$ 中，总有 $\cos A + \cos B + \cos C \geqslant \sin A + \sin B + \sin C$ 成立或者给出一个钝角 $\triangle ABC$ 的例子，使得有 $\cos A + \cos B + \cos C < \sin A + \sin B + \sin C$ 吗？请试试看.

附：在锐角 $\triangle ABC$ 中，$\sin A + \sin B + \sin C > 2$.

证明：$\because 0 < \sin A < 1$，$0 < \sin B < 1$，

$\therefore \sin A > \sin^2 A$　　　　　　　　　　　　　　　　　　　①

$\sin B > \sin^2 B$　　　　　　　　　　　　　　　　　　　　　　②

$\because A > 90° - B > 0$，$\therefore \cos A < \cos(90° - B) = \sin B$，

即 $\sin B > \cos A$. 同理 $\sin A > \cos B$.

可得 $\cos A \sin B > \cos^2 A$ ③

$\sin A \cos B > \cos^2 B$ ④

①②③④式相加，得

$\sin A + \sin B + \sin A \cos B + \cos A \sin B > \sin^2 A + \sin^2 B + \cos^2 A + \cos^2 B$

即 $\sin A + \sin B + \sin (A + B) > 2$.

∴ $\sin A + \sin B + \sin C > 2$.

思考与研究

（1）试归纳不等式的证明方法与技巧.

（2）若 $0 < A$，B，$C < \pi$，求证：$\sin A + \sin B + \sin C \leqslant 3\sin \dfrac{A + B + C}{3}$.

24. 递归方程及其解法

关于数列通项的关系式一般称为"递归方程",例如：$a_{n+2} = 3a_{n+1} - 2a_n$，$a_{n+1} = 2a_n^2 - 1$，$a_{n+1} = \sqrt{2a_n + 1}$，$a_{n+1} = \dfrac{3a_n - 2}{2a_n - 3}$等都是递归方程，一般 $n \in \mathbf{N}^*$，有时还有其他限制.

如果能从递归方程中通过变换，解出诸如 $a_n = f(n)$，$n \in \mathbf{N}^*$ 的函数式，便称为数列 $\{a_n\}$ 的通项公式，变换的过程即为"求解递归方程"，$a_n = f(n)$ 称为递归方程的解.

一、最基本的两个递推数列

等差数列与等比数列是最基本的数列，许多问题最终可以转化成这两个数列问题.

（1）等差数列（类型 I）：$a_{k+1} - a_k = d$，$k \in \mathbf{N}^*$

$\because \sum\limits_{k=1}^{n-1} (a_{k+1} - a_k) = (n-1)d$，$\therefore a_n = a_1 + (n-1)d$.

（2）等比数列（类型 II）：$\dfrac{a_{k+1}}{a_k} = q$，$k \in \mathbf{N}^*$

$\because \prod\limits_{k=1}^{n-1} \dfrac{a_{k+1}}{a_k} = q^{n-1}$，$\therefore a_n = a_1 q^{n-1}$.

演变 1（类型 III）：$a_{n+1} = a_n + f(n)$，其中 $f(n)$ 是关于 n 的代数式，则

$\sum\limits_{k=1}^{n-1} (a_{k+1} - a_k) = \sum\limits_{k=1}^{n-1} f(k)$.

演变 2（类型 IV）：$a_{n+1} = f(n)a_n$，其中 $f(n)$ 是关于 n 的代数式，则

$\prod\limits_{k=1}^{n-1} \dfrac{a_{k+1}}{a_k} = \prod\limits_{k=1}^{n-1} f(k)$.

以上四种类型的解法可以概括为：作差求和（作商求积）.

练习 1：求满足下列条件的数列 $\{a_n\}$ 的通项公式：

（1）$a_1 = 2$，$a_{n+1} = a_n + n + 2$；$\left[a_n = \dfrac{n(n+3)}{2} \right]$

（2）$a_1 = 1$，$a_{n+1} = \dfrac{n+1}{n}a_n$；（$a_n = n$）

（3）$a_1 = 1$，$2^{n-1}a_n = a_{n-1}$（$n \in \mathbf{N}^*$，$n \geqslant 2$）；$\left[a_n = \left(\dfrac{1}{2} \right)^{\frac{n(n-1)}{2}} \right]$

（4）$a_1 = 1$，$a_{n+1} = 2a_n + 3 \times 2^{n-1}$；

$\left[a_{n+1} = 2a_n + 3 \times 2^{n-1} \Leftrightarrow \dfrac{a_{n+1}}{2^{n+1}} = \dfrac{a_n}{2^n} + \dfrac{3}{4}，a_n = 2^{n-1} + 3(n-1) \cdot 2^{n-2} \right]$

（5）$a_1 = 2$，$a_{n+1} = \dfrac{2a_n}{a_n + 2}$. $\left[a_{n+1} = \dfrac{2a_n}{a_n + 2} \text{可化为} \dfrac{1}{a_{n+1}} = \dfrac{1}{a_n} + \dfrac{1}{2}，a_n = \dfrac{2}{n} \right]$

二、利用不动点可以解决的几类问题

1. 等比差数列（类型 V）：$a_n = pa_{n-1} + q$

对于正比例函数 $y = kx$，我们知道 x，y 成比例 $\left[\dfrac{y}{x} = k \text{是常数，起点为}（0，0） \right]$. 而一次函数 $y = kx + b$（$k \neq 0$）中 $\dfrac{y}{x}$ 的比值不是常数，但可看成正比例函数 $y = kx$ 平移而得，所以遇到一次函数可以平移成正比例函数解决. 一次函数 $y = kx + b$ 平移成正比例函数的方法主要有三种：

（1）沿 y 轴方向平移〔将函数图像与 y 轴的交点（0，b）看成起点〕：

因为 $y = kx + b \Leftrightarrow y - b = kx \Leftrightarrow y' = kx'$，平移公式为 $\begin{cases} x' = x \\ y' = y - b \end{cases}$.

（2）沿 x 轴方向平移〔将函数图像与 x 轴的交点（$-\dfrac{b}{k}$，0）看成起点〕：

因为 $y = kx + b \Leftrightarrow y = k\left(x + \dfrac{b}{k} \right) \Leftrightarrow y' = kx'$，平移公式为 $\begin{cases} x' = x + \dfrac{b}{k} \\ y' = y \end{cases}$.

（3）分别沿 x，y 轴方向平移相等的位移〔将函数图像与 $y = x$ 的交点 $\left(\dfrac{b}{1-k}，\dfrac{b}{1-k} \right)$ 看成起点〕：

因为 $y = kx + b \Leftrightarrow y - \dfrac{b}{1-k} = k\left(x - \dfrac{b}{1-k} \right) \Leftrightarrow y' = kx'$，平移公式为 $\begin{cases} x' = x - \dfrac{b}{1-k} \\ y' = y - \dfrac{b}{1-k} \end{cases}$.

$\left(\dfrac{b}{1-k}，\dfrac{b}{1-k} \right)$ 就是 $y = kx + b$ 的不动点，即方程 $\begin{cases} y = kx + b \\ y = x \end{cases}$ 的解.

解法一：利用（3）的思想我们用可将递推式 $a_n = pa_{n-1} + q$ 变为 $a_n - \dfrac{q}{1-p} =$

$p\left(a_{n-1}-\dfrac{q}{1-p}\right)$，从而由数列 $\left\{a_n-\dfrac{q}{1-p}\right\}$ 是首项为 $a_1-\dfrac{q}{1-p}$，公比为 p 的等比数列

而得到数列 $\{a_n\}$ 的通项公式.

解法二：因为递推式 $a_n=pa_{n-1}+q\Leftrightarrow\dfrac{a_n}{p^n}=\dfrac{a_{n-1}}{p^{n-1}}+\dfrac{q}{p^n}$，所以 $a_n=pa_{n-1}+q$ 可转化

为类型（Ⅲ），即作差求和来解.

【例1】解递归方程：$a_{n+1}=3a_n+6$，$a_1=3$，$n\in\mathbf{N}^*$.

分析：想法将数列 $a_{n+1}=3a_n+6$ 变为 $a_{n+1}-c=3\left(a_n-c\right)$ 的形式，$c=-3$

（即对应函数 $y=3x+6$ 的不动点为 -3）.

所以 $a_n=3a_{n-1}+6$ 可化为 $a_n+3=3\left(a_{n-1}+3\right)$.

所以 $a_n+3=\left(a_1+3\right)3^{n-1}$，$a_n=2\times3^n-3$.

演变（类型Ⅵ）：$a_n=pa_{n-1}+f\left(n\right)$

仿例1的分析可解，参看练习2（2）.

练习2：解下列递归方程：

（1）$a_{n+1}=2\left(a_n-3\right)$，$a_0=2$，求 a_{100}；（$a_n=6-4\times2^n$，$a_{100}=6-2^{102}$）

（2）$a_{n+1}=3a_n+4n+8$，$n\in\mathbf{N}$，$a_0=2$；

（想象数列 $\{a_n+kn+b\}$ 是等比数列，即 $a_{n+1}+k\left(n+1\right)+b=3\left(a_n+kn+b\right)$，求出 k，b. $a_n=7\times3^n-2n-5$）

（3）$a_{n+1}=3a_n+4\times5^n$，$n\in\mathbf{N}$，$a_0=4$.

$$\left[a_{n+1}=3a_n+4\times5^n\Leftrightarrow\dfrac{a_{n+1}}{3^{n+1}}=\dfrac{a_n}{3^n}+\dfrac{4}{3}\times\left(\dfrac{5}{3}\right)^n\Rightarrow a_n=2\times3^n+2\times5^n\right]$$

2. 一次分数数列（类型Ⅶ）：$a_{n+1}=\dfrac{aa_n+b}{ca_n+d}$（$ad-bc\neq0$）

我们通过例子探讨规律：

【例2】已知数列 $\{a_n\}$ 满足 $a_1=2$，$a_{n+1}=\dfrac{2a_n}{a_n+2}$，求数列的通项公式.

分析：$a_{n+1}=\dfrac{2a_n}{a_n+2}$ 可化为 $\dfrac{1}{a_{n+1}}=\dfrac{1}{a_n}+\dfrac{1}{2}$，$\therefore\dfrac{1}{a_n}=\dfrac{1}{a_1}+\dfrac{1}{2}\left(n-1\right)=\dfrac{1}{2}+\dfrac{1}{2}\left(n-1\right)=\dfrac{n}{2}$. $\therefore a_n=\dfrac{2}{n}$.

【例3】已知数列 $\{a_n\}$ 满足 $a_0=4$，$a_{n+1}=\dfrac{2a_n+6}{a_n-3}$，$n\in\mathbf{N}$，求数列的通项公式.

分析：若能变成例2的形式（想象用常数变换将6变掉），就可解决.

令 $a_n=b_n+\lambda$，代入 $a_{n+1}=\dfrac{2a_n+6}{a_n-3}$，得 $b_{n+1}+\lambda=\dfrac{2\left(b_n+\lambda\right)+6}{\left(b_n+\lambda\right)-3}$，

即 $b_{n+1} = \dfrac{(2-\lambda) b_n - \lambda^2 + 5\lambda + 6}{b_n + \lambda - 3}$.（要变成例 2 的形式，必须 $-\lambda^2 + 5\lambda + 6 = 0$）

令 $\lambda^2 - 5\lambda - 6 = 0$，可得 $\lambda = 6$ 或 -1.

取 $\lambda = 6$，令 $a_n = b_n + 6$，则得 $b_{n+1} = \dfrac{-4b_n}{b_n + 3}$. ①

［至此，可用例 2 的方法变为 $\dfrac{1}{b_{n+1}} = \left(-\dfrac{3}{4}\right)\dfrac{1}{b_n} - \dfrac{1}{4}$，即 $c_{n+1} = \left(-\dfrac{3}{4}\right)c_n - \dfrac{1}{4}$ 为例 1 的类型，可求得通项公式.］

再取 $\lambda = -1$，令 $a_n = b_n - 1$，则得 $b_{n+1} = \dfrac{3b_n}{b_n - 4}$. ②

如果将①和②又用 a_n 表示，则分别为 $a_{n+1} - 6 = \dfrac{-4 (a_n - 6)}{a_n - 3}$ ③

和 $a_{n+1} + 1 = \dfrac{3 (a_n + 1)}{a_n - 3}$（分母不变） ④

两式相除 $\dfrac{③}{④}$，得 $\dfrac{a_{n+1} - 6}{a_{n+1} + 1} = -\dfrac{4}{3} \cdot \dfrac{a_n - 6}{a_n + 1}$，是等比数列的形式 $\Rightarrow \dfrac{a_n - 6}{a_n + 1} = \dfrac{a_0 - 6}{a_0 + 1}$ $\left(-\dfrac{4}{3}\right)^n$. $\therefore a_n = \dfrac{30 \times 3^n - 2 (-4)^n}{5 \times 3^n + 2 (-4)^n}$.

评述：例 3 的解法就是递推数列 $a_{n+1} = \dfrac{aa_n + b}{ca_n + d}$ 求通项公式的方法. 其实 λ 为 6，-1 就是在函数 $f (x) = \dfrac{ax + b}{cx + d}$ 中，令 $f (x) = x$，即 $\dfrac{ax + b}{cx + d} = x$，化简可得 $cx^2 + (d - a) x - b = 0$ 的方程的两根. $f (x) = x$ 的根叫函数 $f (x)$ 的不动点. 进一步得到一般结论：

定理 1 若函数 $f (x) = \dfrac{ax + b}{cx + d}$ 有两个相异的不动点 p，q，即方程 $\dfrac{ax + b}{cx + d} = x$ 有两个相异实根 p，q，则必存在常数 k 满足 $\dfrac{a_{n+1} - p}{a_{n+1} - q} = k \cdot \dfrac{a_n - p}{a_n - q}$ 成立，从而数列 $\left\{\dfrac{a_n - p}{a_n - q}\right\}$ 是以 $\dfrac{a_1 - p}{a_1 - q}$ 为首项、k 为公比的等比数列.

证明：$a_n - p = \dfrac{aa_{n-1} + b}{ca_{n-1} + d} - p = \dfrac{(a - cp) a_{n-1} + b - dp}{ca_{n-1} + d}$

$= \dfrac{(a - cp) a_{n-1} + cp^2 - ap}{ca_{n-1} + d} = \dfrac{(a - cp) (a_{n-1} - p)}{c \cdot a_{n-1} + d}$

（其中由 $cp^2 + (d - a) p - b = 0$，得 $b - dp = cp^2 - ap$）.

同理可得 $a_n - q = \dfrac{(a - cq) (a_{n-1} - q)}{ca_{n-1} + d}$.

将上述两式相除, 可得

$\dfrac{a_n - p}{a_n - q} = k \cdot \dfrac{a_{n-1} - p}{a_{n-1} - q}$, 其中 $k = \dfrac{a - cp}{a - cq}$, 即数列 $\left\{\dfrac{a_n - p}{a_n - q}\right\}$ 是以 $\dfrac{a_1 - p}{a_1 - q}$ 为首项、k 为公

比的等比数列. 所以可以先求数列 $\left\{\dfrac{a_n - p}{a_n - q}\right\}$ 的通项公式, 再求数列 $\{a_n\}$ 的通项

公式.

（注：由上述方法得出两根不是实根时也适用）

定理 2 若函数 $f(x)$ 只有唯一的不动点 p, 即方程 $cx^2 + (d-a)x - b = 0$

只有唯一解 p, 则数列 $\left\{\dfrac{1}{a_n - p}\right\}$ 是以 $\dfrac{1}{a_1 - p}$ 为首项、以 $\dfrac{2c}{a+d}$ 为公差的等差数列.

证明：$a_n - p = \dfrac{a a_{n-1} + b}{c a_{n-1} + d} - p = \dfrac{(a - cp)\,a_{n-1} + b - dp}{c a_{n-1} + d}$

$= \dfrac{(a - cp)\,a_{n-1} + cp^2 - ap}{c a_{n-1} + d} = \dfrac{(a - cp)\,(a_{n-1} - p)}{c a_{n-1} + d}$

（其中由 $cp^2 + (d-a)p - b = 0$, 得 $b - dp = cp^2 - ap$）

则上式两边取倒数, 得

$\dfrac{1}{a_n - p} = \dfrac{1}{a - cp} \cdot \dfrac{c a_{n-1} + d}{a_{n-1} - p} = \dfrac{1}{a - cp} \cdot \dfrac{c\,(a_{n-1} - p) + d + cp}{a_{n-1} - p} = \dfrac{c}{a - cp} + \dfrac{1}{a_{n-1} - p} \cdot$

$\dfrac{d + cp}{a - cp}.$ 又 p 为方程 $cx^2 + (d-a)x - b = 0$ 的唯一解, 则 $p = \dfrac{a - d}{2c}.$ 代入上式,

可得

$$\dfrac{1}{a_n - p} = \dfrac{c}{a - cp} + \dfrac{1}{a_{n-1} - p} \cdot \dfrac{d + cp}{a - cp} = \dfrac{1}{a_{n-1} - p} + \dfrac{2c}{a + d}$$

即数列 $\left\{\dfrac{1}{a_n - p}\right\}$ 是以 $\dfrac{1}{a_1 - p}$ 为首项、以 $\dfrac{2c}{a+d}$ 为公差的等差数列.

下面举例说明这一方法：

【例 4】 已知数列 $\{a_n\}$ 满足 $a_1 = 2$ 且 $a_n = \dfrac{3a_{n-1} + 5}{5a_{n-1} + 3}$, $n \geq 2$, $n \in \mathbf{N}^*$, 求数列

$\{a_n\}$ 的通项公式.

解：构造函数 $f(x) = \dfrac{3x + 5}{5x + 3}$, 易得函数 $f(x)$ 有两个相异的不动点 $p = -1$, $q = 1$.

由定理 1, 可得数列 $\left\{\dfrac{a_n + 1}{a_n - 1}\right\}$ 是以 $\dfrac{a_1 + 1}{a_1 - 1} = 3$ 为首项、$k = \dfrac{3+5}{3-5} = -4$ 为公比的等

比数列.

所以 $\dfrac{a_n + 1}{a_n - 1} = 3 \times (-4)^{n-1} \Rightarrow a_n = \dfrac{3 \times (-4)^{n-1} + 1}{3 \times (-4)^{n-1} - 1}$, $n \in \mathbf{N}^*$.

【例 5】 已知数列 $\{a_n\}$ 满足 $a_1 = 2$ 且 $a_n = \dfrac{4a_{n-1} - 1}{a_{n-1} + 2}$，$n \geqslant 2$，$n \in \mathbf{N}^*$，求数列 $\{a_n\}$ 的通项公式.

解：构造函数 $f(x) = \dfrac{4x - 1}{x + 2}$，易得函数 $f(x)$ 有唯一的不动点 $p = 1$.

由定理 2，可得数列 $\left\{\dfrac{1}{a_n - 1}\right\}$ 是以 $\dfrac{1}{a_1 - 1} = 1$ 为首项、$k = \dfrac{2}{6} = \dfrac{1}{3}$ 为公差的等差数列.

所以 $\dfrac{1}{a_n - 1} = 1 + \dfrac{1}{3}(n - 1) = \dfrac{n}{3} + \dfrac{2}{3} \Rightarrow a_n = \dfrac{n + 5}{n + 2}$，$n \in \mathbf{N}^*$.

3. 特殊的二次分式数列（类型 Ⅷ）：$a_n = \dfrac{aa_{n-1}^2 + b}{2aa_{n-1} + c}$

其实函数不动点除了解决形如 $a_n = pa_{n-1} + q$ 和 $a_{n+1} = \dfrac{aa_n + b}{ca_n + d}$ 的通项外，对于给定的初始值 $a_1 \neq f(a_1)$ $\left[\text{其中} f(x) = \dfrac{ax^2 + c}{2ax + f}\right]$ 及递推关系 $a_n = \dfrac{aa_{n-1}^2 + c}{2aa_{n-1} + f}$ 的数列 $\{a_n\}$ 也可以利用函数的不动点来求解通项.

定理 3 若数列 $\{x_n\}$ 满足 $x_{n+1} = \dfrac{ax_n^2 + c}{2ax_n + f}$ $(a \neq 0)$ 且 α，β 是函数 $f(x) = \dfrac{ax^2 + c}{2ax + f}$ 的两个相异不动点，则 $\dfrac{x_{n+1} - \alpha}{x_{n+1} - \beta} = \left(\dfrac{x_n - \alpha}{x_n - \beta}\right)^2$（取对数变成等比数列）.

证明：$\because x_{n+1} = \dfrac{ax_n^2 + c}{2ax_n + f}$，

$\therefore x_{n+1} - \alpha = \dfrac{ax_n^2 - 2a\alpha x_n + c - f\alpha}{2ax_n + f}$. ①

$\because \alpha$ 是函数 $f(x) = \dfrac{ax^2 + c}{2ax + f}$ 的不动点，

$\therefore \alpha = \dfrac{a\alpha^2 + c}{2a\alpha + f}$，则 $a\alpha^2 + f\alpha - c = 0$，即 $c - f\alpha = a\alpha^2$. ②

将②代入①，得 $x_{n+1} - \alpha = \dfrac{ax_n^2 - 2a\alpha x_n + a\alpha^2}{2ax_n + f} = \dfrac{a(x_n - \alpha)^2}{2ax_n + f}$.

同理可证 $x_{n+1} - \beta = \dfrac{a(x_n - \beta)^2}{2ax_n + f}$.

两式相除，得 $\dfrac{x_{n+1} - \alpha}{x_{n+1} - \beta} = \left(\dfrac{x_n - \alpha}{x_n - \beta}\right)^2$.

（该类型下一步演变出 $\dfrac{x_{n+1} - \alpha}{x_{n+1} - \beta} = k\left(\dfrac{x_n - \alpha}{x_n - \beta}\right)^2$ 类数列，请同学们探讨原函数）

【例6】（2007广东高考题）已知函数 $f(x) = x^2 + x - 1$，α，β 是方程 $f(x) = 0$ 的两个根（$\alpha > \beta$），$f'(x)$ 是 $f(x)$ 的导数，设 $a_1 = 1$，$a_{n+1} = a_n - \dfrac{f(a_n)}{f'(a_n)}$（$n = 1$，$2$，$\cdots$）.

（1）求 α，β 的值；

（2）已知对任意的正整数 n 有 $a_n > \alpha$，记 $b_n = \ln \dfrac{a_n - \beta}{a_n - \alpha}$（$n = 1$，$2$，$\cdots$），求数列 $\{b_n\}$ 的前 n 项和 S_n.

解：（1）解方程 $x^2 + x - 1 = 0$，得 $x = \dfrac{-1 \pm \sqrt{5}}{2}$.

由 $\alpha > \beta$，知 $\alpha = \dfrac{-1 + \sqrt{5}}{2}$，$\beta = \dfrac{-1 - \sqrt{5}}{2}$.

（2）∵ $f'(x) = 2x + 1$，

∴ $a_{n+1} = a_n - \dfrac{f(a_n)}{f'(a_n)} = \dfrac{a_n^2 + 1}{2a_n + 1}$.

∵ $a_n > \alpha > \beta$（$n = 1$，2，3，$\cdots$）且 $a_1 = 1$，

∴ $b_1 = \ln \dfrac{1 - \dfrac{-1 - \sqrt{5}}{2}}{1 - \dfrac{-1 + \sqrt{5}}{2}}$

$= 4\ln \dfrac{\sqrt{5} + 1}{2}$.

$b_{n+1} = \ln \dfrac{a_{n+1} - \beta}{a_{n+1} - \alpha}$

$= \ln \dfrac{a_n^2 - 2\beta a_n - \beta + 1}{a_n^2 - 2\alpha a_n - \alpha + 1}$

$= \ln \dfrac{(a_n - \beta)^2 - \beta^2 - \beta + 1}{(a_n - \alpha)^2 - \alpha^2 - \alpha + 1}$

$= \ln \dfrac{(a_n - \beta)^2}{(a_n - \alpha)^2}$

$= 2\ln \dfrac{a_n - \beta}{a_n - \alpha}$

$= 2b_n$，

即数列 $\{b_n\}$ 为首项为 b_1、公比为 2 的等比数列.

故数列 $\{b_n\}$ 的前 n 项和 $S_n = \dfrac{b_1(1 - 2^n)}{1 - 2} = (2^n - 1) \cdot \left(4\ln \dfrac{\sqrt{5} + 1}{2}\right) =$

$(2^{n+2}-4)\ln\dfrac{\sqrt{5}+1}{2}$.

评述：本题就是初始值 $a_1 \neq f(a_1)$ $\left(\text{其中} f(x) = \dfrac{ax^2+b}{2ax+c}\right)$，$a_n = \dfrac{a_n^2+1}{2a_n+1}$ 类型问题.

练习 3：求下列数列 $\{a_n\}$ 的通项公式：

(1) $a_0 = 7$，$a_{n+1} = \dfrac{a_n-3}{3a_n+7}$；$\left(a_n = \dfrac{7-6n}{1+6n}\right)$

(2) $a_1 = 1$，$a_{n+1} = \dfrac{a_n+2}{a_n}$. $\left[a_n = \dfrac{2^{n+1}+(-1)^n}{2^n-(-1)^n}\right]$

4. 特殊的二次递推数列 $a_{n+1} = aa_n^2 + ba_n + \dfrac{b^2-2b}{4a}$

如果是由一元二次函数 $y = ax^2+bx+c$ 产生的递推数列，如何求通项？显然要变成 $y - \alpha = a(x-\alpha)^2$ 的形式.

定理 4 若数列 $\{x_n\}$ 满足 $x_{n+1} = ax_n^2 + bx_n + \dfrac{b^2-2b}{4a}$ $(a > 0)$ 且 α 是函数 $f(x) = ax^2+bx+\dfrac{b^2-2b}{4a}$ 的最小不动点，则 $x_{n+1} - \alpha = a(x_n-\alpha)^2$.

证明：由 $x = ax^2 + bx + \dfrac{b^2-2b}{4a}$，得 $x^2 + \dfrac{b-1}{a}x + \dfrac{b^2-2b}{4a^2} = 0$，即

$\left(x+\dfrac{b}{2a}\right)\left(x+\dfrac{b-2}{2a}\right) = 0$.

∴ 有两个不动点 $-\dfrac{b}{2a}$，$-\dfrac{b}{2a}+\dfrac{1}{a}$. 取最小不动点 $\alpha = -\dfrac{b}{2a}$，则 $b = -2a\alpha$.

代入递推式化简，可得 $x_{n+1} - \alpha = a(x_n-\alpha)^2$.

评注：当取最小不动点 $\alpha = -\dfrac{b}{2a}$ 时，有 $x_{n+1} - \alpha = a(x_n-\alpha)^2$，此时 $x_{n+1}+\dfrac{b}{2a} = a\left(x_n+\dfrac{b}{2a}\right)^2$.

三、二阶线性递推数列（类型Ⅸ）：$a_n = pa_{n-1} + qa_{n-2}$

我们以例题说明其解法.

【例 7】 已知数列 $\{a_n\}$ 满足 $a_{n+2} = 5a_{n+1} - 6a_n$，$n \in \mathbf{N}$，$a_0 = 1$，$a_1 = 4$，求数列 $\{a_n\}$ 的通项公式.

分析：这是三项之间的关系，先转化为相邻两项之间的关系，想法变 $a_{n+1} = 5a_n - 6a_{n-1}$ 为 $a_{n+1} - \alpha a_n = \beta(a_n - \alpha a_{n-1})$，即 $\begin{cases}\alpha+\beta=5\\\alpha\beta=6\end{cases}$，解得 $\begin{cases}\alpha=2\\\beta=3\end{cases}$ 或 $\begin{cases}\alpha=3\\\beta=2\end{cases}$，

$\therefore a_{n+1} - 2a_n = 3\left(a_n - 2a_{n-1}\right) \Rightarrow a_n - 2a_{n-1} = \left(a_1 - 2a_0\right)3^{n-1} = 2 \times 3^{n-1} \Rightarrow \cdots$ ⑤
至此转化为类型Ⅵ，可以解决. 得到 $a_n = 2 \times 3^n - 2^n$.

又可以得到 $a_{n+1} - 3a_n = 2\left(a_n - 3a_{n-1}\right) \Rightarrow a_n - 3a_{n-1} = \left(a_1 - 3a_0\right)2^{n-1} = 2^{n-1}$
$\Rightarrow \cdots$ ⑥

同样转化为类型Ⅵ.

方法改进：将⑤和⑥看成方程组，可快速求解.

⑤$\times 3 -$⑥$\times 2$，得 $a_n = 2 \times 3^n - 2^n$. 很快得出答案.

评述：（1）其实 $a_n = pa_{n-1} + q$ 型问题也可转化为 $a_{n+1} - a_n = p\left(a_n - a_{n-1}\right)$，
即 $a_{n+1} = \left(p+1\right)a_n - pa_{n-1}$ 的三项递推问题，不过这样更复杂了，但我们可以从
反面考虑问题.

（2）$\begin{cases} \alpha + \beta = 5 \\ \alpha\beta = 6 \end{cases}$ 所对应的二次方程为 $x^2 - 5x + 6 = 0$，称为 $a_{n+2} = 5a_{n+1} - 6a_n$ 的
特征方程. 类型 $a_n = pa_{n-1} + qa_{n-2}$ 的特征方程就是 $x^2 = px + q$. 不动点的方程也叫特
征方程.

对于二阶线性递推数列的通项公式，我们有以下定理：

定理 5 如果 x_1，x_2 是递推关系 $a_n = pa_{n-1} + qa_{n-2}$ 的特征方程 $x^2 = px + q$ 的两
个解，则

（1）当 $x_1 \neq x_2$ 时，$a_n = \alpha_1 x_1^{\ n} - \alpha_2 x_2^{\ n}$；

（2）当 $x_1 = x_2$ 时，$a_n = \left(\beta_1 + \beta_2 \cdot n\right)x_1^{\ n}$.

这里 α_1，α_2，β_1，β_2 都是由初值决定的常数（证明略）.

多阶线性递推数列可仿二阶线性递推数列的求解方法分析.

【例 8】（2008 广东高考题）设数列 $\{a_n\}$ 满足 $a_1 = 1$，$a_2 = 2$，a_n
$= \frac{1}{3}\left(a_{n-1} + 2a_{n-2}\right)$ $(n = 3, 4, \cdots)$，数列 $\{b_n\}$ 满足 $b_1 = 1$，b_n $(n = 2, 3, \cdots)$
是非零整数且对任意的正整数 m 和自然数 k，都有 $-1 \leqslant b_m + b_{m+1} + \cdots + b_{m+k} \leqslant 1$.

（1）求数列 $\{a_n\}$ 和 $\{b_n\}$ 的通项公式.

（2）记 $c_n = na_nb_n$ $(n = 1, 2, \cdots)$，求数列 $\{c_n\}$ 的前 n 项和 S_n.

解：（1）由 $a_n = \frac{1}{3}\left(a_{n-1} + 2a_{n-2}\right)$，得 $a_n - a_{n-1} = -\frac{2}{3}(a_{n-1} - a_{n-2})(n \geqslant 3)$.

又 $a_2 - a_1 = 1 \neq 0$，

$\therefore$ 数列 $\{a_{n+1} - a_n\}$ 是首项为 1、公比为 $-\frac{2}{3}$ 的等比数列.

$\therefore a_{n+1} - a_n = \left(-\frac{2}{3}\right)^{n-1}$

$\therefore a_n = a_1 + \left(a_2 - a_1\right) + \left(a_3 - a_2\right) + \left(a_4 - a_3\right) + \cdots + \left(a_n - a_{n-1}\right)$

$\qquad = 1 + 1 + \left(-\frac{2}{3}\right) + \left(-\frac{2}{3}\right)^2 + \cdots + \left(-\frac{2}{3}\right)^{n-2}$

$$= 1 + \frac{1 - \left(-\dfrac{2}{3}\right)^{n-1}}{1 + \dfrac{2}{3}}$$

$$= \frac{8}{5} - \frac{3}{5}\left(-\frac{2}{3}\right)^{n-1}.$$

由 $\begin{cases} -1 \leqslant b_1 + b_2 \leqslant 1 \\ -1 \leqslant b_2 \leqslant 1 \\ b_2 \in \mathbf{Z}, \ b_2 \neq 0 \end{cases}$ 得 $b_2 = -1$.

由 $\begin{cases} -1 \leqslant b_2 + b_3 \leqslant 1 \\ -1 \leqslant b_3 \leqslant 1 \\ b_3 \in \mathbf{Z}, \ b_3 \neq 0 \end{cases}$ 得 $b_3 = 1$, $\cdots$

同理可得当 n 为偶数时, $b_n = -1$; 当 n 为奇数时, $b_n = 1$.

因此 $b_n = \begin{cases} 1, & \text{当 } n \text{ 为奇数时} \\ -1, & \text{当 } n \text{ 为偶数时} \end{cases}$.

(2) $c_n = n a_n b_n = \begin{cases} \dfrac{8}{5}n - \dfrac{3}{5}n \cdot \left(\dfrac{2}{3}\right)^{n-1}, & \text{当 } n \text{ 为奇数时} \\ -\dfrac{8}{5}n - \dfrac{3}{5}n \cdot \left(\dfrac{2}{3}\right)^{n-1}, & \text{当 } n \text{ 为偶数时} \end{cases}$,

$S_n = c_1 + c_2 + c_3 + c_4 + \cdots + c_n$

当 n 为奇数时,

$$S_n = \left(\frac{8}{5} - 2 \times \frac{8}{5} + 3 \times \frac{8}{5} - 4 \times \frac{8}{5} + \cdots + \frac{8}{5}n\right) -$$

$$\frac{3}{5}\left[1 \times \left(\frac{2}{3}\right)^0 + 2 \times \left(\frac{2}{3}\right)^1 + 3 \times \left(\frac{2}{3}\right)^2 + 4 \times \left(\frac{2}{3}\right)^3 + \cdots + n \cdot \left(\frac{2}{3}\right)^{n-1}\right]$$

$$= \frac{4(n+1)}{5} - \frac{3}{5}\left[1 \times \left(\frac{2}{3}\right)^0 + 2 \times \left(\frac{2}{3}\right)^1 + 3 \times \left(\frac{2}{3}\right)^2 + 4 \times \left(\frac{2}{3}\right)^3 + \cdots + n \cdot \left(\frac{2}{3}\right)^{n-1}\right]$$

当 n 为偶数时

$$S_n = \left(\frac{8}{5} - 2 \times \frac{8}{5} + 3 \times \frac{8}{5} - 4 \times \frac{8}{5} + \cdots - \frac{8}{5}n\right) -$$

$$\frac{3}{5}\left[1 \times \left(\frac{2}{3}\right)^0 + 2 \times \left(\frac{2}{3}\right)^1 + 3 \times \left(\frac{2}{3}\right)^2 + 4 \times \left(\frac{2}{3}\right)^3 + \cdots + n \cdot \left(\frac{2}{3}\right)^{n-1}\right]$$

$$= -\frac{4n}{5} - \frac{3}{5}\left[1 \times \left(\frac{2}{3}\right)^0 + 2 \times \left(\frac{2}{3}\right)^1 + 3 \times \left(\frac{2}{3}\right)^2 + 4 \times \left(\frac{2}{3}\right)^3 + \cdots + n \cdot \left(\frac{2}{3}\right)^{n-1}\right]$$

令 $T_n = 1 \times \left(\frac{2}{3}\right)^0 + 2 \times \left(\frac{2}{3}\right)^1 + 3 \times \left(\frac{2}{3}\right)^2 + 4 \times \left(\frac{2}{3}\right)^3 + \cdots + n \cdot \left(\frac{2}{3}\right)^{n-1}$, ①

①$\times \dfrac{2}{3}$，得 $\dfrac{2}{3}T_n = 1 \times \left(\dfrac{2}{3}\right)^1 + 2 \times \left(\dfrac{2}{3}\right)^2 + 3 \times \left(\dfrac{2}{3}\right)^3 + 4 \times \left(\dfrac{2}{3}\right)^4 + \cdots + n \cdot \left(\dfrac{2}{3}\right)^n$ ②

①$-$②，得 $\dfrac{1}{3}T_n = 1 + \left(\dfrac{2}{3}\right)^1 + \left(\dfrac{2}{3}\right)^2 + \left(\dfrac{2}{3}\right)^3 + \left(\dfrac{2}{3}\right)^4 + \cdots + \left(\dfrac{2}{3}\right)^{n-1} - n \cdot \left(\dfrac{2}{3}\right)^n$

$= \dfrac{1 - \left(\dfrac{2}{3}\right)^n}{1 - \dfrac{2}{3}} - n \cdot \left(\dfrac{2}{3}\right)^n = 3 - (3+n) \cdot \left(\dfrac{2}{3}\right)^n$

$\therefore T_n = 9 - (9 + 3n) \cdot \left(\dfrac{2}{3}\right)^n$

$\therefore S_n = \begin{cases} \dfrac{4n-23}{5} + \dfrac{9(n+3)}{5} \cdot \left(\dfrac{2}{3}\right)^n, & \text{当 } n \text{ 为奇数时} \\ -\dfrac{4n+27}{5} + \dfrac{9(n+3)}{5} \cdot \left(\dfrac{2}{3}\right)^n, & \text{当 } n \text{ 为偶数时} \end{cases}$.

另解：（1）由 $a_n = \dfrac{1}{3}(a_{n-1} + 2a_{n-2})$，得 $a_n - a_{n-1} = -\dfrac{2}{3}(a_{n-1} - a_{n-2})(n \geqslant 3)$.

又 $a_2 - a_1 = 1 \neq 0$，

$\therefore$ 数列 $\{a_{n+1} - a_n\}$ 是首项为 1、公比为 $-\dfrac{2}{3}$ 的等比数列.

$\therefore a_{n+1} - a_n = \left(-\dfrac{2}{3}\right)^{n-1}$ ①

又 $a_n + \dfrac{2}{3}a_{n-1} = a_{n-1} + \dfrac{2}{3}a_{n-2}$（$n \geqslant 3$），

$\therefore$ 数列 $\left\{a_{n+1} + \dfrac{2}{3}a_n\right\}$ 是常数列. $\therefore a_{n+1} + \dfrac{2}{3}a_n = a_2 + \dfrac{2}{3}a_1 = \dfrac{8}{3}$. ②

②$-$①$\Rightarrow \dfrac{5}{3}a_n = \dfrac{8}{3} - \left(-\dfrac{2}{3}\right)^{n-1} \Rightarrow a_n = \dfrac{8}{5} - \dfrac{3}{5}\left(-\dfrac{2}{3}\right)^{n-1}$.

令 $k=0 \Rightarrow -1 \leqslant b_m \leqslant 1$，又 $b_m \neq 0 \Rightarrow b_m = \pm 1$，

令 $k=1 \Rightarrow -1 \leqslant b_m + b_{m+1} \leqslant 1$，而 $b_m + b_{m+1}$ 只可能取 ± 2，0，

$\therefore b_m + b_{m+1} = 0 \Rightarrow b_{m+1} = -b_m$.

$\therefore$ 数列 $\{b_n\}$ 是首项为 1、公比为 -1 的等比数列.

$\therefore b_n = (-1)^{n-1}$.

（2）$c_n = na_n b_n$

$= n(-1)^{n-1}\left[\dfrac{8}{5} - \dfrac{3}{5}\left(-\dfrac{2}{3}\right)^{n-1}\right]$

$= \dfrac{8}{5}n(-1)^{n-1} - \dfrac{3}{5}n \cdot \left(\dfrac{2}{3}\right)^{n-1}$

设 $R_n = \sum_{k=1}^{n}\left[\dfrac{8}{5}k\,(-1)^{k-1}\right] = \dfrac{8}{5}\left[1-2+3-\cdots+n\,(-1)^{n-1}\right],$ ③

则 $-R_n = \dfrac{8}{5}\left[-1+2-3+\cdots+n\,(-1)^{n}\right].$ ④

③ $-$ ④ $\Rightarrow 2R_n = \dfrac{8}{5}\left[1-1+1-\cdots+(-1)^{n-1}-n\,(-1)^{n}\right]$

$$= \dfrac{8}{5}\left[\dfrac{1-(-1)^{n}}{2}-n\,(-1)^{n}\right]$$

$\Rightarrow R_n = \dfrac{4}{5}\left[\dfrac{1-(-1)^{n}}{2}-n\,(-1)^{n}\right] = \dfrac{2}{5}+\dfrac{2}{5}\,(2n+1)\,(-1)^{n-1}$

令 $T_n = \sum_{k=1}^{n}\left[\dfrac{3}{5}k\cdot\left(\dfrac{2}{3}\right)^{k-1}\right]$

$$= \dfrac{3}{5}\left[1\times\left(\dfrac{2}{3}\right)^{0}+2\times\left(\dfrac{2}{3}\right)^{1}+3\times\left(\dfrac{2}{3}\right)^{2}+4\times\left(\dfrac{2}{3}\right)^{3}+\cdots+n\cdot\left(\dfrac{2}{3}\right)^{n-1}\right],$$ ⑤

⑤ $\times\dfrac{2}{3}$,

得 $\dfrac{2}{3}T_n = \dfrac{3}{5}\left[1\times\left(\dfrac{2}{3}\right)^{1}+2\times\left(\dfrac{2}{3}\right)^{2}+3\times\left(\dfrac{2}{3}\right)^{3}+4\times\left(\dfrac{2}{3}\right)^{4}+\cdots+n\cdot\left(\dfrac{2}{3}\right)^{n}\right]$ ⑥

⑤ $-$ ⑥,

得 $\dfrac{1}{3}T_n = \dfrac{3}{5}\left[1+\left(\dfrac{2}{3}\right)^{1}+\left(\dfrac{2}{3}\right)^{2}+\left(\dfrac{2}{3}\right)^{3}+\left(\dfrac{2}{3}\right)^{4}+\cdots+\left(\dfrac{2}{3}\right)^{n-1}-n\cdot\left(\dfrac{2}{3}\right)^{n}\right]$

$$= \dfrac{3}{5}\left[\dfrac{1-\left(\dfrac{2}{3}\right)^{n}}{1-\dfrac{2}{3}}-n\cdot\left(\dfrac{2}{3}\right)^{n}\right] = \dfrac{3}{5}\left[3-(3+n)\left(\dfrac{2}{3}\right)^{n}\right]$$

$\therefore T_n = \dfrac{9}{5}\left[3-(3+n)\left(\dfrac{2}{3}\right)^{n}\right]$

$\therefore S_n = R_n - T_n = \dfrac{2}{5}+\dfrac{2}{5}\,(2n+1)\,(-1)^{n-1}-\dfrac{9}{5}\left[3-(3+n)\left(\dfrac{2}{3}\right)^{n}\right]$

$$= \dfrac{2}{5}\,(2n+1)\,(-1)^{n-1}+\dfrac{9}{5}\,(3+n)\left(\dfrac{2}{3}\right)^{n}-5.$$

练习 4：求满足下列条件的数列 $\{a_n\}$ 的通项公式：

(1) $a_0 = 1$，$a_1 = 6$，$a_{n+2} = 6a_{n+1}-8a_n$；（$a_n = 2\times 4^{n}-2^{n}$）

(2) $a_1 = 1$，$a_2 = 2$，$a_{n+1} = 6a_n-9a_{n-1}$；$[a_n = -(n-4)\,3^{n-2}]$

(3) $a_0 = 1$，$a_1 = 2$，$a_{n+2} = 3a_{n+1}+4a_n-6$. $\{a_n = \dfrac{1}{5}\left[4^{n}-(-1)^{n}+5\right]\}$

需要说明的是，在以上解法中，当不动点和特征方程的解为虚数时结论依然成立.

四、其他例子及综合应用

递推数列问题多种多样，解决它们主要的思路是变换成以上熟悉的形式而求解.

【例 9】求满足以下条件的数列的通项公式：

（1）$a_1 = 1$，$a_n = 2\sqrt{a_{n-1}}$；

（2）$a_1 = 1$，$a_{n+1} > a_n$，$4a_n a_{n+1} = (a_n + a_{n+1} - 1)^2$；

（3）$a_0 = 1$，$b_0 = 9$，$\begin{cases} a_{n+1} = 3a_n + 3b_n \\ b_{n+1} = 2a_n + 8b_n \end{cases}$.   ①
                                                                        ②

提示：（1）$\because \lg a_n = \dfrac{1}{2}\lg a_{n-1} + \lg 2$，$\therefore a_n = 2^{2 - \frac{1}{2^{n-2}}}$.

（2）可变为 $\sqrt{a_{n+1}} + \sqrt{a_{n-1}} = 2\sqrt{a_n}$，解得 $a_n = n^2$.

（3）① $- \dfrac{1}{2} \times$ ②，得 $a_{n+1} - \dfrac{1}{2}b_{n+1} = 2\left(a_n - \dfrac{1}{2}b_n\right)$.

① $+ 3 \times$ ②，得 $a_{n+1} + 3b_{n+1} = 9(a_n + 3b_n)$

$\therefore a_n = 4 \times 9^n - 3 \times 2^n$，$b_n = 8 \times 9^n + 2^n$.

【例 10】已知函数 $f(x) = \dfrac{x+1-a}{a-x}$ $(a \in \mathbf{R})$.

（1）函数 $y = f(x)$ 的图像是否是中心对称图形？若是，指出它的对称中心（不需证明）；

（2）我们利用函数 $y = f(x)$ 构造一个数列 $\{x_n\}$，方法如下：对于给定的定义域中的 x_1，令 $x_2 = f(x_1)$，$x_3 = f(x_2)$，…，$x_n = f(x_{n-1})$，…，在上述构造数列的过程中，如果 x_i $(i = 2, 3, 4, \cdots)$ 在定义域中，构造数列的过程将继续下去；如果 x_i 不在定义域中，构造数列的过程将停止.

①如果可以用上述方法构造出一个常数列 $\{x_n\}$，求实数 a 的取值范围；

②如果取定义域中任一值作为 x_1，都可以用上述方法构造出一个无穷数列 $\{x_n\}$，求实数 a 的值.

解：（1）$\because f(x) = \dfrac{x+1-a}{a-x} = -1 - \dfrac{1}{x-a}$，

$\therefore y = f(x)$ 的图像可由函数 $g(x) = -\dfrac{1}{x}$ 的图像平移而来.

而 $g(x) = -\dfrac{1}{x}$ 的图像是关于原点成中心对称的，

$\therefore y = f(x)$ 的图像关于点 $(a, -1)$ 成中心对称图形.

（2）①根据题意，只需 $x \neq a$，$f(x) = x$ 有实数解，即 $\dfrac{x+1-a}{a-x} = x$ 有实数解，即 $x^2 + (1-a)x + 1 - a = 0$ 有不等于 a 的解，则

$\begin{cases} \Delta \geqslant 0 \\ x \neq a \end{cases}$, 解得 $a \leqslant -3$ 或 $a \geqslant 1$.

故所求实数 a 的取值范围是 $(-\infty, -3] \cup [1, +\infty)$.

②根据题意, 应满足 $x \neq a$ 时, $\dfrac{x+1-a}{a-x} = a$ 无实数解, 即 $x \neq a$ 时,

$(1+a)x = a^2+a-1$ 无实数解.

由于 $x = a$ 不是方程 $(1+a)x = a^2+a-1$ 的解, 则对于任意 $x \in \mathbf{R}$,

方程 $(1+a)x = a^2+a-1$ 无实数解. 故 $a = -1$.

练习 5: (1) (2005 年广东高考题) 已知数列 $\{x_n\}$ 满足 $x_2 = \dfrac{x_1}{2}$, $x_n = \dfrac{1}{2}(x_{n-1}+x_{n-2})$, $n = 3, 4, \cdots$, 若 $\lim\limits_{n \to +\infty} x_n = 2$, 则 x_1 = ( )

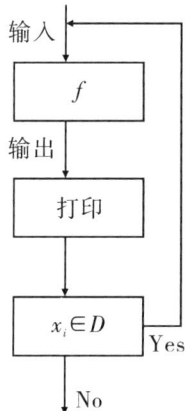
图 1

A. $\dfrac{3}{2}$ B. 3   C. 4   D. 5

(2) (2001 年上海高考题) 对任意函数 $f(x)$, $x \in D$, 可按图 1 构造一个数列发生器, 其工作原理如下:

①输入数据 $x_0 \in D$, 经数列发生器输出 $x_1 = f(x_0)$;

②若 $x_1 \notin D$, 则数列发生器结束工作; 若 $x_1 \in D$, 则将 x_1 反馈回输入端, 再输出 $x_2 = f(x_1)$, 并依此规律继续下去. 现定义 $f(x) = \dfrac{4x-2}{x+1}$.

(Ⅰ) 若输入 $x_0 = \dfrac{49}{65}$, 则由数列发生器产生数列 $\{x_n\}$, 请写出数列 $\{x_n\}$ 的所有项;

(Ⅱ) 若要数列发生器产生一个无穷的常数列, 试求输入的初始数据 x_0 的值;

(Ⅲ) 若输入 x_0 时, 产生的无穷数列 $\{x_n\}$ 满足: 对任意正整数 n, 均有 $x_0 < x_{n+1}$, 求 x_0 的取值范围.

分析: (Ⅰ) $\because f(x)$ 的定义域为 $D = (-\infty, -1) \cup (-1, +\infty)$, $\therefore$ 数列 $\{x_n\}$ 只有 3 项: $x_1 = \dfrac{11}{19}$, $x_2 = \dfrac{1}{5}$, $x_3 = -1$.

(Ⅱ) $\because f(x) = \dfrac{4x-2}{x+1} = x$, 即 $x^2 - 3x + 2 = 0$, 解得 $x = 1$ 或 $x = 2$.

当 $x_0 = 1$ 时, $x_n = 1$;

当 $x_0 = 2$ 时, $x_n = 2 \ (n \in \mathbf{N}_+)$.

(Ⅲ) 解不等式 $x < \dfrac{4x-2}{x+1}$, 得 $x < -1$ 或 $1 < x < 2$. 要使 $x_1 < x_2$, 则 $x_1 < -1$ 或 $1 < x_1 < 2$.

对于函数 $f(x) = \dfrac{4x-2}{x+1} = 4 - \dfrac{6}{x+1}$，

若 $x_1 < -1$，则 $x_2 = f(x_1) > 4$，$x_3 = f(x_2) < x_2$.

当 $1 < x_1 < 2$ 时，$x_2 = f(x_1) > x_1$，$1 < x_2 < 2$. 以此类推，可得数列 $\{x_n\}$ 的所有项均满足 $x_{n+1} > x_n$（$n \in \mathbf{N}_+$）.

综上所述，$x_1 \in (1, 2)$. 由 $x_1 = f(x_0)$，得 $x_0 \in (1, 2)$.

25. 斐波那契数列

1. 斐波那契数列的定义

斐波那契数列指的是这样一个数列：1，1，2，3，5，8，13，21，…这个数列从第三项开始，每一项都等于前两项之和．如果设 $F(n)$ 为该数列的第 n 项（$n \in \mathbf{N}_+$），那么可以写成如下形式：$a_1 = 1$，$a_2 = 1$，$a_n = a_{n-1} + a_{n-2}$（$n \geqslant 3$，$n \in \mathbf{N}^*$），或 $F(0) = 0$，$F(1) = 1$，$F(n) = F(n-1) + F(n-2)$（$n \geqslant 2$），显然这是一个线性递推数列．

斐波那契数列通项公式：$a_n = \dfrac{\sqrt{5}}{5} \left[\left(\dfrac{1+\sqrt{5}}{2} \right)^n - \left(\dfrac{1-\sqrt{5}}{2} \right)^n \right]$．

2. 斐波那契数列通项公式的推导

斐波那契数列：1，1，2，3，5，8，13，21，…

即 $F(0) = 0$，$F(1) = 1$，$F(n) = F(n-1) + F(n-2)$（$n \geqslant 2$）．

方法一：待定系数法构造等比数列（初等代数解法）

设常数 r，s，

使得 $F(n) - rF(n-1) = s[F(n-1) - rF(n-2)]$

则 $r + s = 1$，$-rs = 1$．

$n \geqslant 3$ 时，有

$F(n) - rF(n-1) = s[F(n-1) - rF(n-2)]$

$F(n-1) - rF(n-2) = s[F(n-2) - rF(n-3)]$

$F(n-2) - rF(n-3) = s[F(n-3) - rF(n-4)]$

$\vdots$

$F(3) - rF(2) = s[F(2) - rF(1)]$

联立以上 $n-2$ 个式子，得 $F(n) - rF(n-1) = s^{n-2}[F(2) - rF(1)]$

$\because s = 1 - r$，$F(1) = F(2) = 1$

上式可化简得：$F(n) = s^{n-1} + rF(n-1)$

那么

$F(n) = s^{n-1} + rF(n-1)$

$\quad = s^{n-1} + rs^{n-2} + r^2F(n-2)$

$\quad = s^{n-1} + rs^{n-2} + r^2s^{n-3} + r^3F(n-3)$

$$\vdots$$

$$= s^{n-1} + rs^{n-2} + r^2s^{n-3} + \cdots + r^{n-2}s + r^{n-1}F(1)$$

$$= s^{n-1} + rs^{n-2} + r^2s^{n-3} + \cdots + r^{n-2}s + r^{n-1}$$

（这是一个以 s^{n-1} 为首项、r^{n-1} 为末项、$\dfrac{r}{s}$ 为公比的等比数列的各项的和）

$$= (s^{n-1} - s^{n-1}\frac{r}{s})/(1 - \frac{r}{s})$$

$$= \frac{s^n - r^n}{s - r}$$

$r + s = 1$，$-rs = 1$ 的一解为 $s = \dfrac{1+\sqrt{5}}{2}$，$r = \dfrac{1-\sqrt{5}}{2}$，

则 $F(n) = \dfrac{\sqrt{5}}{5}[(\dfrac{1+\sqrt{5}}{2})^n - (\dfrac{1-\sqrt{5}}{2})^n]$.

方法二：利用特征方程（线性代数解法）

线性递推数列的特征方程为：$X^2 = X + 1$

解得 $X_1 = \dfrac{1+\sqrt{5}}{2}$，$X_2 = \dfrac{1-\sqrt{5}}{2}$.

则 $F(n) = C_1 X_1^n + C_2 X_2^n$.

$\because F(1) = F(2) = 1$.

$\therefore C_1 X_1 + C_2 X_2 = 1$，$C_1 X_1^2 + C_2 X_2^2 = 1$.

解得 $C_1 = \dfrac{\sqrt{5}}{5}$，$C_2 = -\dfrac{\sqrt{5}}{5}$

$\therefore F(n) = \dfrac{\sqrt{5}}{5}[(\dfrac{1+\sqrt{5}}{2})^n - (\dfrac{1-\sqrt{5}}{2})^n]$.

方法三：待定系数法构造等比数列（初等代数解法）

已知 $a_1 = 1$，$a_2 = 1$，$a_n = a_{n-1} + a_{n-2}(n \geq 3)$，求数列 $\{a_n\}$ 的通项公式.

解：设 $a_n - \alpha a_{n-1} = \beta(a_{n-1} - \alpha a_{n-2})$，

得 $\alpha + \beta = 1$，$\alpha\beta = -1$.

构造方程 $x^2 - x - 1 = 0$，解得 $\alpha = \dfrac{1-\sqrt{5}}{2}$，$\beta = \dfrac{1+\sqrt{5}}{2}$ 或 $\alpha = \dfrac{1+\sqrt{5}}{2}$，$\beta = \dfrac{1-\sqrt{5}}{2}$.

所以

$$a_n - \frac{1-\sqrt{5}}{2}a_{n-1} = \frac{1+\sqrt{5}}{2}(a_{n-1} - \frac{1-\sqrt{5}}{2}a_{n-2}) \qquad ①$$

$$a_n - \frac{1+\sqrt{5}}{2}a_{n-1} = \frac{1-\sqrt{5}}{2}(a_{n-1} - \frac{1+\sqrt{5}}{2}a_{n-2}) \qquad ②$$

由式①、式②，可得：

$$a_n - \frac{1-\sqrt{5}}{2}a_{n-1} = (\frac{1+\sqrt{5}}{2})^{n-2}(a_2 - \frac{1-\sqrt{5}}{2}a_1) \qquad ③$$

$$a_n - \frac{1+\sqrt{5}}{2}a_{n-1} = (\frac{1-\sqrt{5}}{2})^{n-2}(a_2 - \frac{1+\sqrt{5}}{2}a_1) \qquad ④$$

③ $\times \frac{1+\sqrt{5}}{2}$ － ④ $\times \frac{1-\sqrt{5}}{2}$,

化简得 $a_n = \frac{\sqrt{5}}{5}[(\frac{1+\sqrt{5}}{2})^n - (\frac{1-\sqrt{5}}{2})^n]$.

3. 与黄金分割的关系

有趣的是，这样一个完全是自然数的数列，通项公式却是用无理数来表达的. 而且当 n 趋向于无穷大时，后一项与前一项的比值的小数部分越来越逼近黄金分割 1.618.

$1 \div 1 = 1$，$2 \div 1 = 2$，$3 \div 2 = 1.5$，$5 \div 3 = 1.666\cdots$，$8 \div 5 = 1.6$，$\cdots$，$89 \div 55 = 1.618\,181\,8\cdots$，$\cdots$，$233 \div 144 = 1.618\,055\cdots$，$\cdots$，$75\,025 \div 46\,368 = 1.618\,033\,988\,9\cdots$

越到后面，这些比值越接近黄金比.

4. 相邻三项的另一性质

斐波那契数列从第二项开始，每个奇数项的平方都比前后两项之积多 1，每个偶数项的平方都比前后两项之积少 1.

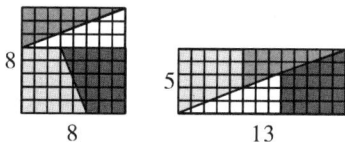

$8 \times 8 = 5 \times 13$?

如果你看到这样一个题目：

某人把一个 8×8 的方格切成四块，拼成一个 5×13 的长方形，故作惊讶地问你：为什么 $64 = 65$？其实就是利用了斐波那契数列的这个性质：5、8、13 正是数列中相邻的三项，事实上前后两块的面积确实差 1，只不过后面那个图中有一条细长的狭缝，一般人不容易注意到.

斐波那契数列的第 $n+2$ 项同时也代表了集合 $\{1, 2, \cdots, n\}$ 中所有不包含相邻正整数的子集个数.

5. 斐波那契数列 $[f(n)，f(0)=0，f(1)=1，f(2)=1，f(3)=2，\cdots]$ 的其他性质

(1) $f(0) + f(1) + f(2) + \cdots + f(n) = f(n+2) - 1$.

(2) $f(1) + f(3) + f(5) + \cdots + f(2n-1) = f(2n)$.

(3) $f(2) + f(4) + f(6) + \cdots + f(2n) = f(2n+1) - 1$.

(4) $[f(0)]^2 + [f(1)]^2 + \cdots + [f(n)]^2 = f(n) \cdot f(n+1)$.

(5) $f(0) - f(1) + f(2) - \cdots + (-1)^n \cdot f(n) = (-1)^n \cdot [f(n+1) - f(n)] + 1$.

(6) $f(m+n-1) = f(m-1) \cdot f(n-1) + f(m) \cdot f(n)$.

6. 在杨辉三角中隐藏着斐波那契数列

杨辉三角形如图 1 所示，如果将其按图 2 的规律排布，并且竖列相加（不进位），则得到斐波那契数列：1，1，2，3，5，8，13，21，…如果进位是什么？它们背后的本质是什么？

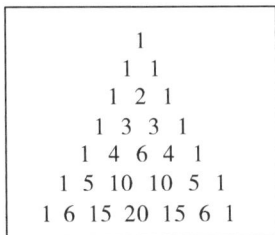

图 1

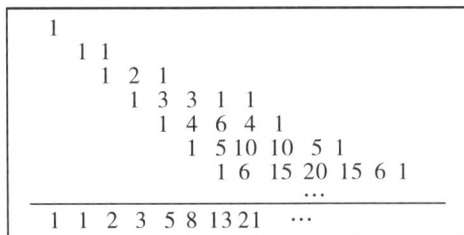

图 2

首先我们发现对偶数与循环小数的一些性质.

定义：若两非零整数 a 与 b 之和 $a + b = 10^k$（$k \in \mathbf{N}^*$），我们称数 a 与 b 为互补的两个数. 如 2 的补数为 8，或 98，或 998；12 的补数是 -2. 可看到一个数的补数不唯一.

定理：一般来说，对于整数 a，b，若 $a + b = 10^k$（$k \in \mathbf{N}^*$），则

$$\frac{1}{a} = \frac{1}{10^k}\left[1 + \left(\frac{b}{10^k}\right)^1 + \left(\frac{b}{10^k}\right)^2 + \left(\frac{b}{10^k}\right)^3 + \cdots\right] = \frac{1}{10^k}\left[1 + \sum_{n=1}^{\infty}\left(\frac{b}{10^k}\right)^n\right]$$

证明：$\because a + b = 10^k (k \in \mathbf{N})$，$a > 0$，$b > 0$，

$$\therefore \frac{1}{10^k}\left[1 + \sum_{n=1}^{\infty}\left(\frac{b}{10^k}\right)^n\right] = \frac{1}{10^k} \cdot \frac{1}{1 - \frac{b}{10^k}} = \frac{1}{10^k} \cdot \frac{10^k}{10^k - b} = \frac{1}{10^k - b} = \frac{1}{a}$$

得证.

由以上定理可知，一个分数化小数就是一个等比数列求和.

特例：89 的一个补数是 11，从而

$$\frac{1}{89} = \frac{1}{100}\left[1 + \frac{11}{100} + \left(\frac{11}{100}\right)^2 + \left(\frac{11}{100}\right)^3 + \cdots\right]$$

$$= 0.01 + 0.001\ 1 + 0.000\ 121 + 0.000\ 001\ 331 + \cdots$$

$$= 0.011\ 235\ 95\cdots$$

在这个过程中我们看到了杨辉三角的数是如何产生斐波那契数的. 原来 89 还有此性质，它是贯通"中西"的一个数.

$\frac{1}{89}$ 的全部小数展开式为：

$$\frac{1}{89} = 0.\dot{0}11235955056179775280\dot{8} \mid 9887640449438202247191$$

中间的一根纵线是临时加上去的，目的是为了看清前、后两半段的配对性质（前、后两半段和都为9）.

如果将图2中的数字换成组合数就成为图3，可以看到，斐波那契数列用组合数表示为

$a_1 = C_0^0$

$a_2 = C_1^0$

$a_3 = C_1^1 + C_2^0$

$a_4 = C_2^1 + C_3^0$

$a_5 = C_2^2 + C_3^1 + C_4^0$

$a_6 = C_3^2 + C_4^1 + C_5^0$

$a_7 = C_3^3 + C_4^2 + C_5^1 + C_6^0$

$a_8 = C_4^3 + C_5^2 + C_6^1 + C_7^0$

$\vdots$

$$C_0^0$$
$$C_1^0 \quad C_1^1$$
$$C_2^0 \quad C_2^1 \quad C_2^2$$
$$C_3^0 \quad C_3^1 \quad C_3^2 \quad C_3^3$$
$$C_4^0 \quad C_4^1 \quad C_4^2 \quad C_4^3 \quad C_4^4$$
$$C_5^0 \quad C_5^1 \quad C_5^2 \quad C_5^3 \quad C_5^4 \quad C_5^5$$

a_1	a_2	a_3	a_4	a_5	a_6	$\cdots$
1	1	2	3	5	8	13　21$\cdots$

图3

可归纳出斐波那契数列用组合数表示的通项公式如下：

奇数项：$a_{2n+1} = C_n^n + C_{n+1}^{n-1} + C_{n+2}^{n-2} + \cdots + C_{2n}^0$（$n \in \mathbf{N}$），

偶数项：$a_{2n} = C_n^{n-1} + C_{n+1}^{n-2} + C_{n+2}^{n-3} + \cdots + C_{2n-1}^0$（$n \in \mathbf{N}$）.

读者不妨试用数学归纳法证明之.

7. 斐波那契数列的整除性与素数生成性

每3个数有且只有一个被2整除

每4个数有且只有一个被3整除

每5个数有且只有一个被5整除

每6个数有且只有一个被8整除

每7个数有且只有一个被13整除

每8个数有且只有一个被21整除

每9个数有且只有一个被34整除

$\vdots$

我们看到第5、7、11、13、17、23位分别是素数5，13，89，233，1597，28657（第19位不是）.

斐波那契数列的个位数：一个60步的循环

11235，83145，94370，77415，61785，38190，

99875，27965，16730，33695，49325，72910，…

8. 斐波那契数与植物花瓣

3　　　　　　　百合和蝴蝶花

5　　　　　　　蓝花耧斗菜、金凤花、飞燕草、毛茛花

8	翠雀花
13	金盏和玫瑰
21	紫宛
34、55、89	雏菊

斐波那契数还可以在植物的叶、枝、茎等排列中发现. 例如，在树木的枝干上选一片叶子，记其为数 0，然后依序点数叶子（假定没有折损），直到与那些叶子正对的位置，则其间的叶子数多半是斐波那契数. 叶子从一个位置到达下一个正对的位置称为一个循环. 叶子在一个循环中旋转的圈数也是斐波那契数. 在一个循环中叶子数与叶子旋转圈数的比称为叶序（源自希腊词，意即叶子的排列）比. 多数的叶序比呈现为斐波那契数的比.

9. 斐波那契—卢卡斯数列

卢卡斯数列 1，3，4，7，11，18，… 也具有斐波那契数列同样的性质［我们可称之为斐波那契—卢卡斯递推：从第三项开始，每一项都等于前两项之和 $f(n)=f(n-1)+f(n-2)$］.

这两个数列还有一种特殊的联系（如表 1 所示），$F(n)\cdot L(n)=F(2n)$，及 $L(n)=F(n-1)+F(n+1)$.

表 1

n	1	2	3	4	5	6	7	8	9	10	…
斐波那契数列 $F(n)$	1	1	2	3	5	8	13	21	34	55	…
卢卡斯数列 $L(n)$	1	3	4	7	11	18	29	47	76	123	…
$F(n)\cdot L(n)$	1	3	8	21	55	144	377	987	2 584	6 765	…

类似的数列还有无限多个，我们称之为斐波那契—卢卡斯数列.

如 1，4，5，9，14，23，… 因为 1，4 开头，可记作 $F[1,4]$，斐波那契数列就是 $F[1,1]$，卢卡斯数列就是 $F[1,3]$，斐波那契—卢卡斯数列就是 $F[a,b]$.

斐波那契—卢卡斯数列之间的广泛联系：

①任意两个或两个以上斐波那契—卢卡斯数列之和或差仍然是斐波那契—卢卡斯数列.

例如：$F[1,4]n+F[1,3]n=F[2,7]n$，$F[1,4]n-F[1,3]n=F[0,1]n=F[1,1](n-1)$

表 2

n	1	2	3	4	5	6	7	8	9	10	⋯
$F[1,4]n$	1	4	5	9	14	23	37	60	97	157	⋯
$F[1,3]n$	1	3	4	7	11	18	29	47	76	123	⋯
$F[1,4]n - F[1,3]n$	0	1	1	2	3	5	8	13	21	34	⋯
$F[1,4]n + F[1,3]n$	2	7	9	16	25	41	66	107	173	280	⋯

②任何一个斐波那契—卢卡斯数列都可以由斐波那契数列的有限项之和获得，如表 3 所示．

表 3

n	1	2	3	4	5	6	7	8	9	10	⋯
$F[1,1]n$	1	1	2	3	5	8	13	21	34	55	⋯
$F[1,1](n-1)$	0	1	1	2	3	5	8	13	21	34	⋯
$F[1,1](n-1)$	0	1	1	2	3	5	8	13	21	34	⋯
$F[1,3]n$	1	3	4	7	11	18	29	47	76	123	⋯

10. 黄金特征与孪生斐波那契—卢卡斯数列

斐波那契—卢卡斯数列的另一个共同性质：中间项的平方数与前后两项之积的差的绝对值是一个恒值．

斐波那契数列：$|1 \times 1 - 1 \times 2| = |2 \times 2 - 1 \times 3| = |3 \times 3 - 2 \times 5| = |5 \times 5 - 3 \times 8| = |8 \times 8 - 5 \times 13| = \cdots = 1$

卢卡斯数列：$|3 \times 3 - 1 \times 4| = |4 \times 4 - 3 \times 7| = \cdots = 5$

$F[1,4]$ 数列：$|4 \times 4 - 1 \times 5| = 11$

$F[2,5]$ 数列：$|5 \times 5 - 2 \times 7| = 11$

$F[2,7]$ 数列：$|7 \times 7 - 2 \times 9| = 31$

斐波那契数列这个值是 1 最小，也就是前后项之比接近黄金比例最快，我们称为黄金特征，黄金特征 1 的数列只有斐波那契数列，是独生数列．卢卡斯数列的黄金特征是 5，也是独生数列．前两项互质的独生数列只有斐波那契数列和卢卡斯数列这两个数列．

而 $F[1,4]$ 与 $F[2,5]$ 的黄金特征都是 11，是孪生数列．$F[2,7]$ 也有孪生数列：$F[3,8]$．其他前两项互质的斐波那契—卢卡斯数列都是孪生数列，称为孪生斐波那契—卢卡斯数列．

11. 广义斐波那契数列

斐波那契数列的黄金特征 1，这让我们联想到佩尔数列：1，2，5，12，29，…，也有 $|2 \times 2 - 1 \times 5| = |5 \times 5 - 2 \times 12| = \cdots = 1$（该类数列的这种特征值称为勾股特征）.

佩尔数列 P_n 的递推规则：$P_1 = 1$，$P_2 = 2$，$P_n = P(n-2) + 2P(n-1)$.

据此类推到所有根据前两项导出第三项的通用规则：$f(n) = f(n-1) \cdot p + f(n-2) \cdot q$，称为广义斐波那契数列.

当 $p = 1$，$q = 1$ 时，我们得到斐波那契—卢卡斯数列.

当 $p = 1$，$q = 2$ 时，我们得到佩尔—勾股弦数（跟边长为整数的直角三角形有关的数列集合）.

当 $p = -1$，$q = 2$ 时，我们得到等差数列. 其中 $f_1 = 1$，$f_2 = 2$ 时，我们得到自然数列 1，2，3，4，…. 自然数列的特征就是每个数的平方与前后两数之积的差为 1（等差数列的这种差值称为自然特征）.

具有类似黄金特征、勾股特征、自然特征的广义斐波那契数列 $p = \pm 1$.

当 $f_1 = 1$，$f_2 = 2$，$p = 2$，$q = 1$ 时，我们得到等比数列 1，2，4，8，16，…

斐波那契数列的性质及其相关问题无穷无尽，有兴趣的读者可以继续研究.

12. 几个与斐波那契数列有关的有趣问题

（1）排列组合：有一段楼梯有 10 级台阶，规定每一步只能跨一级或两级，那么要登上第 10 级台阶有几种不同的走法？

这就是一个斐波那契数列：登上第一级台阶有一种登法；登上两级台阶，有两种登法；登上三级台阶，有三种登法；登上四级台阶，有五种登法……

1，2，3，5，8，13，…所以，登上十级，有 89 种走法.

类似地，一枚均匀的硬币掷 10 次，问不连续出现正面的可能情形有多少种？

答案是 144 种.

（2）数列中相邻两项的前项比后项的极限.

当 n 趋于无穷大时，$F(n)/F(n+1)$ 的极限是多少？

这个可由它的通项公式直接得到，极限是

$$\lim_{n \to \infty} \frac{a_{n+1}}{a_n} = \frac{\sqrt{5}+1}{2} \approx 1.618 \cdots; \quad \lim_{n \to \infty} \frac{a_n}{a_{n+1}} = \frac{\sqrt{5}-1}{2} \approx 0.618 \cdots$$

这就是黄金分割的数值，也是代表大自然和谐的一个数字.

（3）求递推数列 $a_1 = 1$，$a_{n+1} = 1 + \dfrac{1}{a_n}$ 的通项公式.

由数学归纳法可以得到：$a_n = F(n+1)/F(n)$，将斐波那契数列的通项式代入，化简就得结果.

数学探究与欣赏

（4）兔子繁殖问题（关于斐波那契数列的别名）.

斐波那契数列又因数学家列昂纳多·斐波那契以兔子繁殖为例子而引入，故又称为"兔子数列".

一般而言，兔子在出生两个月后，就有繁殖能力，一对兔子每个月能生出一对小兔子来. 如果所有兔子都不死，那么一年以后可以繁殖多少对兔子？

我们不妨拿新出生的一对小兔子分析一下：

第一个月小兔子没有繁殖能力，所以还是一对；

两个月后，生下一对小兔子，共有两对；

三个月后，老兔子又生下一对，因为小兔子还没有繁殖能力，所以一共是三对；

……

依次类推可以列出表4：

表4

经过月数	0	1	2	3	4	5	6	7	8	9	10	11	12
幼仔对数	1	0	1	1	2	3	5	8	13	21	34	55	89
成兔对数	0	1	1	2	3	5	8	13	21	34	55	89	144
总体对数	1	1	2	3	5	8	13	21	34	55	89	144	233

幼仔对数 = 前月成兔对数

成兔对数 = 前月成兔对数 + 前月幼仔对数

总体对数 = 本月成兔对数 + 本月幼仔对数

可以看出幼仔对数、成兔对数、总体对数都构成了一个数列. 这个数列有个十分明显的特点：前面相邻两项之和，构成了后一项.

26. 有理数与无理数连通的天桥

你可以不相信上帝，但是你不能不相信数学.

——约翰·康韦

1. 冰山一角

印度青年数学家乔德哈里（J. V. Chaaudhari）和狄希潘德（M. N. Deshpande）发现：从956到968，首尾合计，一共有13个三位数，这些数在各自平方之后，都成了六位数. 如果把它们前三、后三截成前后两段，再分别相加起来，其和竟然是一连串的平方数，请看下面的结果：

$$956^2 = 913\ 936,\ 913 + 936 = 1\ 849,\ 1\ 849 = 43^2$$
$$957^2 = 915\ 849,\ 915 + 849 = 1\ 764,\ 1\ 764 = 42^2$$
$$958^2 = 917\ 764,\ 917 + 764 = 1\ 681,\ 1\ 681 = 41^2$$
$$959^2 = 919\ 681,\ 919 + 681 = 1\ 600,\ 1\ 600 = 40^2$$
$$960^2 = 921\ 600,\ 921 + 600 = 1\ 521,\ 1\ 521 = 39^2$$
$$\cdots$$
$$967^2 = 935\ 089,\ 935 + 89 = 1\ 024,\ 1\ 024 = 32^2$$
$$968^2 = 937\ 024,\ 937 + 24 = 961,\ 961 = 31^2$$

最奇妙不过的是，左面的平方数底数956至968是单调递增的，然而经过"一分为二"的变换以后，右面的平方数底数43到31却变成单调递减的了.

2. 数海探幽

凡事总有个源头的，那么两位数中是不是也存在着这种现象呢？

真是"踏破铁鞋无觅处"，谈祥柏先生灵机一动，想起了数学科普大师马丁加德纳先生在《不可思议的矩阵博士》一书中提到的怪异的四位数7 744，用它来解剖麻雀，也来个如法炮制：$77 + 44 = 121$，而 $121 = 11^2$，果然找到了突破口，而

7 744 正好就是 88 的平方数.

好得很, 这下子打蛇打在七寸上了, 于是谈先生乘胜追击, 果然功夫没有白费, 一举找到了 5 个合乎要求的两位数: 86 到 90, 其中 88 正好处于中间, 也就是概率统计中所说的 "中位数". 请看:

$$86^2 = 7\ 396,\ 73 + 96 = 169,\ 169 = 13^2$$
$$87^2 = 7\ 569,\ 75 + 69 = 144,\ 144 = 12^2$$
$$88^2 = 7\ 744,\ 77 + 44 = 121,\ 121 = 11^2$$
$$89^2 = 7\ 921,\ 79 + 21 = 100,\ 100 = 10^2$$
$$90^2 = 8\ 100,\ 81 + 0 = 81,\ 81 = 9^2$$

3. 牵一得万

接下来的工作是跟踪追击, 从下楼改为上楼, 终于大获全胜, 硕果累累, 非常令人鼓舞. 仅以四位数而言, 谈先生就发现了一个 "星团", 其成员竟有 42 个之多, 首数为 9 859, 尾数为 9 900. 为了节省篇幅, 下面只是提出极少量的样本数据:

$$9\ 859^2 = 97\ 199\ 881,\ 两端之和\ 19\ 600 = 140^2$$
$$9\ 900^2 = 98\ 010\ 000,\ 两端之和\ 9\ 801 = 99^2$$
$$99\ 553^2 = 9\ 910\ 799\ 809,\ 两端之和\ 198\ 916 = 446^2$$
$$99\ 564^2 = 9\ 912\ 990\ 096,\ 两端之和\ 189\ 225 = 435^2$$
$$99\ 681^2 = 9\ 936\ 301\ 761,\ 两端之和\ 101\ 124 = 318^2$$
$$99\ 682^2 = 9\ 936\ 501\ 124,\ 两端之和\ 100\ 489 = 317^2$$
$$\cdots$$

4. 万试皆灵

事情解决到了这个地步, 是否可以认为大功告成了呢? 不, 且慢. 我们继而想到了大师波利亚的名言: "吃到了树上的禁果之后, 还应该好好地寻找一下, 地下有没有足以使你大开胃口的蘑菇?"

让我们回过头来, 再深入考查两位数中的 "一分为二" 的怪现象. 之所以选择它们, 是因为它们数字较小, 不占篇幅, 而且只有 5 个, 好像是右手的五指. 如前所述, 它们的范围相当狭窄, 限制在 86 到 90 的一个小区间内, 小于 86 或者大于 90, "一分为二" 的现象就消失了, 方法不灵了.

譬如说, $85^2 = 7\ 225$, 然而 $72 + 25 = 97$ 根本不是平方数, $91^2 = 8\ 281$, 而 $82 + 81 = 163$ 也绝对不是平方数.

谈先生的脑子里突发一种怪异的念头, 也可以说是 "灵感" 吧! 会不会这一切都是十进制数本身的缺陷, 是它带来的 "罪过" 呢?

$85^2 = 7\ 225$ 为什么不可以把它看成为 $7\ 100 + 125$ 呢? 这一来, 前半段取 71 (念做 71 个 100), 而后半段放宽标准, 取为 125. 此时 $71 + 125 = 196$, 不仍然是

14 的平方吗？

至于 $91^2 = 8\ 281$，同样可以用仙家的"有色眼镜"来看问题，把它视为 $8\ 300 +$（-19），然后把前半段视为 83，后半段视为 -19，再进行两段的相加，求出其代数和为 64，它不仍然是 8 的平方吗？

显然这是前人没有想到的神奇想法，被掩盖了千万年的隐性规律被谈先生揭露，虽然有一点牵强附会，但亦可自圆其说。就像是黎曼几何和罗巴切夫斯基几何一样，他们在逻辑上是健全的、完美的、相容的、无矛盾的，并不比欧氏几何逊色。

当然，以上决不限于底数为两位数的情况，而是"放之四海，万试皆灵"。以下面的三位数序列为例：（为了说明方便，在中间插入一个短竖记号 | ，以作为前半部和后半部的分界）

$$956^2 = 913\ |\ 936$$
$$957^2 = 915\ |\ 849$$
$$958^2 = 917\ |\ 764$$
$$959^2 = 919\ |\ 681$$

请注意：前半部是一个递增的等差数列，其公差 $d = 2$，而后半部则是一个递减的二阶等差数列，其二阶公差 $d' = -2$。

由于游戏规则已经改变，且变得面目全非，从而使得大多数人无法看清其本质了。但是既然找到了数列与公差的演变规律，就可以轻而易举地找到更上面的六位、七位、八位……乃至任意多位巨大的"集团"，并在最后形成一个猜想：

n 位数的平方数中，必然存在底数为一系列连续自然数的"奇异集团"，使其前后两段对应的数字之和是另一列连续自然数的完全平方。随着 n 趋向无穷大，集团的成员数也将趋向无穷大。

我们自然要寻找这桩史实的源头。原来源头只有一个，即 $6^2 = 36$，$3 + 6 = 9$，$9 = 3^2$。

由此涓滴之水终于发展成滔滔不绝的长江大河了。

5. 无限风光

平方数有许多奇怪和美妙的性质，在数学的后花园里做了一番巡礼之后，许多人就会欣然同意希腊哲学家普鲁克勒斯的看法"哪里有数，哪里就有美"。

谈先生不仅做了"探底"（具备此类性质的最小自然数仅有一个 6，$6^2 = 36$，$3 + 6 = 9$，$9 = 3^2$，而且变换前后的两个底数之和等于一个常数，即 $6 + 3 = 9$），通过电子计算机找到了长达数十位的连续自然数组，而且揭露了这类自然数组的"显"规律和"潜"规律。

乔德哈里—狄希潘德（以下简称乔狄数组）所发现的奇妙连续自然数的平方，分析时应分成奇、偶两种情况，而偶数的情况正是其"软肋"，比较容易突破。

两位数的乔狄数组共有 5 个：86，87，88，89，90，而四位数却一举跃升到 42 个之多，从 9 859 到 9 900，明眼人不难看出，数组所在的区间，其右端点是很"类似"的，一个是 90，另一个是 9 900，其中存在着若明若暗的联系.

这就强烈地暗示我们，如果把乔狄数组推及六位，其右端点很可能便是 999 000，这个猜想对不对呢？现在，计算器随手可得，马上就可以算出

$999\ 000^2 = 998\ 001\ 000\ 000$，$998\ 001 + 000\ 000 = 998\ 001$

而 998 001 正好就是 999 的平方.

变换前后的两个底数之和为 999 999，正如所料.

右端点的问题容易解决，下面来看左端点，我们手里的数据不多，利用"外推法"猜出规律不易，由于俞润汝先生以前的先行者们都没有这种悟性，只好半途而废了.

6. 灵感突现

目光如电，洞察力极强的俞润汝先生"若有神助"地猜到了左端点外面的一系列常数，其实就是 10^2，10^4，10^6，10^8，10^{10}，…（一般形式为 10^{2n}）. 而它们和乔狄数组的左端点 86，9 859 之差乃是

$$100 - 86 = 14$$
$$10\ 000 - 9\ 859 = 141$$
$$\cdots$$

这使他想到了无理数 $\sqrt{2}$ 的近似值，在康韦先生的书里，这个常用的无理数已被计算到了 200 位小数，现在不需要如此准确的近似值，为了说明问题，取前面几位已绝对足够了.

$$\sqrt{2} \approx 1.414\ 213\ 562$$

由此可以猜想，六位数的乔狄数组，极有可能从 $10^6 - 1\ 414 = 998\ 586$ 开始，而终止于 999 000，这个猜想究竟对不对呢？我们自然可以用笔或计算器验证一下：

$$998\ 586^2 = 997\ 173\ 999\ 396$$
$$997\ 173 + 999\ 396 = 1\ 996\ 569$$

而 $$\sqrt{1\ 996\ 569} = 1\ 413$$

为了节省篇幅，以后继续推到更多位数的工作就不再细表了.

初战告捷，现在可以乘胜追击了，继续研究乔狄数组的奇数情况，受到上文的强烈暗示，已经可以猜想，在左端点外面施加强烈影响的一系列常数，可能是 10^1，10^3，10^5，10^7，10^9 等等. 而我们手头现有的乔狄数组则为一位的 6 以及三位的 956 到 968，显然 $10 - 6 = 4$，而 $1\ 000 - 956 = 44$，这一来又牵出一个无理数 $\sqrt{20}$，请看

$$\sqrt{20}\approx4.472\,135\,955$$

最后，可以进一步"顺水推舟"推出在幕后的第三个无理数

$$\sqrt{10}\approx3.162\,277$$

7. 探骊得珠

从而可以造出一张"一目了然"的乔狄数组"一览表"（奇数情况见表1，偶数情况见表2）.俞润汝先生先前并不知晓波利亚的经典著作以及联想类比等方法，而是完全自出心裁地解决了这一重大难题.此法无异在无理数和有理数之间架起了一座"天桥"，真是"一桥飞架南北，天堑变通途"，可谓神矣！

表1

位数	区间外面左方潜在影响数	左端点	差数
1	10	6	4
3	1 000	956	44
5	100 000	99 553	447
7	10 000 000	9 995 528	4 472
9	1 000 000 000	999 955 279	44 721

（差数完全反映了 $\sqrt{20}\approx4.472\,135\,955$ 的近似值）

位数	区间外面右方潜在影响数	右端点	差数
1	9	6	3
3	999	968	31
5	99 999	99 683	316
7	9 999 999	9 996 837	3 162
9	999 999 999	999 968 377	31 622

（差数完全吻合 $\sqrt{10}\approx3.162\,277$ 的情况）

表2

位数	左潜在影响数	左端点	差数	右端点	
2	100	86	14	90	右潜在影响数无关紧要可以省略
4	10 000	9 859	141	9 900	
6	1 000 000	998 586	1 414	999 000	
8	100 000 000	99 985 858	14 142	99 990 000	
10	10 000 000 000	9 999 858 579	141 421	9 999 900 000	

（差数完全吻合 $\sqrt{2}\approx1.414\,213\,562$ 的情况）

在看了这种灵感思维之后，写出代数证法，那不过是例行公事的事后加工而已.

罗碎海搜集整理

27. 美的追求与数学的发展

——超越数 e 的发现与计算

16、17 世纪之交，随着天文、航海、工程、贸易以及军事的发展，改进数字计算成了当务之急. 苏格兰数学家纳皮尔（J. Napier, 1550—1617）正是在研究天文的过程中，为了简化其中的计算而发明了对数. 对数的发明是数学史上的重大事件，数学家拉普拉斯说得好：对数的发明，"可以把几个月所做的计算减少到几天内完成，我们可以说这方法使天文学家的寿命延长了一倍". 恩格斯曾经把对数的发明与解析几何的创始、微积分的建立并称为 17 世纪数学的三大成就. 我们今天知道，对数是指数的逆运算，而在历史上，对数的发明先于指数，这是数学史上的珍闻.

在高中数学新教材对数一节中提到"自然对数"，即以 e 为底的对数，这里 e=2.718 281 82… 是一个无理数，是像圆周率 π 一样的一个无理数. 对于圆周率 π，我们知道它是圆的周长与它的直径的比值，是一个不随圆的大小变化的常数. 那么数 e 是怎么发现的呢？一般的回答是：

$$e = \lim_{n \to \infty} \left(1 + \frac{1}{n} \right)^n$$

这个回答不全面，问题的本质是此表达式是怎样发现的？其实 e 的发现是人们在对数学的统一美、对称美及代数美的极致追求中发现的.

1. e 的发现

人们发明了对数后，为了方便应用，就试图编制对数表. 分析常用对数 lg N（以 10 为底的对数），发现真数 N 与 lg N 的增长表现出明显的不对称性，N 从 1→10 000，而 lg N 从 0→4.

如果编制精确到万分位的常用对数表（让对数值连续变化），就会遇到把 10，100，1 000 等开 10 000 次方的问题，而开方又是相当困难的一件事（如表 1）.

表1

lg N	N
0.000 0	$10^0 = 1$
0.000 1	$10^{0.000\ 1} = \sqrt[10\ 000]{10} = ?$
0.000 2	$10^{0.000\ 2} = \sqrt[10\ 000]{100} = ?$

为了使得真数避免开方造成的困难，不妨以 $a = 2^{10\ 000}$ 为底求对数（如表2）.

表2

以 $a = 2^{10\ 000}$ 为底的对数 $\log_a N$	对应的真数 N
0.000 0	$(2^{10\ 000})^{0.000\ 0} = 1$
0.000 1	$(2^{10\ 000})^{0.000\ 1} = 2$
0.000 2	$(2^{10\ 000})^{0.000\ 2} = 2^2 = 4$
0.000 3	$(2^{10\ 000})^{0.000\ 3} = 2^3 = 8$

由于底数很大，则相应的真数的间隔也很大，这样很多数（如3，5等）的对数就无法获得. 而且，无论是以 10 为底的对数还是以 $a = 2^{10\ 000}$ 为底的对数，对数均匀增长时，真数增长很不均匀；真数均匀增长时，对数增长也很不均匀. 为了克服这种不对称性，人们尝试用较小的底.

数学家发现以 $a = b^{10\ 000}$ 为底制作四位对数表，b 越接近 1，相应的真数间隔就越小（如表3）.

表3

$\log_a N$	$a = 1.1^{10\ 000}$	$a = 1.01^{10\ 000}$	$a = 1.000\ 1^{10\ 000}$
0.000 0	1.000 0	1.000 0	1.000 0
0.000 1	1.100 0	1.100 0	1.000 1
0.000 2	1.210 0	1.020 1	1.000 2
0.000 3	1.331 0	1.030 3	1.000 3
0.000 4	1.464 1	1.040 6	1.000 4

发现编制四位对数表，以 $a = 1.000\ 1^{10\ 000}$ 为底时，真数与对数同步变化. 很自然，发现编制五位对数表，以 $a = 1.000\ 01^{100\ 000}$ 为底时，真数与对数同步变化，当然能以 $a = 1.000\ 01^{100\ 000}$ 为底编制四位对数表.

进而，采用 1.1^{10}，1.01^{100}，$1.001^{1\,000}$，$1.000\,1^{10\,000}$，…为底的对数，原来的不对称性将不断得到改进，考虑底的变化极限，最终为 $\lim\limits_{n\to\infty}\left(1+\dfrac{1}{n}\right)^n$. 这样，以 e 为底的对数就是最理想的，这种对数叫自然对数. 这就发现了一个新的无理数 e.

在历史上，数学家比尔吉用的底是 $\left(1+\dfrac{1}{10^4}\right)^{10^4}$，纳皮尔用的底是 $\left(1+\dfrac{1}{10^7}\right)^{10^7}$，它们的近似值为 e，真是英雄所见略同.

瑞士数学家欧拉在计算对数函数 $y=\log_a x$ 的导数时发现了 e.

$$\frac{\mathrm{d}y}{\mathrm{d}x}=\lim_{\Delta x\to 0}\frac{\log_a(x+\Delta x)-\log_a x}{\Delta x}=\lim_{\Delta x\to 0}\frac{1}{\Delta x}\log_a\frac{x+\Delta x}{x}=\lim_{\Delta x\to 0}\frac{1}{\Delta x}\log_a\left(1+\frac{\Delta x}{x}\right).$$

令 $\dfrac{\Delta x}{x}=h$，则 $\Delta x=hx$，当 $\Delta x\to 0$ 时，$h\to 0$，而 $\dfrac{1}{\Delta x}=\dfrac{1}{x}\cdot\dfrac{1}{h}$，从而

$$\frac{\mathrm{d}y}{\mathrm{d}x}=\lim_{h\to 0}\frac{1}{x}\cdot\frac{1}{h}\cdot\log_a(1+h)$$

$$=\lim_{h\to 0}\frac{1}{x}\log_a(1+h)^{\frac{1}{h}}$$

$$=\frac{1}{x}\lim_{h\to 0}\log_a(1+h)^{\frac{1}{h}}$$

$$=\frac{1}{x}\log_a e$$

当 h 逐渐接近 0 时，即 $h\to 0$，计算 $(1+h)^{\frac{1}{h}}$ 的值，其结果无限接近一定值 $2.718\,281\,82\cdots$，记为 e，即 $e=\lim\limits_{h\to 0}(1+h)^{\frac{1}{h}}=\lim\limits_{n\to\infty}\left(1+\dfrac{1}{n}\right)^n=2.718\,281\,82\cdots$.

2. e 的计算

由二项式定理，可知

$$\left(1+\frac{1}{n}\right)^n=1+C_n^1\frac{1}{n}+C_n^2\left(\frac{1}{n}\right)^2+C_n^3\left(\frac{1}{n}\right)^3+\cdots$$

$$=1+1+\frac{n(n-1)}{2!}\frac{1}{n^2}+\frac{n(n-1)(n-2)}{3!}\frac{1}{n^3}+\cdots$$

$$=1+\frac{1}{1!}+\frac{1}{2!}\left(1-\frac{1}{n}\right)+\frac{1}{3!}\left(1-\frac{1}{n}\right)\left(1-\frac{2}{n}\right)+\cdots$$

当 $n\to\infty$ 时，可得

$$e=1+\frac{1}{1!}+\frac{1}{2!}+\frac{1}{3!}+\cdots+\frac{1}{n!}+\cdots=2.718\,281\,82\cdots$$

1665 年牛顿得到

$$e^x=1+x+\frac{x^2}{2!}+\frac{x^3}{3!}+\cdots+\frac{x^n}{n!}+\cdots$$

令 $x = 1$，得

$$e = 1 + \frac{1}{1!} + \frac{1}{2!} + \frac{1}{3!} + \cdots + \frac{1}{n!} + \cdots$$

数 e 有多种不同的计算式，用连分数表示的一个式子为

$$e = 2 + \cfrac{1}{1 + \cfrac{1}{2 + \cfrac{1}{1 + \cfrac{1}{1 + \cfrac{1}{4 + \cfrac{1}{1 + \cdots}}}}}}$$

其中连分数的分母按以下规律：1，2，1，1，4，1，1，6，1，1，8，1，1，10，1，1，12，1，1，14，…一直下去，至此可以看到无理数隐含的规律.

3. e 的应用

数 e 在数学、物理、天文和其他科学中都有很大的作用，有时出现在完全预料不到的地方.

（1）银行存款利息. 在银行里储蓄利息每年归并到本金中去. 如果归并的次数多些，那么资金就增长得快些，因为用来产生利息的数额也大些了. 举一个纯粹理论的、很简单的例子. 假设有一笔款子 100 元，年利率是 100%. 如果利息只在一年的终了才归并进本金中去，那么到这时候 100 元变成了 200 元. 现在来看，如果利息每半年就归并进本金，100 元变成多少？到半年的终了，100 元增加到

$$100 \text{ 元} \times 1.5 = 150 \text{ 元}$$

再过了半年，增加到

$$150 \text{ 元} \times 1.5 = 225 \text{ 元}$$

如果每 $\frac{1}{3}$ 年就归并一次，那么到年底 100 元变成

$$100 \text{ 元} \times \left(1 + \frac{1}{3}\right)^3 \approx 237.03 \text{ 元}$$

假设归并利息的时间缩短到 0.1 年、0.01 年、0.001 年等等. 那么在一年之后由 100 元可以得到

$$100 \text{ 元} \times 1.1^{10} \approx 259.37 \text{ 元}$$
$$100 \text{ 元} \times 1.01^{100} \approx 270.48 \text{ 元}$$
$$100 \text{ 元} \times 1.001^{1000} \approx 271.69 \text{ 元}$$

当归并的时间无限缩短下去，本利和并不是无限的增加，而是逐渐逼近一个极限，大约等于 271.83 元.

一笔款子，按 100% 利率存下去，即使每秒钟生出来的利息都马上归并到本金里，也不可能增加到 2.718 3 倍.

在这个过程中，其实得到了 $\lim\limits_{n\to\infty}\left(1+\dfrac{1}{n}\right)^n = e \approx 2.718\,281\,82\cdots$

（2）"乘积最大". 把一个正数 a 分成若干份，问怎么分才能使这些等份的乘积最大？

首先，我们知道，只有把 a 等分，才能使这些等份的乘积最大. 这个结论，由柯西不等式

$$\sqrt[n]{\prod_{i=1}^{n}a_i} \leqslant \frac{1}{n}\sum_{i=1}^{n}a_i$$

（式中等号当且仅当 $a_i = a_j$（$1\leqslant i\leqslant j\leqslant n$）时成立）即可得出.

这样，剩下的问题就是如何把 a 等分？我们有结论：把 a 等分成 $\dfrac{a}{e}$ 份，这些等份的乘积最大[注1]. 但是，我们应该注意到，由于不能肯定 $x=a/e$ 是一个整数，而"分成整数等份"是讲不通的，所以应把 $x=a/e$ 取 a/e 与最接近的整数，这一点可以由函数的单调性证明.

我们在这里把 a 分成 2 份来作为例证. 等分时，每等份是 $a/2$，乘积是 $a^2/4$. 不等分时，两份分别是（$a/2-m$）和（$a/2+m$）（这里 m 是一个正数）；乘积是（$a^2/4-m^2$）. 可见 $a^2/4 > (a^2/4-m^2)$.

前面的结论表明，例如要把 10 分成若干个等份，使各等份的乘积最大，就应该用 $10/2.718\cdots = 3.768\cdots$

但是，因为把 10 分成 "3.678…等份"，从 "分成整数等份" 的角度说，只能取 3.678…最接近的整数 4. 这样就得到把 10 分成 4 等份，每等份为 $10/4 = 2.5$ 的结果. 这样就得到 $2.5^4 = 39.062\,5$.

作为比较，如果分成 3 等份或 5 等份，就会分别得到 $(10/3)^3 = 37.03\cdots$ 和 $(10/5)^5 = 32$ 的结果. 结果可以看出，30 和 32 都小于 39.062 5.

用这种方法，读者不难得到 20，50 和 100 的分法：分别分成 7，18 和 37 等份.

当然，我们也可以不 "分成整数等份"，那就有近似结果 $(2.718)^{3.678} \approx 39.6$，这个 $39.6 > 39.062\,5$ 显然也是合理的.

（3）"开方最大". 另外一个有趣的问题是：如果 x 是正的变数，那么 x 取什么值的时候，根式 $\sqrt[x]{x}$ 的值最大？

这个问题是生于瑞士伯尔尼乌岑斯多夫，卒于德国柏林的数学家斯泰纳（Jakob Steiner, 1796—1863）提出来的，根据指数函数不等式 $e^{(x-e)/e} \geqslant 1 + (x-e)/e$[注2]（式中仅当 $x=e$ 时用等号），可以得到 $e^{x/e}/e \geqslant x/e$，就是 $e^{x/e} \geqslant x$.

把 $e^{x/e} \geqslant x$ 两边开 x 次方，就得到 $\sqrt[x]{e} \geqslant \sqrt[x]{x}$. 这个式子用数学语言叙述就是：$x$ 是正变数时，使得 $\sqrt[x]{x}$ 产生最大值的数是 e. 也就是说，在这种形式的数中

$\sqrt[e]{e}$ 最大.

那么是多大呢？容易算出，$\sqrt[e]{e} \approx 1.445$. 作为比较，$\sqrt[3]{3} \approx 1.442$，$\sqrt[4]{4} = \sqrt[2]{2} \approx 1.414$，可见它们都小于 $\sqrt[e]{e} \approx 1.445$.

下面的事实更有趣：当 $\sqrt[x]{x}$ 中 $x=1$ 时，$\sqrt[1]{1}=1$. 当 $x \to \infty$ 时，$\sqrt[\infty]{\infty}=1$. 用微积分的方法可以证明. 这个事实说明，当 x 取 $1 \sim \infty$ 的所有"数"时，$\sqrt[x]{x}$ 呈现"波浪形"，数值 $\sqrt[e]{e}$ 是"波峰"，而 $\sqrt[1]{1}$ 和 $\sqrt[\infty]{\infty}$ 是"波谷". 当然 1 还不是最低的"波谷"，最低的"波谷"是 0. 我们不由得感叹，神奇的数学是如此的美丽动人！

为什么在"乘积最大"和"开方最大"这两个问题中，都是 e 而不是别的什么数"当大哥"呢？这是一个奇妙的谜.

下面，我们把难度降低一些. 设 x 是自然数，问 x 取何值时，$\sqrt[x]{x}$ 最大？

显然，由前面的 $\sqrt[e]{e}$ 最大可知，一定是 x 最接近 e 时，$\sqrt[x]{x}$ 最大，所以 $x=3$. 事实上 $\sqrt[3]{3} \approx 1.442 > \sqrt[2]{2} \approx 1.414$.

自然界的许多变化与数 e 有关：气压公式（气压随高度的不同变化）、欧拉公式、物体冷却的规律、放射性衰变和地球的年龄、空气中摆锤的摆动、计算火箭速度的齐奥尔科夫斯基公式、线圈中的电磁振荡、细胞的增殖……

4. 欧拉公式

利用高等数学知识，得

$$\sin x = x - \frac{x^3}{3!} + \frac{x^5}{5!} + \cdots + (-1)^{n-1} \frac{x^{2n-1}}{(2n-1)!} + \cdots$$

$$\cos x = 1 - \frac{x^2}{2!} + \frac{x^4}{4!} + \cdots + (-1)^n \frac{x^{2n}}{(2n)!} + \cdots$$

结合牛顿公式，从而得欧拉公式 $e^{ix} = \sin x + i\cos x$.

特例：$e^{i\pi} + 1 = 0$（称为五朵金花，也是欧拉公式）.

此公式堪称世界上最完美的一个公式，它将数学中最重要的 5 个数 0，1，π，e，i 联系在一起，可以说只有数学才可以达到这种美的极致.

应用欧拉公式还可得到一个奇妙的式子：$i^i = e^{-\frac{\pi}{2}}$，又一次与 e 有关.

【注1】证明

把 a 分成 x 等份，只要求得 $y = \left(\dfrac{a}{x}\right)^x$（$x$ 是正实数，不一定是自然数）的极大值就行了，为此，我们用求导数找驻点求极值的方法.

把函数 $y = \left(\dfrac{a}{x}\right)^x$ 的两边取自然对数，就得到 $\ln y = x\ln\dfrac{a}{x}$. 求导数后得到

$$y'/y = \ln(a/x) + x[\ln(a/x)]'$$

$$= \ln(a/x) + x(x/a)(-a/x^2)$$
$$= \ln(a/x) - 1,$$

即 $y' = y[\ln(a/x) - 1]$.

因为 $x > 0$ 时，$y = (a/x)^x > 0$，所以要使 $y' = 0$. 就需要 $\ln(a/x) - 1 = 0$. 解得 $x = \dfrac{a}{e}$.

再由 $y' = y[\ln(a/x) - 1]$，知道当 $x < a/e$ 时，则 $e < a/x$，得 $y' > 0$；当 $x > a/e$ 时，则 $e > a/x$，得 $y' < 0$.

这样，就知道在区间 $(0, a/e)$ 中，函数 $y = (a/x)^x$ 是增函数；而在区间 $[a/e, \infty)$ 中，函数 $y = (a/x)^x$ 是减函数. 此时由于 $x = \dfrac{a}{e}$ 是唯一驻点，所以当 $x = \dfrac{a}{e}$ 时，$y = (a/x)^x$ 有唯一的极大值. 也就是说，把 a 等分成 $\dfrac{a}{e}$ 份，这些等份的乘积最大.

【注2】前面提到的 $e^{(x-e)/e} \geqslant 1 + (x - e)/e$ 的证明

$\because (1 + 1/x)^x < e < (1 + 1/x)^{x+1}$，设 $X = 1/x$，则上式变为 $(1 + X)^{\frac{1}{X}} < e < (1 + X)^{\frac{1}{X}+1}$. 就得到 $(1 + X)^{\frac{1}{X}} < e$. 将两边同时 X 次方，就有 $1 + X < e^X$. 显然 $e^{(x-e)/e} \geqslant 1 + (x-e)/e$ 中的 $(x-e)/e$ 就是这里的 X. 当 $x = e$ 时，$e^{(x-e)/e} \geqslant 1 + (x-e)/e$ 取等号.

参考文献

[1] 陈仁政. 不可思议的 e [M]. 北京：科学出版社，2005

[2] M. 克莱因. 古今数学思想 [M]. 上海：上海科学技术出版社，1980

28. 勾股定理的证明及衍生的问题

我们现在学习的几何学，是由古希腊数学家欧几里德（前330—前275）创立的. 他于公元前300年编写的《几何原本》，两千多年来都被看作学习几何的标准课本，所以人们称欧几里德为几何之父.

欧几里德生于雅典，接受了希腊古典数学及各种科学文化知识的熏陶，30岁就成为有名的学者. 应当时埃及国王的邀请，他客居亚历山大城，一边教学一边从事研究.

古希腊的数学研究有着十分悠久的历史，曾经出过一些几何学著作，但都是讨论某一方面的问题，内容不够系统. 欧几里德汇集了前人的成果，采用前所未有的独特编写方式，先提出定义、公理、公设，然后由简到繁地证明了一系列定理，讨论了平面图形和立体图形以及整数、分数、比例等等，终于完成了《几何原本》这部巨著.

《几何原本》问世后，它的手抄本流传了一千多年. 1482年印刷发行以后，重印、再版了大约一千个版印次，还被译为世界各主要语种. 13世纪时曾传入中国，不久就失传了，1607年意大利传教士利玛窦和徐光启将前六卷译成中文，1857年清代数学家李善兰和英国人伟烈亚力又翻译了后九卷.

欧几里德善于用简单的方法解决复杂的问题. 他在人的身影与身高正好相等的时刻，测量了金字塔影的长度，他说"此时塔影的长度就是金字塔的高度"，解决了当时无人能解的计算金字塔高度的大难题.

欧几里德是一位温良敦厚的教育家，同时也是一位治学严谨的学者，他反对在做学问时投机取巧和追求名利，反对急功近利的作风. 尽管欧几里德简化了他的几何学，国王（托勒密王）还是不理解，希望找一条学习几何的捷径. 欧几里德说："在几何学里，大家只能走一条路，没有专为国王铺设的大道."这句话成为千古传诵的学习箴言. 一次，他的一个学生问他："学会几何学有什么好处？"他幽默地对仆人说："给他三个钱币，因为他想从学习中获取实利."

欧几里德还用独特的方法对直角三角形三边关系进行了论证，这个定理就是我们常说的勾股定理.

一、勾股定理的证明方法

勾股定理是初等几何中的一个基本定理，这个定理有十分悠久的历史. 两千多年来，人们对勾股定理的证明颇感兴趣，因为它太贴近人们的生活实际，以至于古往今来，从平民百姓到帝王总统都愿意探讨和研究它的证明过程. 下面结合图形来进行证明.

1. 传说中毕达哥拉斯的证明方法（图1）

图1左侧的正方形是由1个边长为 a 的正方形和1个边长为 b 的正方形以及4个直角边分别为 a、b，斜边为 c 的直角三角形拼成的. 右边的正方形是由1个边长为 c 的正方形和4个直角边分别为 a、b，斜边为 c 的直角三角形拼成的. 因为这两个正方形的面积相等［边长都是（$a+b$）］，所以可以列出等式 $a^2+b^2+4\times\dfrac{1}{2}ab=c^2+4\times\dfrac{1}{2}ab$，化简得 $a^2+b^2=c^2$.

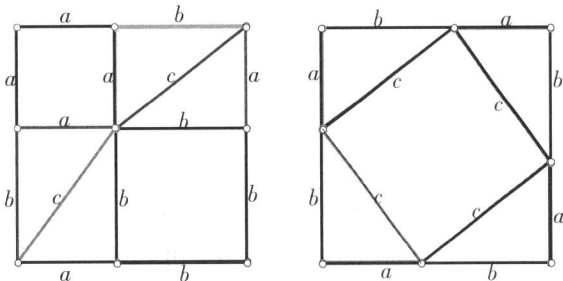

图1

在西方，人们认为毕达哥拉斯是最早发现并证明这一定理的，但遗憾的是，他的证明方法已经失传，这是传说中的毕达哥拉斯证明方法，这种证明方法简单、直观、易懂.

2. 赵爽弦图的证明方法（图2）

第一种方法：边长为 c 的正方形可以看作是由4个直角边分别为 a、b，斜边为 c 的直角三角形围在外面形成的. 因为边长为 c 的正方形面积加上4个直角三角形的面积等于外围正方形的面积，所以可以列出等式 $c^2+4\times\dfrac{1}{2}ab=$ $(a+b)^2$，化简得 $c^2=a^2+b^2$.

第二种方法：边长为 c 的正方形可以看作是由4个直角边分别为 a、b，斜边为 c 的直角三角形拼接形成的，不过中间缺出一个边长为（$b-a$）的正方形"小洞".

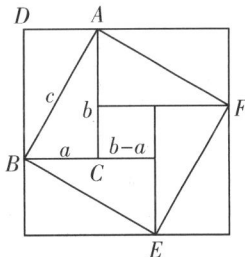

图2

因为边长为 c 的正方形面积等于4个直角三角形加上正方形"小洞"的面积，所以可以列出等式 $c^2=(a-b)^2+4\times\dfrac{1}{2}ab$，化简得 $c^2=a^2+b^2$.

这种证明方法很简明、直观，它表现了我国古代数学家赵爽高超的证题思想和对数学的钻研精神，是我们中华民族的骄傲.

3. 美国第二十任总统茄菲尔得的证明方法（图3）

图3的直角梯形是由2个直角边分别为 a、b，斜边为 c 的直角三角形和1个直角为 c 的等腰直角三角形拼成的. 因为3个直角三角形的面积之和等于梯形

的面积，所以可以列出等式 $\dfrac{c^2}{2} + 2 \times \dfrac{1}{2} ab =$ $\dfrac{(a+b)(b+a)}{2}$，化简得 $c^2 = a^2 + b^2$.

这种证明方法用了梯形面积公式和三角形面积公式，从而使证明过程更加简洁，它在数学史上被传为佳话.

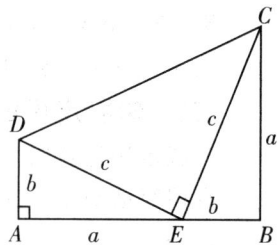
图 3

4. 欧几里德的证明方法（图 4）

在 Rt△ABC 中，∠BAC = 90°，以 AB、AC、BC 为边向外有三个正方形：正方形 ABFG，正方形 ACIH，正方形 BCED.

连接 FC、AD.

过 A 点作 AL⊥DE，垂足为 L，交 BC 于 K.

先通过 SAS，可得△ABD≌△FBC，因此它们的面积相等.

而正方形 ABFG 的面积 = 2△FBC 的面积，长方形 BDLK 的面积 = 2△ABD 的面积. 因此，正方形 ABFG 的面积 = 长方形 BDLK 的面积. 同理可得：正方形 ACIH 的面积 = 长方形 CKLE 的面积，从而：$BC^2 = AB^2 + AC^2$.

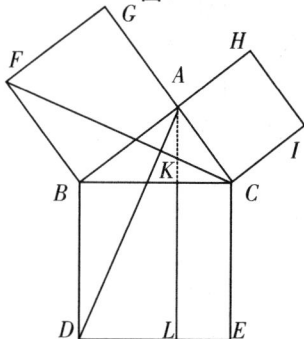
图 4

5. 达·芬奇的证明方法（图 5）

在欧几里德的图的上、下各添一个直角三角形，不难看出六边形 AFGDEB 与六边形 ACBMPN 面积相等，前者轴对称（对称轴为 FE），后者中心对称（对称中心为正方形 ABMN 中心）.

6. 现代证明方法（图 6）

在 Rt△ABC 中，作 CD⊥AB，由射影定理得

$AC^2 = AD \cdot AB$，$BC^2 = BD \cdot AB$

两式相加，得 $AC^2 + BC^2 = AD \cdot AB + BD \cdot AB$，即 $AC^2 + BC^2 = AB^2$.

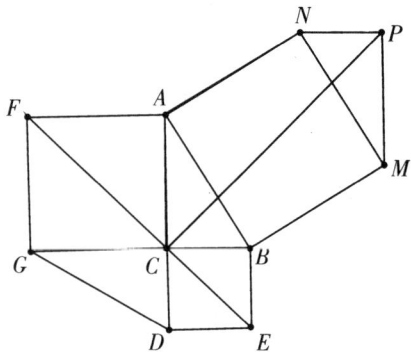
图 5

7. 更简单的证明方法（图 6）

在 Rt△ABC 中，作 CD⊥AB，得到 Rt△CDB 与 Rt△ADC 都与原来 Rt△ACB 相似，于是设 Rt△CDB、Rt△ADC、Rt△ACB 面积分别为 S_1、S_2、S，则

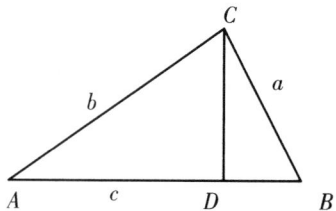
图 6

$$S_1 : S_2 : S = a^2 : b^2 : c^2$$

由于 $S_1 + S_2 = S$，所以 $a^2 + b^2 = c^2$.

二、勾股定理的推广

勾股定理是几何学中的明珠，它充满魅力，千百年来，人们争先恐后地证明它，在研究证明方法的同时向外推广发现了许多新问题. 很自然的一种推广是：

1. 勾股定理在一般三角形中的形式

在直角三角形的勾股弦上分别作任意相似多边形，则弦上多边形的面积等于勾、股上两个多边形的面积和. 进一步有以下推广：

勾股定理是特殊三角形具有的性质，那么它在一般三角形中的一般形式如何？人们发现了余弦定理.

如图 7，在一般 $\triangle ABC$ 中，作 $CD \perp AB$，设 $AD = x$，则

$$CD^2 = AC^2 - x^2 = BC^2 - (AB - x)^2$$

$\therefore AC^2 - x^2 = BC^2 - AB^2 + 2AB \cdot x - x^2$

$\therefore BC^2 = AC^2 + AB^2 - 2AB \cdot x$

而 $x = AC \cdot \cos A$，

$\therefore BC^2 = AC^2 + AB^2 - 2AB \cdot AC \cdot \cos A$.

即：$a^2 = b^2 + c^2 - 2bc\cos A$.

对称的有三个公式.

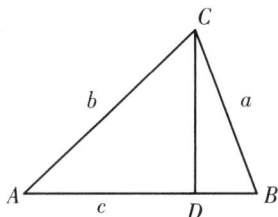

图 7

2. 勾股定理的空间推广

（1）平面几何中的三角形可以类比于立体几何中的三棱锥，同样平面几何中的直角三角形可类比于立体几何中的直角三棱锥.

设三棱锥 $A-BCD$ 的三个侧面 ABC、ACD、ADB 两两相互垂直，猜想：四个面的面积应满足：$S^2_{\triangle BCD} = S^2_{\triangle ABC} + S^2_{\triangle ACD} + S^2_{\triangle ABD}$

证明：如图 8，设 $AB = a$，$AC = b$，$AD = c$. 则

$$S^2_{\triangle ABC} + S^2_{\triangle ACD} + S^2_{\triangle ABD} = \frac{1}{4}\left[(ab)^2 + (bc)^2 + (ca)^2\right]$$

过点 A 作 $AF \perp BC$ 于 F，连接 DF，则 $DF \perp BC$.

在 $\triangle ABC$ 中，$BC = \sqrt{a^2 + b^2}$，$AF = \dfrac{ab}{\sqrt{a^2 + b^2}}$.

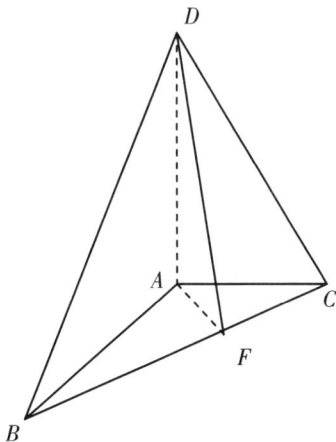

图 8

在 $\triangle AFD$ 中，$DF = \sqrt{c^2 + \dfrac{(ab)^2}{a^2 + b^2}}$.

$$S^2_{\triangle BCD} = \frac{1}{4}BC^2 \cdot DF^2 = \frac{1}{4}(\sqrt{a^2 + b^2})^2(\sqrt{c^2 + \frac{(ab)^2}{a^2 + b^2}})^2$$

$$= \frac{1}{4}[(ab)^2 + (bc)^2 + (ca)^2]$$

$\therefore S^2_{\triangle BCD} = S^2_{\triangle ABC} + S^2_{\triangle ACD} + S^2_{\triangle ABD}$，即猜想成立.

（2）勾股定理可以表述为矩形两邻边长的平方和等于对角线的平方，因此在空间的扩展显然是长方体 3 个邻边的平方和等于长方体对角线的平方.

证明：设长方体为 $ABCD - A'B'C'D'$，则根据勾股定理，

$AB^2 + BC^2 = AC^2$，

$AC^2 + CC'^2 = AC'^2$，

因此 $AB^2 + BC^2 + CC'^2 = AC'^2$，

证毕.

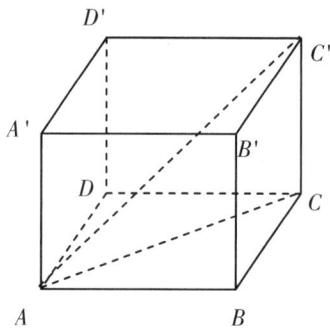

图 9

3. 勾股定理与圆联系的形式推广

命题 1：以 $\triangle ABC$ 的边 BC 为直径作圆，分别与边 AB、AC 交于 D、E，则有

$BC^2 = BD \cdot BA + CE \cdot CA$

证明：如图 10，连接 BE、CD，则

$BC^2 = BE^2 + CE^2$

$BC^2 = CD^2 + BD^2$

而 $BE^2 = BA^2 - EA^2$

$CD^2 = CA^2 - DA^2$

分别代入上式，然后相加得：

$2BC^2 = BA^2 - EA^2 + CE^2 + CA^2 - DA^2 + BD^2$

$= BA^2 - (BA - BD)^2 + BD^2 + CA^2 - (CA - CE)^2 + CE^2$

$= 2BD \cdot BA + 2CE \cdot CA$

即 $BC^2 = BD \cdot BA + CE \cdot CA$

命题 2：自圆的直径 BC 的两端引二弦 CE、BD，在圆内交于点 A，则有

$BC^2 = BD \cdot BA + CE \cdot CA$

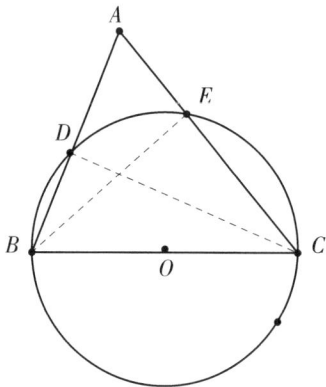

图 10

证明：如图 11，连接 BE、CD，则

$BC^2 = BE^2 + CE^2$

$BC^2 = CD^2 + BD^2$

而 $BE^2 = BA^2 - EA^2$，$CD^2 = CA^2 - DA^2$

分别代入上式，然后相加，得

$2BC^2 = BA^2 - EA^2 + CE^2 + CA^2 - DA^2 + BD^2$

$= BA^2 - (BD - BA)^2 + BD^2 + CA^2 - (CE - CA)^2 + CE^2$

$= 2BD \cdot BA + 2CE \cdot CA$

即 $BC^2 = BD \cdot BA + CE \cdot CA$

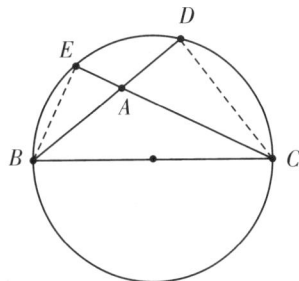

图 11

两个命题结论完全一样，证明的步骤和过程，以及数学表述也几乎完全一样，其中只有两个地方相差一个符号，用动态的观点就可以把这两个命题联合起来，并给出统一的表述.

命题 3：自圆的半径 BC 两端引二直线相交于点 A，且线段 BD、CE 分别与圆周相交于 D、E，则有

$BC^2 = BD \cdot BA + CE \cdot CA$

三、勾股定理衍生的数学问题——勾股数

勾股定理的代数形式为 $x^2 + y^2 = z^2$. 满足此方程的正整数组就叫勾股数，（3，4，5）、（5，12，13）等都是勾股数，显然这样的数组有无穷组.

那么，有无满足方程 $x^2 + y^2 + z^2 = d^2$ 的正整数组？有，如（3，4，12，13）.

再进一步，有无满足方程 $x^3 + y^3 = z^3$ 的正整数组？没有了. 同样，$x^n + y^n = z^n$，当 $n \geq 3$ 时都无正整数解，这就是著名的"费马大定理".

勾股数的公式：

由 $x^2 + y^2 = z^2$ 得 $\left(\dfrac{x}{z}\right)^2 + \left(\dfrac{y}{z}\right)^2 = 1$，可令 $\begin{cases} \dfrac{x}{z} = \sin\theta \\ \dfrac{y}{z} = \cos\theta \end{cases}$，又令 $t = \tan\dfrac{\theta}{2}$，

$\therefore \begin{cases} \dfrac{x}{z} = \sin\theta = \dfrac{2t}{1+t^2} \\ \dfrac{y}{z} = \cos\theta = \dfrac{1-t^2}{1+t^2} \end{cases}$ ①

如果令 $\begin{cases} x = 2t \\ y = |1 - t^2| \\ z = 1 + t^2 \end{cases}$ $(t \in \mathbf{N})$ ②

在①中，$\dfrac{x}{z}$、$\dfrac{y}{z}$ 为有理数，$\therefore t$ 为有理数. 令 $t = \dfrac{n}{m}$（m，$n \in \mathbf{N}$），

则 $\dfrac{x}{z} = \dfrac{2mn}{m^2+n^2}$、$\dfrac{y}{z} = \dfrac{m^2-n^2}{m^2+n^2}$

可令 $\begin{cases} x = 2mn \\ y = m^2 - n^2 \\ z = m^2 + n^2 \end{cases}$ （m、$n \in \mathbf{N}$，且 $m > n$） ③

这三个数总满足勾股定理.

当然，可以探究使用别的方法得到基本解.

思考与研究

（1）在 $\mathrm{Rt}\triangle ABC$ 中，作 $CD \perp AB$，则得到射影定理 $AC^2 = AD \cdot AB$. 类比于立体几何的结论如何？

（2）平面三角形中的余弦定理类比于立体几何的结论如何？

（3）在一般 $\triangle ABC$ 中，我们有：$c = a\cos B + b\cos A$，也称为"射影定理". 类比于立体几何的结论如何？

附录：数学为什么是美的？

微分几何之父、世界级的数学大师陈省身于 2004 年 12 月 3 日 19 时 14 分去世。大师生前对自己所从事专业的评价是：数学，至美、至纯。

数学的至纯至美

陈省身说，他一生只会做一件事，就是数学。天下美妙的事情不多，数学就是这样美妙的事之一。所以陈先生制作的向公众普及数学知识的挂历就取名为"数学之美"。

1975 年，诺贝尔物理奖得主杨振宁在领悟了"陈省身——韦伊定理"后，在内心深处产生了触电般的感觉，客观的宇宙奥秘与纯粹用优美这一价值观念发展出来的数学观念竟然是完全吻合的，那真是令人震撼。这种感受恐怕和最高的宗教感是相同的吧！因为杨振宁与陈省身在不同的科学领域研究了 20 多年，最后在结论上竟然殊途同归。对此，杨振宁到陈省身家当面问道，数学家为什么能凭空梦想出这些概念？

陈省身的回答既简洁又实在："不，不！这些概念不是梦想出来的，它们是自然的，也是实在的。"

如果只是从表面上看数学，那当然只是一些纯理论的枯燥的演绎与推理。在数学家看来这些则是至纯至美的东西，在外人看来如同天书，晦涩难懂。但是，如果把这些纯粹的理论与公式放到现实中一个个活生生的事件和原理中去理解，就容易看清它的至纯与至美。正如一个人体标本，人们只会看到纯粹的骨骼、神经、血管和肌肉，如果不与活生生的人的运动与行为结合起来，这些骨骼、神经、血管和肌肉所表现的美，如力量、速度和造型等，就不会被人们所理解。

所以，理解数学的美需要载体，这些载体就是一些鲜活的事件、事实与行为。而这样的数学之美其实是蕴藏于人类和其他生物生命中的一种自然之美和效率之美。

"旅行推销员问题"的数学之美

很多人在工作之初都有过当推销员的经历。如果你要从北京出发，经过上海、长沙、武汉、福州、青岛和广州七个城市推销自己公司新发明的一种产品，这时你就得首先考虑以什么样的方式经过这七个城市的路程最短，当然顺序无关紧要，乘火车还是乘飞机也不太重要，关键是要找到一条最经济的路线，既不重复，又要经过各个城市。

这可能是一个简单的问题，但也是一个很复杂的问题。也许你计算一天也不一定能算得出来。这个问题就是意大利数学家孟戈尔（Menger）于1930年首次提出的，也是现代数学上的一个重要问题，即旅行推销员问题。这个数学问题的实质是，找出一条走遍所有城市的路线，使总的旅程达到最小，也就是最节约开支的旅程。

与旅行推销员问题相似的一个数学问题则是哈密尔顿环路问题，即已知一个由一些城市与连接这些城市的航线组成的网络，是否存在一条旅行线路，使起点和终点都在一个城市，而经过其他每个城市都恰好只有一次。也就是说，上面的推销线路是从北京，经过上海、长沙、武汉、福州、青岛和广州最后又抵达北京，中间的城市无论怎么变更次序都无所谓，但只能经过一次。

如果按数学的方法计算，这七个城市即使每个只经过一次，在理论上都有 $7 \times 6 \times 5 \times 4 \times 3 \times 2 \times 1 = 5\ 040$ 条路线。而且，把出差城市再增加几个，如达到10个，就会有 $10 \times 9 \times 8 \times 7 \times 6 \times 5 \times 4 \times 3 \times 2 \times 1 = 3\ 628\ 800$ 条线路。如果要求一个推销员在短短的半天或者一天时间内作出最佳选择，则是完全不可能的。

其实，要计算这样的最佳路线，只需要利用我们生命密码的排列形式就可以很简单地算出。1994年，美国科学家艾德曼（Adleman）突发奇想，利用试管中的DNA就得出了推销员七个城市旅行只用13条航线就足够了的答案。原来，这是利用DNA中的四种碱基排对的规律，即A（腺嘌呤）只与T（胸腺嘧啶）配对，C（胞嘧啶）只与G（鸟嘌呤）配对的互补规律。首先，艾德曼分别将含有20个核苷酸长的不同的DNA序列视为7个城市编码，接着再合成7个城市编码的DNA的互补DNA，则在互补DNA链上同一位置就必然是T，前者是C，则后者必然是G，反之亦然。

通过 A－T、G－C 就可以像夹板一样产生大量的随机连接通道。然后再利用多聚酶链反应对这些随机产生的DNA序列进行增殖，但只有符合7个城市要求的通路（序列）才可以被大量增殖。随后通过电池分离，经过DNA双链的拆分与互补结合，就可以分别得到最终的序列，即这7个城市13条航线的正确答案。

旅行推销员问题实质上也就是今天的DNA计算机的雏形，其特点之一是随着城市节点数的增加，运算步数呈指数增加。而DNA计算机却可以将城市节点数与运算关系转化为线性关系。这也正是数学概念是存在于现实中，也存在于生命内核中的具体体现。

数学美在自然中的体现

0.618 只是一个数据，但却被人们称为黄金分割。谈到它的来源，必然是枯燥的，甚至是难以理解的。黄金分割的表述是：把任一长度为 a 的线段分成两部分，使其中一部分（x）与全部线段（a）的比等于剩下部分（$a-x$）对这部分（x）的比，表述为公式就是 $x : a = (a-x) : x$。把这一公式整理便成为一个一元二次方程，即 $x^2 + ax - a^2 = 0$，最后解这个方程便得到 0.618 的值。这个方程虽然简单，但从视觉上看这个方程（只是一些有特定意义的符号）和解这个方程的过程（推理演绎的过程）必然是艰涩无味的。但是，如果把这个从无数事实中提炼出来的，同时又是从一套符号系统中推演出来的规律放到现实生活的具体事件中，就会体现出至纯至美来。

早在古希腊和罗马时代，一些画家和艺术家就发现，如果把数学中的一定比例关系引入到艺术领域会使绘画和其他艺术作品变得更谐调、更好看和更美丽。比如，人们觉得长方形要比正方形美，而在长方形中，宽与长的比例在 5：8 左右会更美和更好看。因为它们的比例比较谐调，当然最能体现美的比例关系就是黄金分割，即 0.618。之所以叫它黄金分割是因为由这个比例形成的东西、事物在感觉上是最美的，在功能上是最完善的，在资源配置上是最优化的，在效率上是最高的。

向日葵的外形就包含了这样一种黄金分割的原理。向日葵的花盘上有一左一右的螺旋线，每一套螺旋线都符合黄金分割的比例。如果有 21 条左旋，则有 13 条右旋，总数为 34 条。13 与 21 的比值恰好是黄金分割的比值 0.618。此外，向日葵的花盘外缘有两种不同形状的小花，即管状花和舌状花，它们的数目分别是 55 和 89，它们的比值也恰好是 0.618。

为什么向日葵有这种外形的黄金分割呢？这是由它们吸收阳光的机制所决定的。只有在这种黄金分割的分布下，向日葵才能让每一片叶子、枝条和花瓣互不重叠，从而最大限度地吸收阳光和营养，进行光合作用。不仅向日葵如此，许多植物和花木都如此。其实这种最优化的功能也是最美的表现形式之一。

我们所居住的地球环境同样可以说明数学之美。地球表面的纬度范围在 0 ~ 90度，如果对其作黄金分割，则 34.38 至 55.62 度是地球的黄金地带。在这一黄金地带，全年的平均气温、日照时间、降水量、相对湿度等都适于人类生活和植物生长。而从这一地区分布的国家来看，世界上许多发达国家都在这一地区。除了社会、历史和制度等各种社会人为的因素，自然的黄金分割也是不可否认的原因之一。

在生命中体现美

黄金分割这一数学定理与生命、生长发育、健康、疾病、衰老和死亡等有着千丝万缕的联系，有时甚至是生命内在形式的基本规律。遵循黄金分割也就是获得了健康的法宝，同样也是生命美的体现。

人体符合 0.618 的分割，人们会获得谐调与美的感观。而感觉是一种心理过程和行为，必然要以生理功能作为基础。因此黄金分割的平衡自然与健康有联系，或者说生命形式必须遵循黄金分割律。

由于人是温血动物，因此必须处于一定温度下生理功能才能维持和发挥得最好。尽管人们可以通过增减衣服来保持人体的基本温度，但是根据黄金分割的原理，人总是在某种特定数值的温度下感觉最好，最舒服，因而生理功能也能发挥得最好。人体的正常温度是37℃，如果乘以0.618，则为22.87℃，因此人在23℃左右的环境下感觉最舒服，精神最饱满。

实验表明，人处在这种温度下，机体内的新陈代谢和各种生理功能处于最佳状态。比如各种酶的代谢、人的消化功能、人体的抗御疫病的免疫功能等都最好。这也是为什么人们总是感到平均温度在23℃左右的秋季是最好的季节的原因之一，也是为什么绝大多数运动会选择在秋季召开的原因之一，因为运动员在这样的温度下最容易出成绩。这样的温度符合人生存所需要温度的黄金分割。按美学家对美的解释，实用和舒适（快感）即是美，人在23℃环境下感到最舒适，因而同样也是最美的。

所以，证明数学是美的可以有千万个理由，因为它是各种现代科学的基础。比如，300多年前牛顿力学是同微积分一起诞生的；100多年前电磁波是从麦克斯韦方程（共有4个方程的偏微分方程组）解出来的；20世纪黎曼几何学为广义相对论准备了现成的工具，群论则为原子结构、核结构和基本粒子结构作出了决定性的贡献。而从1969年以来的诺贝尔经济学奖与其数学贡献有关。例如，其中的两位大数学家就是我们所熟知的。一位是1975年的获奖者，苏联数学家康特洛维奇，他是泛函分析的权威，并把泛函分析应用到计算数学。另一位是电影《美丽心灵》的主角、美国数学家纳什，他在非线性偏微分方程论等方面有开创性成果，因为博弈论（对策论）的成就而获得1994年的诺贝尔经济学奖。

但是，要看到和感觉到数学是美的，需要我们从承载它们的现实生活中寻找。只有具体的事物，结合人们的信赖、思考、感悟、想象甚至热爱，才能在某些时刻，把一个大幕拉开，让大幕后面所掩盖的、无法形容的、美好的、闪闪发光的东西显现出来。

（摘自《百科知识》2005年第3期，作者：宋立新）